【新版】いのちの女たちへ

とり乱しウーマン・リブ論

田中美津

【発行】パンドラ
【発売】現代書館

〈新版〉いのちの女たちへ＊目次
とり乱しウーマン・リブ論

一　リブとはなにか……5
1　寝起きのホステスなぜ悪い　6
2　「男らしさ」が生産性を支える　33
3　わかってもらおうと思うは乞食の心　54
二　個人史……79
1　あたしの原体験　80
2　闇の中から視えたもの　91
3　リブとの出会い　107
三　出会いへの模索……127
1　寝首を掻かない掻きたくない　128
2　「とり乱し」には「とり乱し」　137
四　子殺しの女とリブ……149
1　王様は裸だ！　150
2　エロス試論へ向けて　171

五　新左翼とリブ……187
1 腹切りと殉死　188
2 「チョウからアオムシへ」の誤り　204
3 インポからの脱皮　222
4 コレクティブの今日・明日　242
六　資料……261
便所からの解放　293
註　311
田中美津の主な作品　316
文庫版への〈解説〉邪気いっぱいの「わたし」（一九九二年三月）…伊藤比呂美　317
解題（二〇〇一年五月）……斎藤美奈子　322
第二版へのあとがき（一九七二年四月）　334
文庫版へのあとがき（一九九二年三月）　337
新装版へのあとがき　不埒がいのち（二〇〇一年六月）　342
新装改訂版へのあとがき（二〇一〇年三月）　346
新版あとがき　348

本書は、一九七二年四月に田畑書店より単行本として刊行された第一版を復刻したものです。

（誤字・脱字等は訂正し、より読みやすくするために改行を増やしました。）

なお本書は、一九九二年三月に河出書房新社より文庫版としても刊行されています。

一　リブとはなにか

1　寝起きのホステスなぜ悪い

もしあなたが、行く先も確かめずに汽車に乗ってしまって、しかも、その汽車が止まらない汽車だと知ったら、どんな気持がしますか。

ウーマン・リブってなんですかと、くったくのない声で話しかけられて、思わずム……と絶句するあたしの、そのム……の部分をことば化すれば、おおよそそんな風になる。

運動なんてしていると、なに故か、手際よくわかりやすく話さなければならない、みたいな気負い込みがともすれば心のどこかにちらついてきて、そこへもってきて「ベ平連[1]の小田実さんは、とてもわかりやすく話されたり、書かれたりなさいます。たくさんの人の支持、参加をお望みなら、もう少しわかりやすいことばを使うべきだと思います」などというファンレターをもらったりすると、春が来るまで穴に閉じ籠っていられたらという想いで、しみじみ「よしゃ（よせば）よかった」と思うあたしなのだ。

わかるようで、わからないことばのひとつに「主体的に聞く」ということばがある。なにがわからないかといえば、人間、己れあっての他人であって、「主体的に語る」あっての「主体的に聞く」ではあるまいかと思うからだ。「主体的に聞く」だけだったらそれは「主体的に聞きっぱなす」ということであって、そもそも「主体」もへったくれもないことなのだ。

「ウーマン・リブって女のヒトの運動だからよくわからない」とまず断わって、「ウーマン・リブってなんですか」と質問してくる男がどういうものかあまたいて、とかくそういう質問に顔をそむけがちのあたしに、「話してくれなけりゃわからないじゃないですか」という追い討ちがかかってくる。なに言ってる、女になることはできなくても、女について考えることはできるんだ。それは自分について考えることでもあるんだから。例えば、オレはなんで頭のいい女が嫌いなのかとか、自分だけのために存在してくれる女を求める気持とは何かとか。

男について、女について考えるとは、「人間」を、その「生きる」を考えることであって、自分をあくまでよそに置いて「ウーマン・リブ」について聞いてくる人に、あたしは不思議だとも、厚かましいとも言い難い思いがわいてくる。ウーマン・リブを女の専売特許だと決めてかかる男の、その傍観者ぶりは、誰に対してよりも己れ自身によそよそしく無関心なのであって、そんな魂のぬけがらみたいな男に、なにをどうわかりやすく話してあげればいいというのか。「自分で考えてみろ！」以外に答えようがない想いであたしは顔をそむけるのだ。大体、そういう男は、何に対しても聞き得、見得のなかで、その知的好奇心とやらを満足させようとする質《たち》かもしれないが、しかし嫁姑の反目に我知らずを決めこんできた、その、男の歴史性を想えば、ウーマン・リブってなんですかと、臆面もなく聞いてくる裏には、所詮女子供の、という気持が働いていないとは想い難くて、そむけた顔をそむけっぱなしにしがちなあたしがいるんだ。

どうも男の物の見方、考え方というものはいってみれば整理のためのひき出しをあれこれたくさんもっていて、必要に応じてそのいくつかをあけてみるといったかんじで、ある集会で司会者が「みなさん、今日は本音で語ってもらいたいと思います」と最初に念を押したら、最後までほとんどの男が沈黙に終始した、という話を人づてに聞いて、あたしはさもありなんとふきだした。本音で語るということは、ひとつのものごとを取り出すのに、ひき出し全部をひっくり返してみるに似ていて、せっかく手際よく片づけたものを今さらぶちまける訳にはいかず、本音で語ろうとしたら、男はム……となるしかないだろう。もっともこっちの方は、論理的にわかりやすくと言われると、ム……になるのだけれど。

いつか、締切りの迫った原稿に四苦八苦していたら、サチ（コレクティブメンバー[2]）が「滝田修は、稼いだり運動しながらよく書いているねえ」と言ったのでカチンときたことがある。

「滝田には女房がいるじゃないか！」、陰気な声であたしは異議を唱えた。サチは肯定でも否定でもない意味で言ったというが、書けない、書けないと頭をかかえ込んでいる時にそんなこと言うなんて、どうしたってあたしへの否定的な響きとなってしまうよ。

あたしは劣等感のかたまりみたいな女で、なにをやってもダメだった、という想いがいつもあって、満遍無くよくできる人間なんていやしないと思いつつも、自分の過去を想い返すと、うなだれてしまうことが多いのだ。

いまから九年前に、あたしはいわゆる「定職」というものに就いたことがある。その職は給料も良く、そして何よりも自分の自由にできる時間がかなりあるのが魅力だった。驚くなかれ、あたしは夏の間中、職場の近くにある風呂屋に忍び通って毎日三時頃いい気持で戻ってきたりしてたのだ。むろん、どんなにいいかげんな会社でも、風呂付きで勤めさせてくれるとこなんてあるハズもない。まったくの非公然で、今想い出してもバレなかった方が不思議な位である。しかしそんな風な勤めぶりであっても、あたしは会社勤めがつらかった。勤務そのものは楽だったたし、「気楽な稼業」とまではいかないものの、「働く」ということがイヤだった訳では決してない。もしそうであるなら辞めるなり、転職するなりの道もあったと思うのだけれど、そのつらさの中には、どこへ行っても何をしても同じことだ、とあたしに予感させるものがあって、しかもその予感の出どころがわからないだけに始末するにもしようのないつらさであった。

その頃のあたしは、いつもなにかに追いかけられてるような胸騒ぎがしていて、理由のわからない胸騒ぎに逃げ道のあるハズもなく、逃げ道を見つけるためなら、どんなことでもする、できるといった、追いつめられた者特有のせっぱつまったいらだちで、身を横たえるゆとりもないといった風であった。風呂屋通いもその原因不明のいらだちから出た〈理由なき反抗〉のひとつとしてあったのだ。人目を盗んで風呂屋に通うあたしにとってその職場とは「異邦人」としてながめやる風景以外のものではなかった。「お茶汲み」に異議を唱える女の、その怒りがひどくつまらないものに思え、かといって壁の花に徹するという風でもなく、それもあれも理由なきいらだちのその荒野をさまよう「異邦人」であれば、心に吹きすさぶ風の音より他に聞えるものなどある訳もない、それ故の無気力、無関心からでたことに他ならなかった。

そんなあたしにまっとうな勤めができる訳もなく、失業保険をあてにできる八カ月すぎには、その職場を辞めていた。しかも、上役の誘惑に待ってましたと乗っかって、その「初めての男」との間がこじれた果ての、辞職であった。

あたしと「定職」との出会いはこんな風なものであったが、それに類した「出会い」はそれ以前もそれ以後も数限りなくあったように思う。己れが己れにとっての「異邦人」としてある者は、所詮どこへ行って誰に、何に出会おうとも、空虚さをはりつかせて生きるより他に生きられようもない話なのだ。一寸の虫にも五分の魂、から言えば、そうするより他にどうしようもなかった自分ではあったけれど、よそサマと較べれば、やはり己れのいいかげんさばかりが胸に迫ってきて、救いようのない「ダメなあたし」を抱えて、あたしは今まで生きてきたというのがまぎれもなくある実感だ。

そんなあたしなのだからサチが口ばしった滝田修云々のことばにカチンとくる裏には、なにごとも満足にしえなかった者が、なにごとも満足にしえる者に対して感じる重圧が、介在してるのは事実だ。しかし、かといって自分がより惨めになるような怒りだったら、口にだすまえに呑み込んでしまう位の才覚は、あたしにだってある。滝田云々に対する怒りとは己れの劣等感に起因するだけのものでは決してないのだ。つまり、もっと普遍性をもって、あたしは怒ったんだと、言いたいのだ。もっともあたしにとっての「普遍性」ではあるけれど——。

「金があればバカでも先生」という俗語がある。喰わねば生きられない生きものの定めがあって、餌をくれるならどんな奴でも主人でござい、という風な生き方しか許さない社会があって、ボロは着てても心は錦みたいな訳にはいかない真実があって、上見りゃきりなし下見りゃキリなしと、分に応じた生きがいになぐさめを見出そうとして見出せる訳もなかった人々の、その屈折した怨念が、そのことばの裏に暗く宿る。しかし、おんなの怨念はそのようなことばでもまだ己れを言いえない。「金があればバカでも先生」の上に「男ならバカでも殿様」ということばをつぎ足さねば、おんなの歴史は、その生き難さは語れない。つまり女は、エサをくれるならどんな奴でも主人でございい、という構造を男とのかかわりの中で再生産してきた生としてあるのだ。

つい先日、あたしは姉に向かって、「あんた、いつまでもそんな風にしてる気なら、「よくあたしみたいな者でも養ってくださいます」と、旦那に三つ指をつくべきよ」と言ったばかりだ。姉の長男に小学校に上がったばかりのがいて、その子が物心つくかつかないか位の頃、あたしはよく「ママなんて死んじまえ」と怒鳴るその声を、身をきざまれるような想いのなかで聞いてきた。姉とその夫との関係は結婚の当初からよくなくて、そのまま今に至っているのだが、夫に対するグチの主要なハケ口としてその長男がいて、彼女にとって彼は金きり声とそれに見合った悔恨の対象として存在していた。その日ひさしぶりに立寄ったら、母子は相変らずのかんじで、それで前記の、皮肉まじりのイヤ味があたしの口からもれたという訳だ。

しかしそのあたしのイヤ味の裏には、妻として、母として、強固に秩序化された女としてあくまで生きようとするのなら、少なくとも飼われてる自分の惨めさ位とは、まじめに真向えよ、という想いがあってのことで。つまり、あくまで三食昼寝付き（実際にはそれどころの話ではないが）に居直るつもりなら、そこにおいてきり裂かれる痛みは当然のこととして身に負うたらどうだといいたかったのだ。むろん、これは被虐的な言いかたであって、どのようにこの母子に、かかわりうるのだろうかという、己れに対する問いの答えが空白のままオロオロし続けてきたあたしのとり乱しがそのように言わせたのだった。しかし、社会が、男がこうだからとグチりつつ己れの現在を逆説的に肯定してきた、「妻」という名の女の、そのいいかげんさが姉の背に見えて、たまらない想いのあたしでもあったのだ。

そういう女たちは、身相応の生き難さにため息をつきつつ、しかし、そのため息の裏には「喰いっぱぐれたら水商売」というゴーマンさを貼りつかせて生きてきたのだという直感があたしにはある。誰よりも己れ自身の中にそのゴーマンさが隠れていて、そいつの正体を見極めようと、ちょうどその頃、あたしはホステスを始めたばかりだった。

主婦と娼婦が同じ穴のむじな一族であることはよく知られた事実であるが、その日常において厚化粧の女たちを蔑視している主婦が、ため息と共に無意識に「喰いっぱぐれたら水商売」と想うその裏には、むじな一族の、その刻印がまぎれなく、透かし視える。厚化粧の女から露骨に顔をそむけつつ、しかしその目の端で、これでまだあたしだってまんざらじゃないわと自画自賛を確かめる女の、そのいやらしさの中にこそ、男を間に互いに切り裂きあってきた女の、その歴史性が、その荒野が地肌をむきだしにして視える。

しかし、「喰いっぱぐれたら主婦」というようなことばがホステスの口からもれることがあるのだろうか。同じ穴のむじな一族の、その秩序は、主婦から娼婦になれても、娼婦から主婦には決してなれない掟の中で維持されてきたのだ。

ホステス稼業の最中に、「俺の女房にはホステスをやらしたくないなあ」とか「キミたちは一段低いところにいるのだから、がんばって金を貯めなきゃね」とかいう客がいた。

そのむかし、あたしはこんなコトを書いたことがある。

男にとっては女とは母性のやさしさ＝母か、性欲処理機＝便所か、という二つのイメージに分かれる存在としてある。全体である対象（女）の二つの側面―母性（やさしさ）、異性（SEX）とに抽象化して、それぞれに相反する感情をわりあてる男の分離した意識とは、単婚が娼婦制、奴隷制と併行してあったという人類史を背景に、一夫一婦制が性を卑しめ、性と精神を分離させる意識構造によって支えられていること、更にその意識下における私有的な母子関係が、一方において母性のやさしさに対する執着をうみ、もう一方でそういう母親が父親とオトコとオンナの関係をもつことで自分が生まれた事実に対する嫌悪をうみだすという、女に対する背反する二重の意識を植えつけるのだ。

男の母か、便所かという意識は、現実には結婚の対象か遊びの対象か、という風に表われる。結婚の対象として見られ選択されるべく、SEXに対し、見ざる、聞かざる、言わざるの、清純な？　カワイコちゃんとして、女は、やさしさと自然な性欲を一体としてもつ自らを裏切り抑圧していく。

（パンフレット「便所からの解放」より）

「母」も「便所」も共に男のイメージの中に生きる女、〈どこにもいない女〉としてさまよう宿命を負っている。

聞くところによれば生前マリリン・モンローは、身近にいる誰かに絶えず「キミはきれいだ」と言い続けていてもらわないと自分が存在してないような不安感に嘖《さいな》まれたという。身近にいる誰か、とはむろん男である。

女は作られる。メスとして作られる。「お嫁に行けなくなりますよ」という恫喝に脅えて、女は唯一男の目の中、腕の中に〈女らしさ〉をもって存在証明すべく作られる。つまり女の生きがいとは男に向けて尻尾をふっていく中にあるという訳なのだ。

この尻尾《しっぽ》のふり方の違いが厚化粧から素顔までの、さまざまなメスぶりとなってあらわれる。しかし、所詮他人の目の中に見出そうとする自分とは、〈どこにもいない女〉であって、その〈どこにもいない女〉をあてにして、生身の〈ここにいる女〉の生きがいにしようとすれば、不安と焦躁《しょうそう》の中で切り裂かれていくは必然なのだ。媚びるとは他人の価値観の中に己れを売り渡すことであり、メスとして尻尾をふって生きる女の、その媚《こび》の生が、絶えまない存在の喪失感《そうしつかん》に脅かされるのはそれ故だ。「キミはきれいだ」の麻薬が切れれば、すぐさま自分が生きてるのか死んでるのかわからなくなるという禁断症状こそ、女の顔を絶えず男の方に向けさせる元凶なのだ。この世に生きる女という女は、男の目の中に映る己れに、ある時は歓喜し、ある時は脅えるという、メスとして生かされてきたその歴史性から逃れるべくもない以上、すべからく〈モンローのような女〉として存在している。ただそのやり方が不器用か器用か、押し売りするか、巧みに売り込むかの違いとしてあるだけの話だ。厚化粧も媚、素顔も媚というのが女の歴史性というものなのだから。

にもかかわらず男たちは、バカの方が可愛い女の代表として〈モンローのような女〉を追い求める。主婦と娼婦は、〈モンローのような女〉の両極として存在する。乞食が殿さまぶろうとしたら、生かすも殺すも己れ次第の、自分を世界の中心に置いてくれる者を身近に置きたいだろうから、その男の心理はわからぬでもない。しかし、男にとって〈ここにいる女〉とは母親以外の女ではなく、男は自分に媚をもって存在証明を図ってくる女が〈どこにもいない女〉だとは露《つゆ》気づかずに、〈モンローのような女〉を追い求める。〈モンローのような女〉とは、男のイメージの中に生きる女の総称なのだ。〈どこにもいない自分〉を求めて、己れを見失っていく女の総称なのだ。

いま、アメリカのリブたちは、己れのオルガスムスでさえ、男の、ペニスの価値観に売り渡すことでその媚《こび》の歴史性を形づくってきたという事実を明らかにしている。俗に、「ワギナかクリトリスか」と言われている論争であるが、彼女らの主張は、ワギナかクリトリスかという、その二者択一に主眼が置かれているのではなく、あくまで男のオルガスムスを優先させる中で、己れのそれを決めてきた、そこまで女は己れを売り渡してきたんだという、その痛み、その視点を通じて、マルクスさえも男であった事実とまっこうから真向おうとしているのだ。

男のペニスが、その快感のために必要とするワギナをもって己れの快感の中心となしてきた女とは、その極まりの瞬間でさえ、男によって決定されてきた生としてある。生きものとしての人間の、そのギリギリの存在証明さえも売り渡して、女は、男に尻尾を振り続けてきたという訳だ。

もとより個体としての人間であれば、ヒト様の腹を借りて、己れの腹を満たすことなどできる訳もないのであって、「女のオルガスムスはワギナにある」という、男からみた〈たてまえ〉に殉じようとして殉じ切れない、その己れの性の本音に、不感症という罪科を貼り貼られ、女は、男の喜びを己れの喜びに迎え入れられないその哀しみを、己れ一人の罪となしてきたのだ。

勿論、女という女がすべて不感症だった訳ではない。しかし、そのオルガスムスが本当に自分のものだったのかどうか、それが問題なのだ。女と男にとってSEXとは、その関係性に育まれたやさしさの、外化に他ならない。「性の興奮の絶頂は、相手の方はどうなっているのかわからなくさせることがあるが、にもかかわらず、人間の最も強いコミュニケートの形だ。自分のからだに起された興奮とよくコミュニケートできるものが、相手をよく満足に理解できるのだ。いいかえれば、自分の体とよくコミュニケートできるものが、相手をよく満足に、理解することができるのだ。自分の体とよくコミュニケートできないものは、相手をよく知ることができない。これが原理だ。——』（中尾ハジメ『朝日ジャーナル』）

己れを男のイメージの中に売り渡し、その〈どこにもいない女〉と生身の〈ここにいる女〉との間で切り裂かれるという、己れを己れで裏切ってきた女の歴史性であれば、そのオルガスムスも又「裏切られたオルガスムス」以外のものではない。

女はいまだかつて誰一人として定価通りのオルガスムスを受け取った者はいない。その歴史性から逃れられる女などいない以上そうなのだ。ワギナかクリトリスかの論争は、まずもってそのことを問題にしてるのだ。そして、さらにいえば、不感症であるかもしれないという不安と、不感症であってはならないという強迫観念の間で、女は、その不安定な生をより錯乱させてきた、そのことが問題なのだ。

あれは、中学二年生位の頃だったか、ウトウトと昼寝の余韻をむさぼっていたあたしの耳に、母の、「あたしはその、女の喜びというのを感じたことがないのよ」という声の、どういう訳かそこだけが飛び込んできた。低められた声の調子から、あたしは、両親の秘密を嗅ぎとった。母の、いらだち、不幸の全てが、彼女が不感症であるという事実に結びついた。

漠然と、母のようにはなるまいと思っていたあたしの思惑に、急に方向性が与えられた。母のようにはなるまいが、不感症の女にはなるまい、にとって代わられ、それはあたしの、唯一の「決意」となった。上役の誘惑に待ってましたとのっかったのも、まったくその「決意」故であった。「不感症の女」は、あたしにとって「絶望」の象徴であり、最も価値なき存在として映ったのだ。

大部分のおんなが、その存在を社会から肯定してもらう手段として、子供を産むための結婚を求めていくのに、あたしにとって結婚とは、「いい男」との出会いを意味し、その「いい男」とは、経済的に満たしてくれる男のことではなく、あくまで性的な存在としてあった。といって、男から男へと積極的に己れから求めていったかといえば、そうでもなかった。その理由の第一はあたし自身の劣等感にあった。自分は、女としては、無価値なんだという気持が絶えずあたしを嘖《さいな》んでいて、男の視線に出会うと体全体がギクシャクしてくる想いのあたしであった。

そのあたしのギクシャクには、別にこんな風な理由も介在していた。男の視線の中に、オスとしての男、奴隷を欲しがっている奴隷頭のその惨めさをあたしは「直感」していた。男の、どんなつまらないことばに対しても、やさしくうなずき、微笑むことが、女の最も大切な手練手管《てれんてくだ》だと知ってはいたものの、あたしはその演技に熱意を傾けることがどうしてもできなかった。その方向でがんばっても、この惨めなあたしがより惨めになるばかりだ、という「直感」があって、そう思うと惨めな自分を下敷きにして、己れの自信の復権を図ろうと、そこに女に対する男の面子《めんつ》を賭けてくる男が、あたし以上に惨めに視えてならなかった。

母の「不感症」を、父との、その仲の悪さに結びつけて考えていたから、自分より惨めに思える男と寝ても、そこに期待しえるものの何程かが生まれえるとはどう考えても思えなかった。しかし、にもかかわらず、「不感症の女」にはなるまいの想いは消しがたくあって、あたしは、受けるワケはないと最初からあきらめてるくせに、もしや、もしやのいじ汚い期待で舞台に上がっている大根役者さながらのありさまを続けた。奴隷頭ではない男、いつか現われるに違いない男を待ち続けたのだった。しかし、主人を待ち続ける奴隷に、奴隷頭以外の相手のあるハズもなく、あたしはまったく虫のいい願望をしていたもんだ。

他人サマとの出会いとは、今までどのように生きたのか、これからどのように生きたいのかの、その問いつめの中からしか鮮明にはならず、まずもって己れ自身の自由や自立の問題に他ならない。あたしのオルガスムス願望は、男と〈出会う〉中で、己れを鮮明にしたい願望としてあった。にもかかわらず、座して男を待ったそのあたしのありようは、言ってみればアンコを忘れたまま、大福を作るようなものだ。

なぜあたしは、そんなまちがいをしたのだろうか。今想い返せばなんのことはない。あたしはそういう生き方を叩き込まれて育ってきたのだ。例えば、幼い頃読んだ童話――白雪姫、シンデレラ、眠れる森の美女、足ながおじさん……、そこに登場するヒロインたちはひたすら待ち続けることで女のしあわせが訪れてくることを教えてくれた。彼女らが見せびらかすしあわせの四文字に目を奪われて、但し書きを読み落したのがそもそも手違いの始まりだったのだ。但し、美しく、無口で、従順で、慎み深く、けなげで、忍耐強い、つまり〈どこにもいない女〉に限る、という――。

「女は陰性なり。陰は夜にてくらし、所以に女は男に比ぶるに愚にて、自然なる然るべき事をも知らず（中略）古の法に、女子を産ば、三日床の下に臥しむといへり、是も男は天にたとえ、女は地に象る故に、万の事に付ても、夫を先立、我身を後にし……」

これは江戸時代の「女大学」の一節だが、これを今様に直せば「女はバカの方がかわいい」ということで、「女はバカだ」というきめつけが、「バカの方がかわいい」という婉曲《えんきょく》な物言いに変化してきた裏に、家父長制から一夫一妻制への移行、並びに女権拡張運動の功績を視ることができるだろう。

さて、「女はバカだ、バカな方がかわいい」ということばの裏をたどっていけば、女はメスとして生きよと書かれた道しるべにつき当る。無能なメスが、喰いっぱぐれないためには、骨が男か、男が骨か、という具合に男に尻尾をふって生きる生き方が最もラクなのだとその道しるべには書きつけてある。なぜ女は無能なのかを一切不問にしたまま、いや不問にすることによって、この世の生き難さを不条理なもの、どうしようもないものと女に思わせ、行くもならず去るもならずの生を抱えてさまよう女に、この道しるべはもっともらしく「女の生き方」を教えるのだ。出る杭は打たれるというが、出なくても打たれる杭が女であって、なんで打たれたのか、鮮明なのは痛さばかりで、とにかくなにがなんだかわからない中で想うのは、「よせばよかった」の悔恨ばかり。どうよせばよかったのかを抜きに、「よせばよかった」の想いをつのらせていけば、当然「女であることをよせばよかった」になるんであって、この世にいる女という女のほとんどは、おんなから逃げ続けている女に他ならない。

被抑圧者は弱さや愚かさというネガティブ(否定的)な面でつながっていくものらしいが、しかし、その弱さ愚かさ惨めさが己れ自身のそれとピッタリ符号する時、目をそむけ合う人の心に憎悪がうみ出される。否応なく己れの惨めさと真向かわされた者のいらだちがそこにはある。女同士の反目が胎《はら》む憎悪こそ、女でありながら女から逃げ続けてきた者のその惨めさ、その歴史性からうみだされていくのだ。

　さて、本物の役者だってバカの役はむずかしいというのに、バカだと想い込まされてる人間がバカな役を演じられる訳はないのだ。否定の否定は肯定になるそうだが、生身の人間に関しては否定の否定は全否定だ。その存在の全否定に他ならない。つまり、バカだとは決して思っていない女だけが、バカな女の役割を演じられるのだ。

　曽野綾子さんは、彼《か》の有名なベストセラー『誰のために愛するか』の中で、「無能であることは楽なのだ、楽な道を選んでなぜいけない」と、「妻として」、「母として」昔ながらに生き抜く道を賛美している。「妻の方が先に謝ると陰湿になる、王さまが孫のお馬になって遊んでいても、誰もがほほえましく思うだろうが、王さまが幼い孫をお馬にして乗っかったら、これは暴君、暗君だ。女の方がバカだと思えばこそ、私は男に先に謝ってほしいのである。譲る心である。男に謝られると、女は次のときは、私が悪かった、と先に言おうと思う。ごめんなさいという言葉が屈辱でなく言える人間はいい」。あたしはこれを読んで驚いた。謙虚さの衣をまとったそのゴーマンさに驚いたのだ。曽野綾子さんにとって、バカな人間とは自分以外の、夫をも含めたすべての男女なのではあるまいか。バカな女にまず謝る男、それを受けて次の時は、私が悪かったと先に言おうと決意する女……。こんな天下太平、秋のお空はニホン晴れ的な女と男が存在していると、彼女は真底考えているのだろうか。それとも寄生虫のように男に貼りついて暮せば、この程度のことで収まる問題しかでてこないと言いたいのか。

　女と男の、その日常の、一見ささいな感情の行き違い、いらだちとは、言ってみれば氷山の見える部分であって、隠れてる部分は、生命《いのち》のもつ可能性をむりやりにちょん切られた人間同士の、そのやりばのない怨念が歴史性をもって秘められている。あたしの姉とその夫の仲の悪さも、お互いの無理解、わがままといった理由だけではとても片づかない根の深さをもっているのだ。無能なメスとして卑しめられている己れ、その「痛み」を「痛い」と感じる女がそんなバカなことがあるかと一方で思いつつも、ではどう生きるかの「では」のあとが続かないままに、曽野さんの言う「楽な道」を選んだつもりが少しも楽でなくて、日々、生きてないというその実感は深くなるばかり……。リブはこの女の実感から、痛感からうみだされたものに他ならない。

五月リブ大会への呼びかけ──あたりまえの女から、女へ

昨年秋に、福岡市の女性問題研究会が行った「女子高校生とその母親の職業意識調査」に依れば「女子高校生の3分の2は就職を腰かけと考えており、母親よりもむしろ家庭志向が強い」（『朝日新聞』二月二日）という。

戦後靴下並みに強くなったといわれるおんなのその強度が、どの程度のものであるかについては誰よりも己れ自身の、日々の惑《とまど》い──「結局妻として、母として生きていくのが一番無難なのではあるまいか」という不安とも打算ともつかない屈折した想いの中にこそ最もよく知るところで、だから、〈女の意識性の低さ〉という、あたしたち女のリアルな〈現実〉がこのたびの調査で明らかにされたところで、今さらという想いがしないでもない。

しかし、調査とは常にパーセンテージの裏を読み解くことに意味があると思い返して、「意識

性さえ高くなれば、この日々の生き難さがどうにかなるのか」という居直りとも反問ともつかない気持の中で、一体「意識性」とは何だろう、と改めて不思議に思うのだ。

一月二三日、日本有職者婦人クラブ全国連合会（影山裕子会長）によって「女はなぜ管理者になりにくいか」という研究集会が開かれた。去年あたりからざわめいている労働基準法改悪の動きの、積極的な推進グループとしてある「管理職」をめざす女たちは、その日、おんなの「出世」を阻む理由を次のようにあげている。

「最近、労働力不足なので意識があれば女性でも登用しようという企業がふえているのに、肝心の女性側の意識が低い」（『読売新聞』一月二三日）

〈女の意識性の低さ〉がいくらリアルな現実であったとしても、それは、餌をくれるならどんな奴でも主人でござい、という風な卑しさを男とのかかわりの中で再生産してきた、そのような構造の中でしか女が生かされてこなかった歴史の結果としてそうなのであって、女の「生まれつき」などでは断じてない。だから、〈女の意識性の低さ〉を確固たる前提にして、そんな女でも管理職になれるのに！　と、笛吹けど踊らずの女たちをいくら歯がゆがっても、そんなの知らんもんねと背《そむ》く、あなたとあたしがいるんだ。

そのあなたとあたしとは、男並みに認められることをもって、日々の生き難さをどうにかやりくりしていこうとする、「管理職」希望の女たちのその意気込みや舌打ちの中に、己れの生き難さをのぞく想いの、あなたとあたしでもあるんだ。

女の生き難さ——それは女の日常を絶えまなく浸蝕する「無価値なあたし」という脅迫観念と

共にある。「人類及び女性の諸君」と最初にのたまったのはアリストテレスと聞くが、そのことばは、女が科学者にも、芸術家にも、音楽家にもなれず「メス」にのみなれる構造の中で生かされてきた、その歴史の事実を問わず語りに物語る。むろん男に伍して社会に己れを明らかにしてきた女はいままであまたいるが、その存在はあくまで女流音楽家であり、婦人記者であり、女医であり、女性活動家として存在を許されてきたにすぎない。男＝人間で成り立っての社会において、女が、個人の主体においてどのように己れを求めようが、女ながら、女だてらに、女のくせにという罵倒は、メスとして生かされてきたその歴史性は、こびりついて離れない。男に〈七人の敵〉があるとすれば、「社会」に己れを求める女にとっては、その「社会」そのものが、敵の総称に他ならない。

曽野綾子氏は、その著『誰のために愛するか』のなかで、「実生活に二人の統治者がいては困る。私は決して婦徳をふりまわすのではない。無能と言われることは楽なのだ。楽な道を選んでなぜいけない」と、妻として、母として、つまり最も赤裸《せきら》なメスとして生きる女の伝統的な生き方の、その実利的側面を礼賛している。

女をメスとして生かすために、この社会は手をかえ品をかえ、その機構、その人間関係の全てをあげて「お前はバカだ、無価値なのだ」と女の肉身に叩き込んでいく。その執拗な恫喝は、言ってみれば「このあたり一帯は包囲されている。無駄な抵抗はやめよ」と四六時中女を追いつめているに等しく、そこへもってきて〈結婚こそ女のしあわせ〉〈子供こそ女の生きがい〉という耳ざわりよいことばがさしのべられれば、女という女のほとんどが、メスとして生きる道に、活路を見出だそうとするのは〈女の意識性の低さ〉故の問題では決してあるまい。

人はこの世に生きる限り、なんらかの自己肯定を依りどころにする中でしか生きられない。だから〈女はバカだ〉の声に追いつめられた果てに、無価値であることをもって良しとする生き方に女が負の自己肯定をまさぐっていくのは、蝶の行く手をまちうける蜘蛛の糸にも等しいからくりなのだ。負の自己肯定とは、男の「影」として生きること。影である以上、男にへばりついてさえいれば喰いっぱぐれのない身分だ。大黒柱とおだてあげられ、妻子を養うことによって〈男らしさ〉を明らかにしようとあえぐ男の、その空転のしざま横目に、確かに無能に居直ったメスの生は、犬並みに楽ではあった。が、所詮目も耳もある生身を「影」に徹して生きられるはずもないのだ。しかも昨今の物価高、三食昼寝付きの夢は破れるべくして破れ、己れの生殖機能と交《か》わす黙約の上に成り立ってきた、メスの負の自己肯定は、いま、たしても引いても割りに合わない勘定書きをつきつけられている。頻発《ひんぱつ》する母親の子殺しこそ、男と子を座ぶとん代りにして生きる生き方への我が子の血に印した破産宣言に他ならない。

さて、妻として、母として無能さに徹して生きることを礼賛する曽野氏が、その実無能ではなれない作家であることのウソッパチはひとまずおくとして、彼女が言うようにはたして本当に実生活に二人の統治者がいるのだろうか。男も女も統治者ではありえない。政治権力と結びついて私利私欲を肥やす者と、その奴隷とが居て、そして奴隷同士が互いに相手を切り裂き合っている風景こそ、あたしたちをとりまく〈現実〉ではないか。

女をメスとしてしか生かさない社会は、男をも又競馬ウマ並みにしか生かさない。しかしそれを知った上で、なおかつあたしたちは男社会、男文化に対する告発のことばをゆるめない。

　女がメスとして〈女らしさ〉を男に向けるなら、男はオスとして〈男らしさ〉を社会に向ける。その男らしさの論理が、むかしも今も、「大義のために〈私〉を殺す」、というたてまえによって成り立つ時、男は企業の大義――利潤追求にたやすくからめとられて、〈男らしさ〉を充分に表現しえない挫折、絶望は持ちえても、オスとして企業の生産性の論理に組み敷かれている惨めさとまっ向から真向おうとはしない。

　男は真向わずにすむのだ。なぜなら男が殉じる企業の大義、その生産性の論理に殺されていく〈私〉とは、男に対しては女、大人に対しては子供、若者に対しては老人、一般人に対しては被差別部落民、大和人《ヤマトンチュ》に対しては沖縄人《ウチナンチュ》、そして五体満足な者に対しては身体障害者、被爆者であり、日本人に対しては在日朝鮮人、中国人であり、そして同性愛者でもある。男＝人間という体裁で成り立つ社会が、人間として認めるオスとは、企業の生産性を裏切らない働き盛りの男であり、しかも被差別部落民でも、沖縄人でも在日朝鮮人でもない男なのだ。

〈選ばれた男〉が、選んでくれた社会に忠誠を誓う時、弱い者、役立たない者は切り捨てご免の生産性の論理が様々な形で物質化され、病人、子供、老人を無視した歩道橋ができる一方で、大気汚染が、公害が、交通戦争が、文明の名のもとに殺人を正当化していく。

　しかし、言うまでもなくあたしたち女は、被抑圧者一般の中にもぐり込んで男社会、男文化を告発することはできない。女は、メスとして生かされることによって、そのむかしは靖国の母、軍国の妻として、神国日本の大義を支え、そして今、ＧＮＰ第三位の大義をマイホーム信仰を通じて、「管理職」願望を通じて、支えているのだから。

その女の共犯性は、メスとして己れのSEXをオスの鼻先にぶらさげて、男たちの競争をあおりたて、結局弱い者、役立たない者切り捨てごめんの社会のその構造の根底を支えてきた、ということに尽きる。

むかしも今もオスの値段は一銭五厘、メスの値段は一銭銅貨、合わせて二銭五厘の惨めな生が総ざんげの舌先も乾かぬうちに、戦後再び栄《さかえ》印のスタンプを背に忠義ひと筋でひた走ってきた結果が、この、振ればカラカラと音が鳴りそうな弱肉強食の文明大国なのだ。

自国の女をメスとして卑しめる国は、他国の女も又当然のこととして凌辱する。明治百年を通じて日本のオスがその精液で汚してきた朝鮮の、東南アジアの女たちの、その五厘銅貨の生命を想えば、女たちよ、楽に生きたかったら無能なフリをすればいい、などと口が腐っても言えるものではあるまい。

〈未婚の母〉が現われた。風俗でも現象でもないまぎれもない事実として。メスとしてではなく、「女として」と「人間として」が同じ重さ、同じ意味をもちえる生き方を求めて、いま女は出発《たびだち》の歌を歌う。加賀まりこや緑魔子といった有名未婚の母の話ではない。いままで妻として、母としてメスの生を生きるしか、この世から存在を許されなかった女たちが〈未婚の母〉を模索しているのだ。

それは、〈未婚の母〉を生き方のひとつの選択として考える女たちである。つまり、未婚で子を持つということにメスから女への可能性をみるのではなく、持つも持たないも己れは己れ、自分の生き方は自分で決める、ということにこそ生の証《あかし》を求めようとする女たちなのだ。その女たちとは、あなたであり、あたしであり、どこにでもいるあたりまえの女たち。適齢期の脅迫に怯え、女性週刊誌のグラビアにしあわせの幻影を追い、職場の花にあまんじてきたいわゆる意識性の低い女が、自ら七難八苦？　の道を求めて、いま歩み出そうとしているのだ。

むろん、あたしたちはその道を己れ一人の主体で切り拓いていける、いこうなどとは思わない。〈メスから女へ〉の道は〈女から女たちへ〉の道でもあるのだ。

妻として、母としてしか生きられないと他人が想い、己れも想いしてきた女が自由と自立を獲得していく道は、独《ひと》りでも女が生きていける社会をつくりだす中でしかありえない。メスに居直るのではなく、女が、まっとうに己れの性（＝生）と真向える社会を創り出す中で、あたしたちは私怨ばかりを胎まされてきた己れの子宮を解き放つのだ。未婚の女が、卑しめを受けることなく出産し、子育てのできる機構を創りあげよう。むろん中絶や、性病の検査ができる機構も欲しい！　その自由や自立を足腰のしっかりしたものにするために、結婚退職制や、女の低賃金が男の低賃金を保障するような、そんなバカげたからくりを、あたしたちのこの手で打ち破る。産む、産まないの悩みが悩みではなく、生き方の選択の問題にすぎなくなる、メスではない女が生きる、生きられるそんな社会を創ろうではないか。

やることは一杯ある。手に余る程ある。女を卑しめることによって成り立つこの社会のからくりを、あたしたちが日一日と、鮮明にしていく中で、それぞれの場所で、それぞれの闘い方で、女から女たちへの道を、力を合わせて創りあげよう、克ちとろう。

もちろん百人が百人の個人史を抱えているのだから、あたしたち一人ひとりの生き難さのそのすべてが、運動の中で解き放たれる訳もない。あたしたちの生きるがいつもＩＮＧの形で進むのと同じく、運動も常に、字余りの部分をひきずりつつ進むものとしてあるのだから。しかしともかくにも、もしあたしたちの模索が、押しても引いても変らない模索として終わるならば、この世界の「明日」はサイコロを振ってみるまでもないことなのだ。それは腐臭の中で〝どこにもいない〟女と男がさまよう以外の光景ではないのだから。

弱い者、役立たない者として見殺しにされてきたからこそ、真に人間らしく生きられるという逆説の真理を、他の被抑圧者と分かちあいつつ、姉妹たちよ、メスから女へ、女から女たちへと歴史の闇を、明日を切り拓いていこうではないか！

よりごまかしの少ない生き方へ向けて、女の本音でできる運動を創りあげるためのあれこれを、全国の女たちが話し合うためのリブ大会。人のことばから我を想い、我を我のことばで語りつつ、その一人一人の喜怒哀楽が、重なりあったり、つっぱなし合ったりしていくうちに、いま、どのような方向へ向けて何をすべきか、の共通項が必ず浮び上がってくるだろう。

出会う喜びを、団結の強さにまで高めていくリブ大会にあなたの参加を呼びかけます。

〈五月リブ大会世話人一同〉（一九七二年三月一日）

あたしはため息の多い女で、年がら年中、なにかにとり乱してはホッとため息をついている。もちろんとり乱すにはそれなりの理由がある。問題なのはその理由がいつもスッキリしたものではなく、あれもこれもという、まさしくひき出し全部ひっくり返して呆然としているというそのことなのだ。しかし思えばそれも当然で、男のことひとつとっても、あたしが今日までにため込んできた屈辱、恐迫観念、劣等感が全部ひっくるめてかかわっているのだ。男との問題は女との問題だし、運動の問題だし、あたしの「生きる」の問題だし……、一度ひき出し開けたらあとはもう収拾がつこうとつくまいと、全部とり出せるだけとり出していくしかない。家人が来たのであわてて逃げたドロボウの、その犯行現場みたいなありさまを前に、あたしはチョイチョイため息をつく。しかし、いくらため息を重ねたところで、もとよりリブから離れる気の、これっぽっちもないというのは、人間、喰って寝てただそれだけでも生き難いこの世において選びとれるなら苦より楽で、リブはあたしにとって唯一自己肯定を克ちえる運動としてあるからだ。

想えばリブという運動は、今まで「女・子供」以上の評価を他人サマからもらってきた〈選ばれた女〉にとっては、自己否定の要素が強い運動であり、「女・子供」として蔑まれてきた〈選ばれない女〉にとっては自己肯定の運動としてあり、「女・子供」からなんとか脱しようと喘《あえ》いできた〈中ブラリンのガンバリ女〉にとっては、そのガンバリを否定し、中ブラリンにとり残されてきた己れを肯定する運動としてあるだろう。

エリート女、ダメ女、ガンバリ女の違いとは、単にどのような職業についてるかとか、他人から評価されているか、いないか、モテるかモテないかとかいう違いだけに止まらない。もとよりそんなことはごくうわっつらのことであって、ヒト様の目にどう映るかより、いつも問題は自分は何者であるか、ということなのだ。その問いは、壁に向かって問うている己れを知って、なおかつ執拗に問い続けていく中で意味をもつ。が、しかしその「壁」を持っているかどうかがまず問題なのだ。なぜ働くのかという、その問いの答えを知りたくて働き続けて来た、とある人が言っているのを聞いて、あたしの場合は、なぜ働くのかではなくなぜウーマン・リブなのかだなと、思った。

前に書いたように、見た目はエリートといえる職についていながら、あたしはてんでダメな女だった。金を得るのが唯一の目的で、なぜ働くのかなどとはついぞ考えたこともなかった。そこに何ほどの執着も抱けずに、「異邦人」として目の前の風景をみていたかんじのあたしにとって、「働く」ということは己れを問う「壁」にはならなかったのだ。

しかしもとより人の一生は、己れの存在の意味を問い続けていく過程としてあるのであれば、壁をもつ、もたないにかかわらず、あたしたちはそれぞれ生きる意味を求めて己れを問い続けているハズだ。

リブと出会うまでの過程とは、あたしにとって「壁」をもたずに己れを問い続けてきた過程であり、それは拡散に拡散を重ねていくとり乱しの過程としてあった。もっともそれはあたしにだけわかる程度問題で、今よりもっととり乱しがひどかったというだけの話だが。〈選ばれない女〉とは、己れを問う「壁」を持ちえないでさまよう女、空転のしざまにおいて他に抜きんでてる女のことだ。〈選ばれない女〉の一人であったあたしは、〈自分は無価値だ〉という強迫観念といつも抜いたり抜かれたりしながら生きてきた。

その強迫観念こそあたしのとり乱しの原点だった。むろんそれは今でもそうで、打ち寄せる波で岩が絶えまなく浸蝕されていく具合の、止めるすべもない存在の喪失感に襲われるといつもあたしはひどく自虐的になっていく。「結局おまえは妻として、母としてしか生きようもないくせに、その生き方だって決して生き易くはないから、それでもってリブなんてやってるんじゃないか！」。

一人四帖半の天井見上げつつ、地底に沈んでいく想いの底には、いつも〈無価値なあたし〉が黒々とうずくまっている。自虐的に、自虐的になっていく裏には、そうでもしなかったら指一本動かしただけでタガがはずれたみたいに泣きだしそうなあたしがいるからで、泣くことで、我が身を甘く抱きかかえたがる自分を突っぱなすために、自分をこれでもか、これでもかと痛めつけていく方法論を、あたしはいつのまにか習得してしまったようだ。

すこし前、世界各国の動物園で、ノイローゼやストレスの動物たちが続出しているという新聞記事を目にした。見られることに疲れたオランウータンが観客にフンを投げたり、さらに重症の、オオカミや、コヨーテ、ライオンなどは生まれたばかりの我が子を食べてしまうまでにその症状が悪化しているそうだ。ブルータス、お前もか！　病んだ動物のその生き難さの中に、自分を映してみる想いで、あたしはしみじみ連帯したのだった。

この社会が、女をメスとして、無価値なものとして生かすことにその根底の基盤を置いている以上、〈無価値なあたし〉というその想いは、それこそ一刻一秒休みもなく、自分の出番を待ちかまえていて、折あらば〈無価値じゃないあたし〉を駆逐《くちく》しようと、そのすきを窺っている。〈無価値なあたし〉が抱くその下克上《げこくじょう》の志のために、あたしは休みなく自己肯定していかなければならないハメに追い込まれ追い込まれしつつ今日に至る。あたしの「現在」はいつも、〈無価値なあたし〉と〈無価値じゃないあたし〉との、その追いかけごっこの中にある。

そういう自分の、日々のとり乱しを想うに、つくづくリブをやっている女というのは無器用だなあと嘆息する時がある。しかし人間、本当に器用に生きてる人間なんていないのではないかなとも又想う。彼の曽野綾子《か》さんでさえ、こんな風に自分を語っている。「私は長い間、不眠症になり、その挙句に、夫に連れられて神経科のお医者さまのところに行ったこともあった。私はものを喋れなくなっていった。何か言ったり説明しようとする前に、答が十にも二十にも分裂し、その又裏が見えるように思えて、私は黙り込むのだった」。大体曽野さんのこの本は誰に対してよりも、自分自身に向けて「メスでいいのだ、しあわせなのだ」と思い込ませる必要にかられて書かれたものだろう。彼女も又、〈無価値なあたし〉と〈無価値じゃないあたし〉の間で切り裂かれている、あたりまえの、どこにでもいる女の一人に違いない。

「寝起きのホステス」ということばは、だらしなく乱れた女のさまを形容したものだが、女にとって「現実」が悪夢である時、もし寝起きのまともな女がいたとするならば、それは〈どこにもいない女〉に違いない。

存在の喪失感に悩むことなく、強迫観念に脅かされることなく、己れは己れを貫いていける見事な女とやらが居るとすれば、それは、男に媚びて存在証明を図ろうとする女とは別の意味で、〈どこにもいない女〉なのだ。女の歴史性と一人無縁に生きていける女など、この世の生きものではないのだから。

大体この社会全体が、「寝起きのホステス」さながらの惨状ぶりを呈しているのに、女だけがヒナ段に雁首揃えていられる由もないことなのだ。

2 「男らしさ」が生産性を支える

ウーマン・リブはマン・リブだと言う人がいる。唯一股の間の証《しるし》の違いで双方がそれぞれ「女」と「男」へ作られていくのだから、ウーマン・リブはマン・リブだということに異議はないのだけど、しかし、マン・リブというのは何を原点にして己れを明らかにしていくのだろうか。

男と話していると、「自分の中の「男」を意識したことなどほとんどない」と言う男が多くいて、そのたびごとにあたしは真底驚く。どうも男と女はまったく別の生きものらしいと思うことが日常多くある。しかし、男の本分、女の本分などという訳のわからないものを持ちだして男と女の違いを強調するヒトがいるものだから、その論理とどこがどう違うのか意識的に詮索するのもされるのも面倒くさい。どうも違うらしい、というその己れの実感に固執していけば結論は出るべくして出るもんだと、横着を決め込んでいるあたしだけれど、面と向かって「男として自分を意識したことがない」、なんて言われると「ウン、やっぱり」と納得する一方であらためて「へェー」っていうかんじもある。

先日のこと、ヒッピーかヒッピーもどきかは知らないけれど、そういうたぐいの長髪・ヒゲ族の集いが逗子であった。そのプログラムの中に、ゲイパワーを代表すべく参議選に出馬して落馬した東郷健さんを囲むティーチインがあるというので出かけてみた。昨今、集会というものは、開かれること に意味があるのであって、その内容にいくらかの期待も持ってはならないことは百も承知のはずなのに、東京—逗子間往復四八〇円のもとを取りたい気持がどこかにひっかかっていたのだろうか、その内容の空虚さにガックリしてしまった。

　男が己れの性と意識的に真向かう時のそのあり方を知りたくて行った訳なのだけれど、まさか東郷さんに対する質問が、「おかま掘るのに痛くないやり方があったら教えて下さい」とか「この中で誰とおかまやりたいですか」ということに終始するとは！　むろんその質問を頭ごなしにくだらない！ときめつける気など毛頭ない。あたし自身そういう「くだらないこと」を率先して知りたがる口なのだから。

　マスタベーションのあれこれを書いた野坂昭如さんの『エロトピア』を読んで、なにごともその奥を極めるということは大変なことだと、マスタベーション道ともいうべき野坂さんの、その日々のまい進ぶりにほとほと感じ入ったあたしなのだから、女にとっては未踏の神秘としてある「おかまの掘り方」のあれこれを知りたくない道理があるハズもない。その証拠に、うまくやるために肛門に塗る、「スムージング」とかいう薬の名を、その時以来あたしはしっかと記憶している。

　しかしまちがってもらっては困る。あたしが野坂さんのマスターベーション道に感心したのは、彼のその方面に対する知識の豊富さにあるのでは決してない。マスタベーションとのかかわりの中で己れを知り、己れを知る中でマスタベーションに励んできた、野坂さんの己れの生に対するその執着のありように、野坂さんを野坂さんたらしめる生きざまの片鱗を窺う想いで、あたしは彼のそのマスタベーション道を感嘆してきたのだから。一からマスタベーションを極めてきた果ての知識と、やってみもしないでお手軽に知識だけ仕入れようとするのとでは、天地がひっくり返る位の違いがある。

そういっちゃあなんだけど、野坂さんの滑稽さの中には真摯さが漂うが、のっけから「おかまの掘り方」を聞くのでは、薄っぺらで寒々しく、笑おうとした顔も凍りつく。いくつになってもまっ先にドブ板踏みはずす、オッチョコチョイも筋金入りのあたしだけれど、この時ばかりはアホらしいやら情けないやらで指一本動かすのももったいない気でしばらくは黙していたのだが、でも、東京―逗子間四八〇円がくやし涙で想い出されて、あたしは開かなけりゃいい口を開いてしまった。いったいどのような意味があってそのような質問をするのかと――。そうしたら、質問した男は「だって恐怖があるじゃないか！」と真顔！　で言い返してきた。その場に居合わせたかなりの部分が「そうだ、そうだ」とうなずくありさまに、あたしは思わず「バカ言っちゃいけないョ。女は一人残らず男と最初に寝る時は、痛い思いもするし血も流すんだ！」と叫んでしまった。小さいあたしの二倍はありそうな男たちが「恐怖があるじゃないか」なんて言うんだもん。

ムロンあたしの驚きは「男は男らしく」の幻想が破られたせいではない。そんなもの、とうに破れている。といっても、それはあくまで「認識」の範疇《はんちゅう》だから、もしかしたらあたしのとり乱しのいくらかの部分は、「かよわき男共」への失望があったのかもしれぬ。しかし、ヒトはいつでも不充分性のINGという形でしか存在しない。人間の意識が変わるということは、日銀を打ち壊すより難しいことであると思えば、そう、「男らしさ」の幻想をいまだあたしが持ってるとしても当然といえば当然の話じゃないか。

さて、その集会後、なぜ自分はかくも怒ったんだろうとあらためて己れをシゲシゲと見るに、「恐怖」があるから、人間これでもいくらかまともなんだ、という考えがあたしの中にまぎれもなくあった。むろん、山中鹿之介[3]じゃあるまいし、我に七難八苦を与えたまえとばかり、なんでもかんでも「恐怖」ならいいと言うつもりはない。「恐怖」一般を肯定しえるはずもないのだから。

　いまあたしたちが感じる「恐怖」の情は、そのほとんどが否応もなく持たされてしまった「恐怖」であって、例えば戦争とか交通事故などに対する「恐怖」とは人間の作りあげた、言ってみれば人為的「恐怖」に他ならない。では自然な「恐怖」とはなにかと言えば、それはひと握りの者が私利私欲を追求する目的で作りあげた、この階級社会という名の不自然な社会をブチ壊していく中にしかありえないが、しかし、疎外された労働やＳＥＸにも、本質に近い喜びが残されているように、自然の「恐怖」に近い「恐怖」というものもあるにはある。それは階級社会が打倒された暁にも残る可能性がある「恐怖」のことだ。

　おかまを初めて掘る時の痛さも、処女膜とやらが破れる時の痛さもそういった「恐怖」につながっているし、その他お産の陣痛や、病気への「恐怖」も同じものとして分類される。これらの「恐怖」は大古の人もまた味わったであろうと思われる「恐怖」だが、しかし想うにその頃は、「恐怖」との葛藤なしには一日たりとも過せなかった日々であったに違いない。

　そのむかし、あたしたちの遠い祖先たちは、一本の草を前にして、それが食べられる草であるか否かを判断しなければならなかった時、己れの全身をもってその草と対峙《たいじ》したはずなのだ。もっとも対峙などとことさら言うのもおかしな位、彼らの一日一刻は生と死のその危い均衡の中で営まれていただろう。とにかく運悪く毒に当って命を落すようなハメになれば、それでその草の毒性が立証され、後世の人に益をもたらすことになろうとも、人間生きてるうちが花であって、棺桶の中でその功績を讃えられても、己れあっての世界であり未来である以上、割りに合った話ではない。そうである以上その草と真向かった時、古人は己れにとっての世界と、未来と真向かったのだ。食うか食わぬか、生と死のその半々の確率に賭ける一瞬、彼女または彼は、去る日と来る日へ向けて己れの想いの限りを凝縮したに違いない。そして又その一瞬は凶か吉かの結果を越えて存在した一瞬であり、一心であったに違いない。そこには生きてる人間の、その生きる証《あかし》が、一本の草に真向かう己れをもってまぎれなく確認できたに違いない。

　生きるためには否応もなく、その生命を「恐怖」とわたり合わせてその中で、己れの生命の胎む可能性を問い続けて来た古人を想えば、孔子の、日に三度三省するという生き方も、なんとなく納得できる。今より「恐怖」のはるかに多い時代に於ては、その分だけ己れを鮮明にする機会もまた多かったのであって、日に三回も己れと世界を対峙させた孔子の生き方も、そのような生き方を孔子に要求した背景があってのことなのだ。そういう見方からいえば、いまのこの時代は、どのような生き方をあたしたちに要求しているのだろうか。

　子供から大人になっていく過程は、一面歴史の凝縮再生産過程としてあるが、想えば、一本の草に対して、己れの全存在をもってわたり合おうとした、古人のそのあり方は、あたしたちの幼児体験の中にだってないことはない。例えば、初めて海を知った時、あたしたちは幼い生命の、その全身全霊をもって対面したハズなのだ。口にふくんでその塩からさを知り、耳をもってその響きを聞き、目を、鼻を、手足を、そして毛穴のひと穴ひと穴をもって海のやさしさと凄まじさに出会っていったはずなのだ。波の泡だちの中にのまれそうな己れと、そうはならじと足のつま先に力を入れる己れの、二人の己れの間で、おどろおどろしくゆれ動く、その生の鼓動を知ったはずなのだ。

それ程の感動を幼な子の胸に焼きつけた海はしかし、幼な子から学童へ、学童から学生への過程の中で、いつのまにかただの波のくり返しに堕落していく。もちろん、海が堕落するのではない。主要には、教育という名のもとに正当化されている「人間管理工場」が知識のよせあつめをもって「自然」を征服できる法を教えてくれるせいなのだ。頁をめくりさえすれば、塩の割り合いから、波のからくりまで、居ながらにして海についての一切合財を知ることができ、○×方式の試験には、それで充分太刀打ちできるとあらば、海について知りたければ、本屋に走っていけばすむ道理になる。

世界中の海をなめてみた訳でもないのに、いつのまにか「海はショッパイ」ことがあたりまえのことになり、そのあたりまえの上にのっかって、家が建ち、車が走り、工場が作られた。生産性の論理は近代合理主義と二人三脚で、人間から「自然」を奪ってきたのだ。「知識を持つ」ということが「海を知る」ことにすり代っていく中で、レジャー産業が、公害企業が、それぞれの魂胆を秘めて大手をふって海を凌辱《りょうじょく》していった。

あたしの姉の子は今年区立の小学校に入学したが、そこでは「できない子は今は置いていくしかないのですから」というようなことを教師が平気で口ばしるのだそうだ。海が凌辱されていく一方で、本の中の海しか知らない子供たちが作られていく。生命のもつ可能性が凌辱されていく。

パクられた後の、権力に対する完黙率の男女差が、いつだったかの新聞にでていた。カンモクとは、刑事の取り調べに対し完全黙秘を貫くこと。なにもしゃべらない、というただそれだけのことであるが、これを全うすることは容易なことではないらしい。幸か不幸か、あたしは未だパクられた経験がなく、したがってそれがどれ程大変なことか実感としてはもちえないが、ヒト様の話を聞いたり読んだりする限り、完黙するとは、世界対己れ一人の関係を持つに等しいことらしい。

あの人も、この人もがんばっているから自分もガンバラなくちゃというのではダメで、完黙のための完黙みたいな、そんな風ながんばり方では、とてもじゃないが権力の、なにがなんでも吐かせるぞと、悪魔の爪さまざまに磨いての攻撃に太刀打ちすることはできない。

想うに権力にとり囲まれたその状況とは、古人が生と死の、その危い均衡を一本の草との間で保った、そのありさまに似ているようだ。刑事のくつろいだ雑談の延長線上にどんなクモの糸が用意されているのか、なんとかたぐりよせようとする刑事と、そうはさせまいと抗《あらが》う者との、その息づまるような対決が、日夜ブッ通しで続く。取り調べられる時間は二時間三時間でも、同じ房にさし向けられているかもしれぬスパイのこと、看守との応酬、そして寝ごとにまで神経を使わなければならない日々であれば、まずもっての敵は己れ自身に違いない。

さて新聞の記事を見るまでもなく、今までにも男の完黙率の圧倒的低さに対し、女のそれの圧倒的高さが云々されてきた。女は皮下脂肪が厚いから、よく獄中生活に耐えられるのだなどという冗談を聞いたことがあるが、むろん問題はそんなことではない。想うに完黙とは、自己凝固のその密度にかかわる事柄ではあるまいか。一本の草に己れの全存在を対峙させた古人のそのさまに、完黙する者の、権力に対する緊張のそのありようを視ようとする時、それは「未知なるもの」に対する恐怖をどの程度己れに引き受けて、それとの葛藤の中から己れを鮮明にしえるかということにかかっているようだ。

男より女がより「恐怖」に耐えうる性としてあるというあたしの直感は、女のその一生が、己れの子宮に宿す「恐怖」との黙約の上に成り立つということにその根拠をおいている。幼くして、成長しようとするその乳房の痛みを知り、初潮に始まる血との出会いは、男を知る際の苦痛へつながって、中絶、出産とそのたびごとに己れ一人に血と苦痛を引きうけねばならぬ女とは、己れの子宮の中で「恐怖」という名の黒々とした生命を育むのを、宿命と負った性に他ならない。おかまをやる時ぐらいにしか、痛みを問題にしえない男の性とは、そもそも出発点が違うのだ。

子宮が宿すその「恐怖」とわたり合っていく中で自己凝固をまさぐっていく女に対して、痛みを持たない男の性は言ってみれば拡散していく性としてあるのではなかろうか。

中国式の「無痛分娩」の話を聞いたことがある。その方法は具体的には体操とか呼吸法とかをもって、その予想される痛みに対処していくのだが、しかし最も肝心なことは、出産の「恐怖」に打ち勝つ気力を養うことにあるのであって、言ってみれば己れに勝つことによって、痛みに勝つやり方とでも言おうか。迫りくる恐怖にジリジリ追いつめられながら、なんとかその「恐怖」と真向かおうとする中で人間が己れを創っていくその方法論は古来よく聞くところのもので、なにも「無痛分娩」に限られた話ではない。巌流島の決闘の、その日を迎えるまでに武蔵はすでに己れに勝つことによって小次郎に勝っていただろうし、男女の別なく、そのような自己凝固の仕方はあらゆる分野に見られてきたものだ。

サルトルが言うことには、「人間がまさに人間として自己を実現するのは、自己の方へ振り返ることによってではなく、或る解放、或る特殊な実現、というひとつの目的を常に自己の外に求めることに依ってである」。この考えは、一面まったく正しい。が、しかしこのことばからもれてしまっているもう一面があると思うのだ。そこに東洋と西洋の文化の違いみたいなものを感じるのだが、例えばその無痛分娩という、或る特殊な実現に向けて、己れを見きわめようとする時、その目的は己れの外と内の両方にかかってあるのではないか。生硬《せいこう》なことばだが、闘いへ向けて主体性を構築する、といった場合、闘いを創造するという目的と、自己を創造するという目的とは、同じ重さをもって進められなければならないハズで、手にすることができる結果（目的）というものは、己れをそこに向けて、創りあげていく、その過程によって決定されるのではあるまいか。

自己の方に振りむくことがなければ、自己の外に求める目的は達成しえない。むろん、その目的も人の一生からみれば過程のひと区切りでしかないのだが、とにかく己れに勝つということは、過程であり、目的である。女と男の違いとは、己れに勝つための媒介として、己れを置くか、他を置くか、の違いとしてあり、男の性を拡散の性として位置づけるのは、競争者を傍に置くことなしには、自己凝固をまさぐれない性として、男が存在するからだ。

東大闘争の折、自己否定の論理なるものが登場したが、今から思えば、ああ、あれは男の発想からでたものだなあと思い当るフシがある。なつかしさと共に思いだすが、あたしも「自己否定」ということばのその新鮮さに魅《ひ》かれて、あれこれ、どのような角度から己れを否定しようかと考えてみた者の一人だ。観念世界のことより現実にいつも重きをおくあたしのことだから、その頃偶然東大赤門近くに住んでいたということが、「自己否定」に向けて己れをクローズアップさせていった理由の、その第一としてあった。「ベトナムからアメリカは出ていけ！」とデモで叫ぶだけでもそれなりの充実感が得られた頃の話で、自己否定の主要なポイントは戦前戦後一貫してベトナム、台湾、韓国、東南アジア等に、軍事経済侵略を進めている抑圧民族としてある己れの否定におかれていた。

東大生に於ては、己れがエリートとしての道を求めるということの、その意味を根底からとらえ返すものとして、自己否定の論理があったようだ。彼らが掲げた産学共同路線粉砕と帝国主義大学解体のスローガンこそ、東大生であろうとすることが、結局企業の側、権力の側に立って人々を管理抑圧する道に通じてしまうというその社会のからくりとまっこうから対峙していこうとする、その意気込みをもの語るものであった。

その頃あたしはいわゆる市民運動といわれるものに精を出していて、市民として自己否定を模索した訳だけれど、しかし、どうもハッキリしなかった。「市民」ということば自身が空々しく、なにか自分とは関係のない運動用語としか思えなかったし、東大前の通りで出会う、それとわかる東大生の顔が、お世辞にも生き生きしているとはいえぬかんじで、理屈の上ではわかる彼らの「自己否定」も、実感としては、なにかとてつもなくシンドそうなばかりで、とにもかくにも、わからないことだらけであった。今想うに、人間として、市民としてベトナム反戦、というのはあくまで運動に参加する際のたてまえであって、日常のあたしは、自分は無価値な女なのだ、という強迫観念に脅えて、女から逃げようとし、また引きもどらざるをえないという、その間を、右往左往していた訳であったから、これ以上いったい何を否定すりゃいいというのだ！　という開き直りこそ、あたしの本音であったのだ。

戦前、戦後一貫して抑圧民族としてあるという、その血にまみれた烙印は、たしかにあたしの背にもベッタリ貼りついていると思うのだけれど、しかし、それは本音からでた考えではなく、認識にすぎなかった。己れの尻尾をかもうとしてグルグル回っていたあたしの、その日々の生き難さが、その認識と確かな出会いをもてない以上、それは、反戦運動に参加する際の、己れを依ってたたせるたてまえでしかなかった。「自己否定」の論理をまさぐった果てに、バカだ、無価値だと自分自身思っている惨めな者が、これ以上自己否定なんかできるかいと居直ったところで、あたしとリブとの出会いがあったのだ。

その居直りはあたし自身に対する誠実さの問題、生き方の問題にかかわることだった。本音のところで自己否定をまさぐれない者が、たてまえの自己否定でお茶を濁したところで、そりゃあんまりいいかげんすぎるというものじゃないか！

東大闘争の終焉と共に、帝国主義大学粉砕を、家族帝国主義粉砕にまで延長していった者たちが、以前とかわらない様相でそれぞれ男をパクリ、女をパクリして、家庭を築いていった、そのスマートな挫折ぶりに、取り残され、裏切られた者の「直感」が、たてまえに対する不信をつのらせていった。その「直感」をしつこく、問いつめていったら、ああ、東大生というのは、自己肯定しえるものを持っていたから、あんなにラディカルに、「自己否定の論理」を打ち出せたのだなあと、今さらながら思い当ったというわけだ。

バカな女ほどかわいいといわれても、それができるのは利口な女だけで、それと同じように、自己否定の論理に己れを真向かわせることができる者は、なんらかの自己肯定をこの体制から与えられてる者に限られていたのだ。つまり、そのラディカルさは条件付きだったという訳だ。

ボクシングやプロレスに対して、何故男はああも喰い入るように見入るのだろうかと、共に観戦しつつ、ふと不思議に思うことがある。「りっぱな人になれませんヨ」と尻ひっぱたかれ〈男らしさ〉の鼻づらを社会で競い合ってきた、競争馬としての男の、その歴史性とは、価値あるものにならねばならないという強迫観念と化して、男の中に深く血肉化されている。

価値あるものにならねばならない、というそのことの裏を返せば、なんのことはない、お前は本来無価値なんだということで、〈奴隷頭も奴隷のうち〉ということだ。しかし、そうであったとしても奴隷頭の頭たる由縁は、体制／反体制の違いなく、どのような手段であれ社会が己れの価値を見出してさえくれれば、男は、尻ひっぱたかれて追いたてられるそのことに、なんの痛みも感じずにすむということだ。女が男に媚びて生きる生であるなら、男は、社会に媚びて生きる生としてある。

東郷健さんが、前述したヒッピーの集会で、男はすべておかまである、と言ってたけれど、男に尻尾をふるメスが、すべて、娼婦のネガとしての生しか、生きられないのと同じく、社会に尻尾をふり立てるオスは、おかまのネガとしてしか生きられない。女も男も共に、定められた形で存在証明を図ろうとすれば、存在の喪失感以外には得るものがないという、まさしく、己れをもって己れを切り裂いていくという、被抑圧者の受ける抑圧の本質をその存在に宿らして生きる訳だが、しかし、女と男とは、同じ位相で被抑圧者ぶることはできない。女は、持って生まれたものだけで価値づけられる生であり、男は、己れを創り出すことで価値づけられる生なのだから。

女にとって「不感症」であることは、その存在の全面否定を意味しても、男にとって、「インポ」であることは、その存在の部分否定でしかないということに、性差別の本質が隠されている。むろん、「インポ」であるということは、ごまかしようがないだけに、屈辱感もひとしおだろうと思われるが、しかし、男にとってその屈辱とは、あくまで女に対する面子の問題にすぎない。つまり、社会がその存在を認めてくれる限りに於て、男はそこで得た自己肯定を拠りどころに、女との間で失った〈男らしさ〉をとり戻すことが可能なのだ。つまり、男が社会と、女に向けての、そのふた股賭けた存在証明の道を持ちえているということは、男の自己肯定が二重の安全弁をもっているということに他ならない。男が、「インポであったらなぜ悪い」という視点から、社会に叛旗をひるがえし難い性としてあるのは、女より逃げ場の多い性として男が作られているからだ。

しかし、二重に〈男らしさ〉を証明していかねばならないということの中にまた男の生き難さがあるのであって、「インポ」とはその重圧を反映したものに他ならない。しかも男は己れの「痛み」を「痛い」と感じられないだけに、その生き難さを解き放つ原点を見出せずに空転して行くのを宿命とする生なのだ。

オスとして尻ひっぱたかれる、その無価値な生は社会に向けて媚びるを〈大義〉としてもたされている以上、その惨めさと真向かえない。社会のたてまえに己れを殺す時、男は己れの痛みを、すなわち被抑圧者の、その生命の輝きを殺していくのだ。

社会のたてまえが要求する男とは、生産性の論理を裏切らない〈強い男〉であり、男は常に強くあらねばならない己れに合わせて、より強く、より早く走ることを己れに課していく。男は己れを創っていく中でしか、その存在を許されず、しかもその創り方はあくまで社会の大義に向けてであり、男にとって、己れを創るとは、己れを見失っていくに等しいことなのだ。

反体制の側に立ったとしても、男の中に血肉化されているその歴史性は、痛みを原点としえない闘いしか男にさせえず、だからこそ男は己れの解放をたてまえの中にたやすく殉じさせてしまうのだ。社会の大義が、革命の大義に変わるだけの話で、男の反体制は、体制のワクを越えることはありえない。

東大生であることの痛み、出世することの痛みとは、競走馬として、より強くより早く走らねばならぬ痛みであり、惨めさなのだ。それをあくまで、体制に加担する者としての自分、東大生である自分だけを問題にして、男としての自分、抑圧者であると共に被抑圧者でもある自分を問題にしないところで、自己否定の論理が空転するべくして空転していったひとつの理由がある。

そしてセクトはオスとしての男の存在証明のあり方故に、権力との間が小休止になれば、今度は内ゲバで組織維持を図っていくしかないのは必然なのだ。また、男に向けて存在証明を図ろうとする反体制の中のメスたちに向けて、革命の大義を〈強い男〉としての己れにだぶらせながら、革命に忠誠を誓わせるという見せかけのなかで、男と、男組織に忠誠を誓わせるカラクリがうみだされていくのも、これ又必然なのだ。

女房は金稼ぎ、夫は革命の分業体制は、世間サマの、その男女のあり方と、いったいどこがどう違うのか。男が自分の痛みをとり戻して闘うのでなければ、女は常にメスとして、男の革命の、その大義に内助の功を尽していく道しか許されない。女が、ゲバ棒を握っても、それが爆弾にエスカレートしようとも、痛みを持ちえない男組織であれば、所詮メスの効率よい使い方のその極《きわ》みとして、女兵士の出現を許すだけの話だ。

男組織の、その生産性の論理が、企業の生産性の論理の非情さと、内実に於て変わらないことを、女は、直視せねばならない。生殖商品が、生殖の道さえ絶たれて、オスのたてまえ（革命）に殉じているのが、新左翼のメスの、今までではなかったか。己れの主体性で子を産まないのではなく、子を持ったら男の闘いを支えられないという現実。それに屈服する中で、子は産まないと結論づけてきた己れの、その惨めさ、メスとしてさえ生かされないその惨めさを、闘う女はなぜ直視しようとはしないのか。

さて、最もごまかしのきかない性の本音――「インポ」である事実さえも、男らしさの面子の問題に止める以上、男とは、己れの痛みと真向かって己れを創りあげる方法論の持ちようもない生としてある。その痛みが、常に裏切られた〈男らしさ〉の挽歌である限り、その痛みを解き放つ方向は、あくまで社会に再度己れを認めさせることにあるのであって、しかもその存在証明のあり方がどこまでも〈大義に向けて私を殺す〉である以上、男は、再び己れをたてまえに殺していくだけの話で、どこまでいっても〈己れは己れ〉を求めて空転していくしかない。故に、痛みを持ちえない男の性は、拡散の性であり、男は、たてまえに向けてしか自己凝固を図れない性としてある。

男のもつ、機能性に富んだたくさんの引き出しとは、物ごとを本音で、つまり痛みとのかかわりにおいてまさぐれないその男の生が、社会に向けて効率第一を目的に、作りあげたひきだしに他ならない。「滝田修はよく書けるねえ」と言われてちぢに乱れるあたしの想いとは、男のその、たてまえばかりを詰め込んだ引き出しというものが、女を、整理係にさせることによって形づくられてきた、というそのことを「直感」するからに他ならない。引き出しからハミ出してしまうみっともない部分は、一切合財女に押しつけといて、男はそのことに口をぬぐうことによって、いつも〈男らしく〉ありえたのだ。

「よく書ける滝田」のうしろに、整理しようにもしようがないものばかりを押しつけられて、とり乱すべくしてとり乱してきた女を横目に、「とかく、女、子供というものは……」とせせら笑ってきた男の、その歴史性がほのみえる。外に向けては革命の軍隊云々を言い、内に向けては俺の女意識まるだしという、たてまえと本音を手際よく使いこなしてきた左翼の男の、その歴史性がほのみえる。そうなのだ。男のたてまえの論理は女を男の協力者にしても、状況に対する参加者には決してしないからくりの中で維持されてきたのだ。

この社会の文明とは自然の恐怖を、科学技術をもって征服してきた歴史としてある。競争者を意識する中でしか己れを鮮明にしえない男にとっては、自然は打ち負かす相手であっても、己れの内なる恐怖〈痛み〉とわたりあわせるという、存在そのもので対峙し、コミュニケートする相手ではない。己れの中に〈自然〉を持ちえない男にとって、海は海であり、海水路であり、塩分であり、地下資源なのだ。「海を知る」ことが「知識を持つ」ことに卑しめられていった裏には、男の、己れにものごとを引きつけて考えようとはしないたてまえ文化が介在している。男のたてまえ文化が、生産性の論理を、支え続けてきたのだ。男の、よく整理のゆきとどいたひきだしが、男の体内の中で生産性の論理を支えてきたのだ。

新聞で読んだことだが、ハリ、キュウの大家らしき男が、中国では医療のさまざまな分野でハリが利用されているが、と聞かれて次のように答えていた。「マスイの安全性が極めて高い現在、マスイを利用して、完全無痛にできるならその方がよい」。あたしはこのことばの延長線に「おかまの痛くない掘り方」を聞く男を置いてみる。「だって、恐怖があるじゃないか！」と開き直った男を。痛みをとり去るということの、とり去るということに目的がおかれ、より無痛へ無痛へと効率を求めていく生き方こそ、病気の苦痛以外には痛みを己れの内側にもちえない男の、その痛みのとらえ方なのだ。思えば、戦後一億総ざんげしたあとで日本の歩んで来た道も、この、マスイによる無痛方式に似てはいなかったか。痛みと真向かうことなくとり去ることに効率を求めて、日本の高度成長はかちとられてきたのだ。総浮足だって混乱している今の日本の現状は、たてまえで総ざんげし、痛みを持たない本音で苦より楽を求め、効率第一を追ってきた、その当然の結果に他ならない。

　中国の無痛分娩の話は、単なる医療の一分野の話では決してないのだ。人間の生き方の問題であり、文化の問題なのだ。あたしにとって中国とは、己れを己れに向けて創り上げていく、その中で社会の大義が作られていく国としてあり、オスから男へ、たてまえから本音へと己れを求めていく男の可能性を、その国に視るのだ。己れの子宮に否応もなく「恐怖」を宿らす女が、その「恐怖」、その「自然」からものごとをとらえ返す主体者になりえる時、男の可能性も「未来」を持ちえるのだ。

　想えば、いくら科学技術をもってしても、征服しえなかったもの、それは女の子宮が宿す「恐怖」だった。宇宙に人が飛び出し、新幹線が走る文明まっ盛りの中で、ひとつ取り残されてきたのが、女の子宮の闇であった。子宮が、一人の男の子産み機械としてあり続ける限りに於ては、それは、子を胎む入れものにすぎず、物《もの》であれば想いのわくはずもなく、女の子宮はどこまでいっても真空の闇でしかなかった。

　さて、イマジネーションというものが、徹頭徹尾、己れにものごとを引き寄せて想いを凝固させていく、その所産としてある時、その極みはエロスへと開花していく。イマジネーションへの管理抑圧とは、エロスへの管理抑圧に他ならない。

すなわち、あたしたちのエロスを、性器エロスへ堕《おと》しめていくことに、権力者は、抑圧のその究極の目的を置いているといってもよい。女から経済的自立を奪い、メスオス一対でなければ暮せない構造を、家を根底に作りあげたその権力の目的こそ、エロスを性器エロスに卑しこめることであり、言ってみれば経済的抑圧はその手段にすぎない。性器エロスとは、女と男を、メスオスとして性器的に結合させるをもって、そこに何程かの、意味と喜びを見出させようとする企《たく》らみに他ならない。女と男のかかわりを、性器エロスへと卑しめる社会とは、ポルノグラフィとして成立している社会なのだ。

そもそもこの世をポルノとして作りあげておきながら、「その時、下着をつけていたか、いなかったか」を問題にしようとするから「芸術か、ワイセツか」の論争は、常に告発側の当の検事を最もワイセツな存在として人々の目に映してしまうのだ。しかし、権力の、なりふりかまわぬその醜悪さこそ、権力というものの正体であり、ポルノの総元締めとしてありながら、ポルノを告発する権力のそのギマンこそ、「結婚」という手続きを踏む中でしか、メスオスの性的結合を許可しない、そのギマンさと裏表をなすものとしてある。「結婚」とは、権力お墨付きのポルノであり、手入れを喰らうことなくポルノを上演するための、その手続きに他ならない。

さて、女にとって「結婚」とは、「結婚式」とは、妻として、母として、メスの生を生き抜く決意を世に知らしむその窓口としてある。想うに、「結婚」という題名で公認されるポルノとは、歩行者天国で「白黒ショー」を上演するに似ていて、しかも滑稽《こっけい》なことに、歩行者天国に居合わせた誰もがその「白黒」をみなかったと、「裸の王様」もどきに口裏を合わせるなかで、そのポルノは上演され続けてきたのだ。つまり「結婚」がポルノであることをみな知ってて、しかもポルノだと言い始めたら、この世の屋台骨にヒビが入ることも知ってる中で、公認ポルノが上演され続けてきたという訳だ。そのウソッパチをごまかすために「芸術か、ワイセツか?」と声高にあげつらい、「結婚」以上にワイセツなものがあるかのような体裁を整えてきたのだ。

さまざまな性に対するタブーが、外側から「公認ポルノ」に神聖さのベールをかぶせていくとすれば、「貞淑な妻」の存在は、内側から、陰蔽役《いんぺいやく》を引き受けるものとしてある。「良妻賢母」とは、名ポルノ女優として、「昼は貞女のように、夜は娼婦のように」粧《よそお》う役者の名前に他ならない。メスとしての女の、その惨めさも、その共犯性も、ここに極まる。名ポルノ女優は、しかし、いくら奮闘努力しても、演技賞はもらえても、主演賞はもらえない。ポルノ女優は、母もの映画の主役を務めて、初めて、日の目を見られる存在なのだ。つまり、男に対してはSEX、子に対してはおっぱいをもって、生かされるところに、メスのメスたる由縁があり、もとより生殖商品としてのメスであれば、行きつくところ母性満載のキャラメルママとして、子へのサービスに全力を傾けていくに不思議はないのだ。

子産み機械としての女の子宮は物としての子宮だ。物がもの想う訳はなく、物としてある子宮には、イマジネーションが、つまり「恐怖」が胎まれようもなかった。メスとしての女は己れを自己凝固させていく原点を見失った性として、さまよい続けてきたのだ。

女の創造力の貧しさがよく云々される。「痛み」を「痛い」と感じつつも物に卑しめられた子宮故に、それを原点にしてものごとを己れに引きつけて考えることができないままに、女は、拡散し続けてくるしかなかったのだ。「痛み」を「痛い」と感じつつの拡散であれば、「痛み」を感じないが故の、男の、その拡散ぶりより振幅の大なるは言うまでもない。女の生き難さの原点がそこにある。しかも男は「痛み」を感じない己れの生を前提にした上で、たてまえに効率よく生きる術《すべ》を己れの中に創りあげてきたのだ。書ける滝田と、書けないあたしは、能力や主体性の差だけのことでは絶対ないということだ。

いま、子殺しの女が、子宮の、その真空の闇の中で朽ち果てていくしかなかった、女の怨念の復権を我が子の血に印して告げている。拡散も、ドン詰まりまできた生が、狂気と錯乱の中で、母性愛の神話の、そのウソッパチを最も赤裸な形で露わにしたのだ。一人の男によって経済的に、精神的（性的）に満たされること＝女のしあわせが、物価に追いつく給料なしの現実によって、そのギマンのベールをはずさざるを得なくなった、そのことを最も鮮烈に告げているのが子殺しの女なのだ。

女の生命の、その根源を秘める子宮は、いま甦りつつある。他のメスと張り合い、オスに媚びる中でしか生かされてこなかった女が、その歴史性から自らを解き放ちつつ、いま、ある。

メスの子殺しという、被抑圧者の極限の自己表現が、リブと同時的に起きたという、その背景にあるものは、女の性の弁証法に他ならない。負の子宮から正の子宮への道は、メスから女へ、女から女たちへの道なのだ。

一人文明からとり残されてきた故に、女の子宮の宿すその「恐怖」は、一本の草と対峙するなかで、己れの生と死の意味をまさぐってきた、古人の、その自己凝固のさまを女の中に再現させる。「痛み」を持ちえない生の創造性が、生産性の論理に結びついてきたのであれば、「痛み」を「痛い」と感じる生の創造性は、己れを解き放つための創造性に他なるまい。己れにとって意味のあることを追求する中で、全ての人に意味のある世界を創りあげる、その創造性に他なるまい。

抑圧があるから芸術が成り立つ、といわれることの根拠は不在証明ばかりを刻みつける己れの生に、ギリギリまで追いつめられた挙句、一挙に己れの生命の輝きを燃焼させるに至る、その過程の、不安、焦躁、孤独にのたうち回る、その、人間の最も人間らしい面が凝縮されて表現されたものとして、それが生み出されていくということだ。であるならば女を無価値化させる社会に於ては、女は、その存在の輝きをもって、己れの生を芸術と化することができるのだ！

3　わかってもらおうと思うは乞食の心

本音、本音と、よくあたしも使うことばだけれど、人間己れ自身の本音をどれ程意識できるものなのだろうかと、ふと考えることがある。まれにだが講師？　の口がかかってくることがあって、このあたしに！　という半信半疑の気持にひかれて出かけてみるが、しかし、大抵の場合、およそ無残な結果に終わる。あたしが強迫観念か、強迫観念があたしかみたいなところがあたしにはあって、話している最中に、今ここで話をやめたら結局何も話したことにならなくなるのではないか、などという不安にフイと取りつかれたら最後、いったいどこで話を一段落させたらいいのかわからなくなって、ただもうあっちの引き出し、こっちの引き出しと手あたり次第ひっかきまわして、遂に力尽きて果てるという、醜態を招いてしまう。結局、予定された時間のほとんどを一人占めにしてしまって、最後に司会者が「次回に今日の話し合いを続行いたしましょう」なんて締めくくるのを聞くと、申し訳なさで身も世もあらぬ気持に襲われる。さらに後ほど「田中さんってよく喋る人よーッ」などという噂が聞えてきたりすると、あぁ、よしゃ（よせば）よかったの思いでつくづく我が身がうとましくなる。

しかしいくらあたしでも、理由なくとり乱す訳はないんであって、そこに参加している人の中に、「なんていったって、妻として、母として生きるのが一番よ」、とタカをくくった想いが、例えば、一人につき二〇パーセント位ある場合、それが何人かまとまればそれなりの会場の雰囲気をかもしだす訳で、その雰囲気と喰ったり喰われたりしているうちに、引くに引けない後家のガンバリになってしまうのだ。

そういう場合、乱れに乱れた話の内容ではあっても、本当に己れの本音で語ったか、語れたかが唯一のあたしのなぐさめになってくる。しかし、そのむかし確かに本音であったことも、時間を経れば、次第に鮮度は落ちてくるもので、結局、いま現在の本音といえるものは、そのとり乱し以外にはなかったということに思い当る。

リブ合宿[5]の時、山頂ヌードの会という催しがあって、その時の写真をみると今でもおかしくなる。実を言えば、あたしはその時裸になんかなりたくなかったのだ。貧弱な我が身が風呂屋の鏡に映るだけでも恐怖するあたしだから、野外で、まっ昼間、人サマの目にふれるところで、裸になるなんて、とてもじゃないが、だったのだ。しかも、当時、あたしは慢性の膀胱炎にかかっていて、冷えが何よりもいけないと医者から忠告されていた身だったから、それだけでも怖気づくのには充分な理由であった。にもかかわらずあたしは参加してしまった。もちろん、〈運動の要請〉なんかじゃない。想うに貧弱さが気恥ずかしいというなら顔も隠すべきじゃないかという自虐的な理由だったのではなかろうか。とにもかくにもまったくやりたくないことをやる訳はないのだから、何かあったのだろうという、その程度の理由だったと記憶する。

写真の中のあたしは一人だけ裸にサングラスをかけている。裸になる前からかけていたサングラスではあったが、突然どうしたものかそれが顔にくっついて離れなくなってしまったのだ。裸にサングラスというのは、どう見てもみっともないと思う気持があって、その最中、あたしは何度かはずそうと試みた。しかし、到頭《とうとう》最後まであたしはそいつをかけたまま……。はずせなかったサングラスに、裸にはなってみたものの、というその時のあたしの本音がにじみでていて、写真をみるたびにニヤッとしてしまうのだ。

とり乱すとは、存在そのものが語る本音であって、それがその時々の最も確かな本音なのだ。自分と出会うことなくして、他人サマと出会うことなどありえないが、自分と出会うとは、自分のとり乱しと出会っていくことではあるまいか。「己れは己れ」といった場合の、その己れとは、前者はとり乱しそのものを指し、後者のそれは、その本音を依りどころに社会を知り、人間を知り、己れを知っていくところの、その己れに他ならない。

NEW 便所からの解放（抜萃）

階級社会のもとでは女は誰でも生まれつきひとつの私有財産を持っている。バージンという私有財産を。これをうまく運用して高く売りつけることで女の人生は決まる。しかもバージンには先天的、後天的ランクがある。すなわち家柄、財産、容姿、教育の程度でバージンの商品価値は大幅に異なる。美智子妃殿下とあなたのバージンでは、サンゼンと輝く大粒のダイヤモンドと縁日で売っているおもちゃの真珠位の違いがあるのだ。そしてさらに奇怪なことに実際にバージンであるかどうかなんて実はあまり意味がないことなのだ。重要なのは〈バージンらしさ〉なのである。たとえバージンでなくったって、白いウェディングドレスを花嫁らしく＝バージンらしく楚々と着こなす厚かましささえあれば、全ては丸くおさまるのだし、吉永小百合が小百合であるのは、なによりもその〈バージンらしさ〉に依るのだ。

さて、お立合い、さらに奇々怪々なことには、結婚したあとまでこのバージンらしさが女に要求されるのである。軍隊ではない自衛隊と、バージンらしさを粧う人妻？　はギマンの最たるものではないか?!　双葉から叩き込まれる「女らしくしなさい」の一言は、実は「バージンらしくしなさい」と同意語である。

バージンらしくするかしないかは、結局男と社会に叛旗をひるがえすかどうかの分かれ道だ。おんな解放運動（リブ）とは、バージンらしさを返上し、やさしさとやさしさの肉体的表現としてのSEXを合わせもつ総体の女として自らを、〈バージンらしさ〉のモノサシで女の優劣を決めようとする男と社会に叩きつけ迫る女の闘いとしてある。そして〈バージンらしさ〉解体をあたしらは一夫一婦制度や家の解体を闘いの根底におく階級闘争として展開させるのだ‼　ジャジャジャジャジャーンと、カッコよく言い放つことはやさしいが〈結婚こそ女のしあわせ〉を基調テーマにこれでもか、これでもかと〈女らしさ〉作りの特訓を受けてきた身においては、マルクス、エンゲルス、ボーボワールｅｔｃ．で大脳のシワを一本位増やしたところで、我々の意識構造の核心に植えつけられた〈お嫁に行けなくなる〉という脅迫観念から全面的に自己解放を勝ちとることは不可能だ。私もキミも、シワの中に顔があるような歳になっても、〈優雅な棺桶の入り方〉なんていうベストセラーを読みふけるのではないか？

〈お嫁に行けなくなる〉という古ぼけ、すり切れたシッポをひきずりつつ、〈バージンらしさ〉に叛旗をひるがえす、という矛盾に満ちた存在が〈ここにいる女〉であり、〈ここにいる女〉の性と生殖を問いつめていく中でしか女を人間に普遍化できない以上、自分自身のみっともなさ、ドジカルを直視しつつ、こんな私にした敵に迫っていく闘いは、まさしくとりみだしつつ、とりみだしつつ迫る以外のものではないだろう。

知的な女の、知的な領域でなでさすられ、若干のナルシズムをふりかけられて口あたりよく仕上げられてきた既製の女性解放論理、はたまた、もっと硬派の部分による、男の意識、論理構造に拝跪《はいき》することで女を越え、革命的＝男並みにがんばろうとする解放論理に共通する白々しさは、知的であると共に肉的である〈ここにいる女〉の骨肉を通じて否定的に総括されなければならない。

これは二年前に書いたものの抜萃だが、あらためて読むと、なにかひどく威勢がいいが、〈ここにいる女〉から出発するということと、「とり乱す」というイメージとの結びつきは、次のような考えからでてきたものだ。人間なんて、これ矛盾のかたまりで、一つひとつの矛盾に一度につき合うなんてとてもできない相談だから、居直りも己れの武器のひとつと心得て、解きほぐしやすそうな矛盾かららとっかかっていけばいい。たぐりよせていくその手元さえ確かなら、居直ったきりになる矛盾などある訳はなく、終止符は打たれるべくして打たれていくものなのだ――。

抑圧の、そのよってきたる由縁を明らかにしていくことは言うまでもなく大切だが、しかし、さらに問題なのは、それがわかったところで、あたしたちは、その作られた現在、作られた自分からしか出発しえないというそのことなのだ。リブを運動化して間もない頃、それまであぐらをかいていたくせに、好きな男が入ってくる気配を察して、それを正座に変えてしまったことがあった。あぐら革命的、正座反動的みたいな偏見から己れを嘆く訳ではないが、しかし、楽でかいていたあぐらを正座に変えてしまった裏には、男から、女らしいと想われたいあたしがまぎれもなくいたのだ。

あの時、もし、意識的にあぐらか、正座かを己れに問えば、あぐらのままでいいと答えるあたしがいたと思う。しかしそれは本音ではない。その時のあたしの本音とは、あぐらを正座に変えてしまった、そのとり乱しの中にある。

常日頃に思うことは、ヒトが己れを意識的にとらえられる部分とは、言ってみれば氷山の一角にすぎず、しかも、往々にしてそれは「たてまえ」としての己れであることが多いようだ。あたしたちの本音の、その大部分は無意識の中に隠れていて、しかも人間は無意識で成り立っていると言ってもいい位なのだ。女の場合、その無意識を形づくっている核心に、女は女らしくがある。つまり、〈女は女らしく〉という論理は、本来たてまえであるにもかかわらず、そのたてまえは女の中に深く血肉化されていて〈無意識〉という意識を形づくるまでになっているのだ。あぐらから正座に変えた、そのとり乱しの中にあるあたしの本音とは、〈女らしさ〉を否定するあたしと、男は女らしい女が好きなのだ、というその昔叩き込まれた思い込みが消しがたくあるあたしの、その二人のあたしがつくる「現在」に他ならない。

昨年秋、早稲田の学園祭に参加した際、リブが運動としていまだ明確な方向を持ちえていないことを、生硬なことばで問いつめてきた人がいた。その言葉から察するにどこかのセクトに近い人のように思えた。それに対し、その批判と、その指に光るマニキュアとの、埋めがたい矛盾をリブ派が問いつめ返した。そのありさまを見聞きしつつ、あたしは、豊富な革命用語を用いるその人が、一人アパートに帰ってマニキュアを塗るありさまを思い描いて、ホッとため息のでる想いであった。〈ここにいる女〉の生き難さが、そのピンクのマニキュアに問わず語りににじんでいた。

その女のまちがいは、マニキュアをしたことにあるのではなく、その教科書的な解放理論がマニキュアに象徴されるそのヒト内部の本音からとらえ返されることがない、理屈に己れを従属させている、そのあり方がまちがいなのだ。〈ここにいる女〉から出発するとは、マニキュアと革命理論を同居させている自分を、見つめるところから出発するということなのだ。

一人の人間の中には、互いに矛盾し合う本音が常に同居してるのであって、そのふたつが合わさったところが〈ここにいる女〉という存在なのだ。女から女たちへという想いも本音、しかし、ともすれば女から目をそむけたい想いがあるというのも本音——、リブは常にふたつの本音から出発する。その間のとり乱しから出発する。〈ここにいる女〉の、ふたつの本音の間でとり乱すその「現在」の中にこそ、生き難さの歴史の中で、さまざまに屈折してこざるをえなかった、生身の女の、その確かな温《ぬく》もりが胎まれている。とり乱す、そのみっともないさまこそ、〈ここにいる女〉のまぎれない生の証《あかし》に他ならない。

「ベッドの中までベトナム戦争が入り込んでくる」。確かゴダールの映画からだと思うけれど、いつのまにかそんな気のきいたことばを知って、現代を現代たらしめているコトの本質というものをそのことばにさぐってみた一時《いっとき》があった。しかし、そのことばの持つ意味は、現状認識としてはわかったつもりだが、どうももう一歩ピッタリこない風があった。あまりにも洗練された表現で、〈ここにいる女〉のひっかかりようがないというか。あたしは、自分だけにそっとつぶやいた。「男と寝ている時に、ベトナムも沖縄も、抑圧民族もへったくれもあるか！」。

〈ここにいる女〉の本音はオルガスムスとベトナムは同時間帯を共有しえないが、しかしだからといってあたしのベトナム反戦は絶対ウソじゃない、というそこにあった。ベトナム反戦の中で問われてきた、人間が生きるとは何かという問いの延長線上にリブが生まれた以上、女と男との関係性の中にベトナムがまぎれもなく反映しているというそのことは、今さらながらの事実だ。しかし、「ベッドの中にまでベトナム戦争が入り込んでくる」ということばは「男と寝ている時に、ベトナムもへったくれもあるか」ということばと一対になったところで、本音としてのあたしのベトナムがある。

しかしそのむかしデモなんかに行くと、二四時間反戦平和について考えています的な顔ばかりが並んでいて、だからあたしも片一方の、どちらかといえばたてまえに近い本音、ベッドの中にまでベトナム云々の方に身を寄せて、深刻な顔で隊列を組んでいたのだ。しかし、そういう自分に対してズーッと違和感を持ち続けてきて、そこでリブに出会ってやっと、〈ここにいる女〉のベトナムに出会えたという訳なのだ。

みっともない、あられもない、矛盾だらけの自分から出発できるというのは、ラクチンだ。しかし、そういう自分をことばで語っていく作業は逆にシンドイ。ベトナム反戦の気持は共有しえても、オルガスムスは共有しえないから。人間同士、矛盾し合うふたつの本音でつながっていくとはどういうことなのだろうか。

鏡の前に座って、口紅を塗るあたしに、リブのくせにお化粧しているという非難がましい声が、どこからともなく聞えてくる。男の揶揄《やゆ》のまなざしからだけでなく、女の、冷たい白目の部分からもそれが飛んできて、あたしの背中にへばりつく。リブというとジーパン、ノーブラ、素顔というイメージがいつのまにか作られていて、口紅に眉墨だけの化粧でも、そのたびごとにあたしは〈看板に偽りあり〉みたいな己れを意識せざるをえないのだ。

いったい誰が作った看板なのだろうかと、あたりを見回すに、どうも素顔＝革命的という昔ながらの単純理論がいまだもっともらしくあたりを睨《ね》《め》まわしている。素顔でも、それが充分自己肯定の基盤たりえる若い女たちが、己れの素顔の自信の延長線上に、素顔＝革命的の論理をひっぱってきて、その部分だけの革命性を誇示しようとする。しかも彼女たちの非難がましいその白目の裏には「お化粧すれば、もっときれいになれるあたし」が問わず語りにみえていて、それがどうにもいやらしい。

それが陰微な抑圧としてあるのは、面と向かっては誰も何も言ってこないこと。なんとなく心に思っている。しかし、そのなんとなくが曲者《くせもの》なのだ。なんとなくと、なんとなくが、なんとなく通じ合って、なんとなくケチ臭い仲間意識を育てていく。なんとなく厚化粧の女お断りの、革命的リブ！が作られていく。そんな風な危惧を冗談まじりに持っているあたしの気持の底には、厚化粧も媚、素顔も媚という女の歴史性であれば、所詮《しょせん》素顔から出発しても、厚化粧から出発しても、大した違いがある訳じゃなし、という居直りがある。

おじいさんは山へ柴刈りに、おばあさんは川へ洗濯に、という男女の固定化された分業こそ、性差別を生み育ててきたその元凶だが、それは男は山へ、女は川へ行かねばならないという強制を作りだすことによって維持されてきた。山というのは社会、川というのは家。つまり、男の「生きる」は社会に向けて、女の「生きる」は男に向けて、それぞれ存在証明していく中にあるという論理が、男女の固定された分業を通じて作り出され、それは長い歴史過程の中で巧みに構造化されてきた。男奴隷は労働力商品として、女奴隷は生殖商品として、それぞれ効率よく使い切るために、男と女の存在証明のあり方のその違いが生み出されてきたのだ。

〈男らしさ〉〈女らしさ〉は、それぞれの本分であり〈自然〉なのだなどという人がいるけど、冗談じゃない、生身の人間である限り、川へ行きたい気持、山へ行きたい気持の両方があってこそ〈自然〉なのだ。山へ行かねばならない男は、女の一歩前を歩かねばならず、川へ行かねばならない女は、男の一歩後を歩かねばならない。〈男らしさ〉〈女らしさ〉は、自然の本分どころか、その不自然さは強迫観念と化して、〈りっぱな男〉と〈バカな女〉の役割を、それぞれに押しつけてくる。〈りっぱな男〉にならねばならない男は、絶えず面子に脅かされ、〈バカな女〉にならねばならない女は、絶えざる存在の喪失感に脅かされる。

しかし、共に脅かされて生きる生であっても、女の方がずっと分が悪い。よく、女の劣等さを証明しようとして、女には芸術家が少ない、ということが言われる。しかし男は、物を創りあげることによって認められる生であり、女は、もって生まれたものだけで価値づけられる生としてあるという、その違い抜きに、女の劣等性は論じられない。〈バカな女ほどかわいい〉といっても本当のバカであってはダメなので、男よりバカで、しかも、子に対しては遺伝の関係上、利口でなければダメなのだ。良妻賢母ということばはそのことを指している。つまり女はほどほどバカで、ほどほど利口であればいい訳だ。であれば、見目美しく生まれついた方がより優遇されていくは必然なのだ。もとよりほどほどバカで、ほどほど利口なのが人間であるのだから。つまり、子供はみな、バカでも利口でもなく「子供」として生まれるのだ。

女が、お化粧に熱を注ぐのは、それが、努力しないで出世する法につながっているからで、存在の、その外見を磨きあげれば、頭は生まれたままに毛がはえた程度でいいという、それが〈女は女らしく〉の中身なのだ。よく男の本音と称して女は美しさよりやさしさが一番だ、といわれる。あたしもそのことばを唯一の頼りとして、やさしい女を模索してきたクチだけど、男が求めるやさしさの、その主要な部分は、バカなふりをして、男の面子を守ってあげることにあるのだ。前にも言ったが、バカなふりは、バカだと思っていない女だけにできることで、つまり、その演技は男への蔑視を裏返しに成立するのだ。バカなふりのできる女とは、男の目に映る自分を、自己肯定できる女のことである。

ホステスのバイトをしていた時、ホステス心得第一条は、男にどう媚びるのかにあるのではなく、女同士いかに張り合うかにあるという、そのことにあたしは気がついた。ホステスの濃く色どられたそのお化粧は、男よりか女を意識してのものなのだ。つまり、男の目に写る自分を自己肯定するためには、他の女より、自分は絶対に美しいという確信こそ、まず必要なのだ。その確信があればこそ、男に対して演じるバカなふりも、堂に入るのであって、男を獲得する道は、女と張り合う道という訳だ。

その証拠に、一番の売れっ子として、ランクされる№1は、絶対自己肯定を得てるが故に、他の女と反目を引き起こすことが少なく、ランクが下がる程、女同士いがみ合う。金持ちケンカせず、というやつで、№1のその落ちつきは、その美しさをより高め、売れないホステスは、その陰惨さを、より深めていく。

世評に反してリブに参加する女の、そのほとんどが十人並である、というその事実の裏に、生まれつきの目鼻だちで女を差別し切り裂いていく、この社会が女に加える抑圧の本質をみると共に、あたしたちの運動の、その到達段階の不十分さをこそ知るのだ。

ホステス稼業のその最中、あたしはことばが出なくなってしまった。目いっぱいにひきだしを開けてしまって、あとほんの少しでも引っぱったら、ガタンとはずれてしまう、そんな危い状態の中に、あたしは漂い続けた。そこに己れを設定しうる者は、個人史の必然としてそこに存在する者によって、いつもその衣の軽さを見透かされる。そんなことに今さら気がついて尻尾をまく程ウブではなかったはずが、しかし、「奴隷」とか「メス」などということばではとても間に合わない屈辱感、まさしくおまんこさらして金をもらっている実感で、あたしは悲鳴をあげ続けた。

喰いっぱぐれたら水商売と、心のどこかにうそぶきつつも、決して水商売には飛び込まない、「主婦」という名で生きるメスの、その動物的直感の正しさに、あたしは今さらながら感じ入った。主婦とホステスも、共にメスとして、おまんこさらして生きるには違いはなくとも、さらしっぱなしにするか、一枚ベールをかけられるか、その違いは大きかった。

しかし、何よりもつらかったのは、ホステス暮し三日やったらやめられない、と居直るその口裏に、他のメスと切り裂き合う中で生かされてきた、その血潮がこびりついて視えることであった。あたしのサービスは、男へではなく、ホステスに対して向けられた。頼まれもしないのに、跡片づけに精を出し、汚れた便所の掃除まであたしは引き受けた。何故か、自分がそこに存在していること自体が申し訳ない想いで、あたしは体が強張ってうずくまりたい程であった。しかし、己れに向けられる、彼女らの反感さえもオロオロ抱きかかえたがる我が身の余裕のありように、どこかウソッパチ臭さを感じてるあたしでもあった。なにかおかしい、おかしいと思いつつも、自分で幕をあけた以上、どんなまずい演技でも、演じ続けるしかなかった。もとより観客の拍手を期待してのことではなく、もし急にやめたら、すぐさまドタッとその場に倒れてしまいそうな、こちらの事情というものが、あたしに続演を命じただけの話だ。

あたしは自分の後ろに、場末へ場末へと、流れていく要領の悪いホステスの、そのシワにくい込むお白粉の顔を視る思いであった。我が身の生き難さの中に人の生き難さまで引き受けて、お人好しのホステスは、男の一人もひっかけられずに、借金と、年の数と、傷跡ばかりをしょい込んで、若いホステスの嘲笑を背に生きていくのだ。

すでにあたしの耳にもその嘲笑が聞えてきた。ホステスにもなれず、主婦にもなれない役立たずのメスが、客の手を逃れてかけ込んだトイレの鏡に、一人映った――。

いま痛い人間は、他人サマを抱きたがる余裕などあるハズもない。あたしは、他のホステスに対する我が身の余裕のありようを、己れの中産階級としての、その生きざまの軽さに帰そうとした。しかし、かつてはどうであれ、生きざまとは常に「現在」が問題なのだ。中産階級に生まれ、生きもせず死にもせずの、生をまさぐってきた女が、いまやっと生殺しにされていく「痛み」を「痛い」と感じて、リブに出会ったのだ。他のホステスが、個人史の必然として、そこにその身を置くのなら、あたしはあたしで、中産階級のその個人史の必然として、リブに出会ったハズなのだ。

むろんホステスをするに至る必然と、リブをするに至る必然を、同じ位置において語ることはできない。しかし、もしあたしがホステスという職業を選択しえたという、そのことだけをもってあたしと、その、選択もへったくれもなくホステスをやっている女たちを較べ、論じて、あたしの生きざまの軽さを否定することは、己れ自身に許せない。あたしの個人史が、ホステスを選択しえるものであった、つまり、あたしが中産階級に生まれたということは偶然としか言いようのないことであって、だから、あたしのホステスぶり、そのとり乱しの按配《あんばい》を、その偶然をもって否定したならば、己れ自身の存在そのものを否定することになる。もとより、中産階級の甘さ、軽さ百も承知で、そこに居直りつつ歩を進めているのに、〈ここにいる女〉としてのその己れを否定してしまったら、他にどこに浮ぶ瀬があるというのか。

他のホステスを抱えたがるあたしの余裕のありようとは、実は、負け犬のカモフラージュにすぎなかったのだ。ホステス稼業とは、他の女と己れを絶えず引き較べて、そこにおいて自己肯定を確立しなければ成り立たない職業であるにもかかわらず、あたしは最初から白旗をかかげて登場したのだ。そこにはふたつの本音が介在していた。ひとつは、リブをやっていく過程の中で、女同士切り裂き合うことの痛み、その惨めさを知ったこと。そしてもうひとつの本音は、女と張り合うことへの昔ながらの恐怖であった。その女とは、自分より見目形よい女のことで、そういう女とすれ違う時、いつもあたしは、闘うまえに尻尾を巻いてコソコソ逃げてしまう犬に似ていた。物陰にかくれて、憎しみのまじった脅えに耐えつつ、ジーッとやりすごすという――。

リブの集会で、顔にアザを持っている女が、化粧をとって、素顔で歩こうと思います、というような発言をすると、あたしはその女のけなげさというか、ひたむきさというか、それに圧倒されつつ、思わずやめてくれ！　と叫びたくなってしまう。素顔で歩くという意味は、アザ、アザ、アザと思いつめ、日陰のもやしみたいに暮してきた今までと決別し、アザを白日の下にさらす中から、新しく「世界」を、「己れ」を視てやろうという、その意気込みを指しているのだろう。しかし、幼稚園の学芸会の折、アザ故に魔法使いの役割をふりあてられたというような過去を、その身に幾重にもひきずっているその人が、化粧をとって素顔で歩く〈その時〉とは、革命の〈その時〉に他ならない。やめてくれ！　というあたしの叫びは、とり残されてしまう予感に脅える者の、恐怖を帯びた叫びなのだ。

道で、自分が男だったら、まず抱く気が起きない、という風な女に出会うと、あたしは無意識に目をそむける。そむけつつ、あたしじゃなくてよかったとまず思う。しかし、自分がその女から目をそむけた瞬間、見しらぬ誰かが、あたしから目をそむけるのが、視える。見目形よい女に脅える負け犬は、自分とドッコイドッコイの女に出会うとホッとして、自分より分の悪い女に出会うと目をそむける。そむけつつそこに自分を視る。「アザを気にしないで素顔で歩きます」というそのことばに脅えるあたしは、自分の分身が、一人自分を解き放していくさまに、とり残される自分を予感するのだ。人から顔をそむけられるばかりで、そむける相手を失ってしまうことへの、それは恐怖に他ならない。

女に対するいとおしみと恐れ、——男を中に反目してきた女の生き難さに対する共感と、しかし、できうることなら、その歴史性、その現在と、己れ一人は別れてキレイに傷つかずに暮したいという想いの、その二つの本音がホステス暮しのつらさを嘆息しつつ、他の女を抱きかかえたがるという、ウソッパチにあたしを巻き込んでいったのだ。

リブをやる中で女から女たちへという形で、存在証明しえる予感に己れ一人が喜んで、その喜びをできるなら平穏無事に維持していきたいという、そのあたしの甘さ、いいかげんさこそが、あたしのとり乱しの原因だった。これだけ長く女同士が反目し合ってきた歴史があるのだ。気心知れた、ひとつ目的の女同士ならいざ知らず、一歩世間に踏み出せば、女同士の荒涼とした関係は当り前のことであって、それを予感するが故に、あたしは早目に尻尾をふって、ホステスにサービスするホステスの役を演じたという訳なのだ。しかし、あたしはその役を計算の上で演じたのでは決してない。メスから女へ、女から女たちへと己れを求めていく可能性を知ったが故に、つらさひとしおのホステス稼業、その中で追いつめられた果ての、必死の道化ぶりであったのだ。壁にピッタリ押しつけられて、あとは首を横に振るしかないところまで追いつめられ、しかし首を振ってしまったら万事はおしまいだというその一念が、ホステスにサービスするあたしを産みだしたのだ。

しかし、もとより「喰いっぱぐれたら水商売」という、己れの中に巣喰うゴーマンさの正体見極めようとして始めたことで、メスとしてまだ生きられる、苦労しないで蜜だけなめたいという、奴隷として生きてきた者の、度《ど》しがたい愚かさが、招くべくして招いた結果であれば、肯定も否定もなく、打ち叩かれたその痛みの中に、己れの〈現在〉を知っていくだけの話だ。

あたしは再度、ホステスをやってみようと思っている。「喰いっぱぐれたら水商売」の甘さが吹き飛んだあとで、いったい何が視えてくるか。今度こそ、ホステスからひっぱたかれたら、ひっぱたき返せるあたしでありたい。相手の生きざまに対し、己れの生きざまをもって対峙していく以外に〈出会う〉ということはありえないのだから。

東大闘争のさなか、「連帯を求めて孤立を恐れず」という、カッコイイことばが登場したが、これをあたし流に言い直せば「わかってもらおうと思うは乞食の心」ということだ。相反する本音をふたつながら抱えてその中でとり乱していくしか生きざまもへったくれもないあたしたち女であれば、たとえ女同士であれ、女同士！　の語感の安らぎを最初からアテにしてはならないし、そしてできないのだ。

〈出会う〉とは、まずもって自分自身と出会っていく問題であるなら、己れ自身でさえ訳わからないそのとり乱しに、まずもって真向かうことだ。己れの〈現在〉を、本音の部分で知る中から、己れは己れの生き方が、鮮明にしえるのだから。ともすれば、人をアテにして楽して蜜なめたい奴隷根性の影よぎるあなたとあたしだからこそ、お互いにその身に言い聞かせようではないか。「わかってもらおうと思うは乞食の心」。女から女たちへの出会いが、そこから始まる。

新宿の、駅ビルトイレに駆け込んだら、居合わせた清掃のおばさんに、チリ紙が切れているが、代えはないですかと聞いた人がいた。すると、その清掃のおばさんは質問には答えないまま、連れの仲間に声高に話しかけた。「若い娘がチリ紙位持って歩かないと恥ずかしいヨねえ」。そして彼女は、いかにだらしない女が最近増えているかについてくどくどしくあげつらい始めた。どう女らしく粧うとも鼻もひっかけられない老いたメスは、若い女をイビルことに陰微な喜びを見出していく。そのあまりの聞きづらさに、蛇口をひねりつつあたしは反論した。「人間誰しもチリ紙位忘れる時があるわよ。そんなにまで言うことないと思うわ」。

「お嫁に行けなくなりますヨ」という恫喝は日常のささいなできごとを通じて、絶えまなく女に襲いかかってくる。よく、自分は個人史の中で特に女を意識するように作られた記憶がない、などと言う人がいるが、女は川へ行かねばならないという外側からの強制は、いつのまにか、自ら川へ行ってしまう女を、女の中に作り出していて、〈女らしさ〉が無意識領分で操作されているところに、性差別の呪縛の、その解き放ち難さがあるのだ。意識領分がリブに賛同し、無意識領分はリブに叛旗をひるがえすために、ふたつの本音の間で、とり乱さざるをえない〈ここにいる女〉がいるではないか。それというのも新聞を読む女より、チリ紙を忘れずに持ち歩く女の方が売れ口がいいという認識をあたしたちはイヤでも持たされてしまうからだ。蝶の行く手を妨げるクモの網は、主要には人間関係を通じてはられていく。職場で、学校で、風呂屋で、電車の中で……そしてデパートのトイレで、「女はチリ紙を持たねばならない」というたてまえが、女の中に血肉化されていくのだ。その不自然さがしらずしらずに血肉化されて、女の中にたてまえの女が住むようになる。そしてたてまえの女の本音と、生身の女の本音は、絶えざる相克を引き起こして、その亀裂から強迫観念がうみだされていくのだ。

中年すぎの清掃婦の、非難あらわな口ぶりに女トイレが一瞬シーンとなった、そのことの中に、チリ紙を忘れてくる日もある、という生身の女の本音と、チリ紙を忘れるのは女のたしなみからはずれるという、〈女は女らしく〉のたてまえが生みだす本音の、その亀裂をみる。そして又非難を浴びせられる対象として明日の我が身を見出す想いで脅える女たちの沈黙をそこに視る。

女が話しことばで、つまり本音のことばで己れを語る時、ことばとことばの間からこぼれてしまうものこそ、そのトイレの一瞬の静まりであり、そこに〈ここにいる女〉のいま現在の全てがあるのだ。である以上、女の話しことばは、ことばとことばの間からもれてしまうものこそ表現しようとすることばであり、それは常に生身の〈ここにいる女〉の生き難さ、その痛みから出発せざるをえない、いま痛い人間のことばとして、それはある。

あるセクト（党派）で活動している元学生の男に、一年ぶりに電話をしたら、いまだその電話の所在地たる親の家に同居していたので、実は通じないと覚悟してかけた電話だったので、あたしは少々おどろいた。かねてその男が、三食付きの居心地よさでそこに寄生していることを知っての、それはおどろきであった。おどろきがそのまま口からもれて、「学割もらってやっている学生運動は信用しないっていってた人がいたけど、そう言われてもしょうがない面があると思うよ」と、あたしは彼を問うた。相変らず興奮しやすい男で、「じゃあ、学生と労働者の連帯についてどう考える気だよ、エッ？」。あたしはあまりのかみ合わなさに、一瞬アッケラカンとしてしまった。その少し前にも、別の男に同じ質問をしたら、「ボクはもう学割を使ってない！」と、これも居丈高《いたけだか》に言われて、思わず改めて顔をながめさせてもらったことがあった。「男ってたくさんのたてまえから器用に理屈をこねくり作るけど、そんな己れの求め方の中に、狂気が胎まれる訳もないヨ」といつか誰かに言ったら、ショーペンハウェルがどうしたこうしたと、ひとくさり述べた末に、「ニーチェ的に言えば、キミの狂気云々の説は否定されたことになる」とその男が言ったので、その時はさすがに絶句してしまった。

学割と反体制運動のかかわりを問うことばは、闘いを、つまり生き方をどうとらえるかの問題につながってくると思うのだけれど、ニーチェ云々を言った男も含めて、男という生きものが、問題を自分にひきつけて語ろうとはしないのは、男が、持たされてしまっていることばと深くかかわりあっている。「痛み」を「痛い」と感知しえない男のことばとは、たてまえのことばであり、それは己れを語るより己れの面子を守ることばであり、わからせることを目的にした啓蒙のことばであり、故に裏を返せば人を支配することも可能なことばであるということに、つながっていくのだ。

痛みを持ちえない男の本音、本音と称されるものが、常に「妾を持つのは男の甲斐性」の延長線上をさまようものだったり、社会に己れを求めて求めえなかった落伍者の繰言《くりごと》に近いものだったりするために、男は己れの本音のあまりの虫のよさ、あるいはみっともなさに、さすが人目をはばかって、よりたてまえの己れをアテにしていくようになる。つまり社会に認められさえすれば、競馬ウマとして尻ひっぱたかれる己れの痛みなどメじゃない男だからこそ、落伍者の痛みもしょせん面子の問題にしかならないのだ。

男の本音が聞き苦しいと言われる理由は、それが男らしさにはずれるからではなく、男らしくなりたくてなれない男のグチにすぎないからだ。それは女と張り合う中に己れを求めておきながら、充分に張り合えない不満、その〈女らしさ〉が男に認められない不満を裏返して、今の社会が、男がこうだからとグチる〈いい男がみつかるまでのリブ〉に似ている。

グチと称されるものの惨めさは、出口なしの空転の惨めさである。しかし、男という具体的存在に向けて己れを問うべく作られたメスであれば、男の惨めさを通じて社会の、己れの惨めさを知っていくことが可能だが、社会という総体的、抽象的対象に己れを問うべく作られたオスは、社会も視えず、己れも視えずといったかんじで、その出口なしの空転はメス以上に惨憺たるものになる。

アンドレ・モロワはその男のとり乱しぶり、つまり男の真の本音をこのような美辞麗句にまとめあげている。「全ての偉大なるレンアイのうちには母性愛がある……、女らしい女が、男の強さを愛するのは、男の弱さを知っているからである」。つまり彼のいいたいことはこうだ。闇の中にいる者の方が、光の中にいる者より、ものごとがよく視えるのだから、光を浴びていつつも、内実は空転している男のその苦渋を、女の手で抱きかかえなぐさめて欲しい――。それは男社会の生き難さを、手近な女奴隷を相手に癒《いや》そうとする虫のいい男の泣きごとだ。

しかし問題は常に男ではなく、女という性の主体者たるあたしたちであって、知性と教養を母性愛にくるめて男に貢いできた、高級奴隷のそのさまを、素顔を誇るリブの女たちの中に視ることがある。世の中もこう複雑になってくると、ただハイハイと男の言いなりになっているのは流行《はや》らないのであって、少しぐらい生意気で、生意気な分だけ経済的に自立しえてて、しかも男の弱さを知って、そのところを埋めてくれる賢い女が最近の「期待されるべき女性像」の花形なのだ。つまり、リブの女は、リブのまま結構モテル要素があるという訳だ。しかし男のひきだしからはみだしてしまうものを引き受けている限りは、厚化粧も媚、素顔も媚の歴史性から逃げられようはずもない。逃げられないどころか、素顔の女の、故ない誇りは、厚化粧の女への蔑視の上に成り立ってきたのだ。

マルクスもローザ(6)も、いい男が現われるまでの場つなぎでしかないくせに、その本音は巧みにおおいかくして、男に媚びない素顔の女、という表看板の裏で、媚の歴史性を再生産してきた〈ことばをもつ女〉の、その延長線に、あたしたちリブの女がいる。である以上、素顔であるというただそれだけのうすっぺらな誇りをもって、リブであることを誇ってはなるまいぞ。男から好まれる自分でありたい想いは、あたしたちの中にいつも抜き難くあって、男に出会いたいのか、男に好かれたいのか、そのあたりの境界線はいつも混然と入り混じっている。

「リブって何ですか」と聞いてくる男に、ともすればわかってもらいたいと思う気持がわいてくるからこそ、顔をそむけざるをえないあたしがいるのだ。男に評価されることが、一番の誇りになってしまっている女のその歴史性が、口を開こうとするあたしの中に視えて、思わず絶句してしまうのだ。そこに、己れ一人だけ蜜をなめたいあたしが視えるからこそ、一度男に背を向けたところから出発せざるをえないあたしがいるのだ。顔をそむけ、絶句するあたしのその〈とり乱し〉こそ、あたしの現在であり、あたしの〈本音〉なのだ。つまりそういう形で、あたしは、リブのリブたる由縁を男に告げている、告げざるをえない者、〈ここにいる女〉としているのだ。

いま痛い人間は、そもそも人にわかりやすく話してあげる余裕など持ち合わせてはいないのだ。しかしそのとり乱しこそ、あたしたちのことばであり、あたしたちの生命そのものなのだ。それは、わかる人にはわかっていく。そうとしか言いようのないことばとしてある。痛みを原点にした本音とは、その存在が語ることばであり、あたしたちの〈とり乱し〉に対し、ことばを要求してくる人に、所詮《しょせん》何を話したところで通じる訳がないのだ。コミュニケートとはことばではなく、存在と存在が、その生きざまを出会わせる中で、魂をふれ合わしていくことなのだから！

〈わかりやすい〉ということと〈出会っていく〉ということとは、まったく別の事柄だ。自分をよそにおいて、つまりあくまで奴隷頭としての己れを維持したまま、「リブって何ですか」と聞いてくる男に、わかってもらおうと思うは乞食の心、とつぶやいて、己れの闇は己れの闇、その中をひた走る中で、姉妹たちよ、あたしたちはまず己れ自身と出会っていかねばならない。女から逃げ続けてきた〈ここにいる女〉と出会っていかねばならない。

本音の自分と出会いたい想いとは、女から女たちへと己れを求めていきたい想いであり、「女」として、オスではない「男」に出会っていきたい想いである。その想いの全てを込めて、「わかってもらおうと思うは乞食の心」の、筵旗《むしろばた》を掲げるあたしたちなのだ。その旗のはためきを、祈るような想いで視つめるあたしがいる、あたしたちがいる。女と男と、ベトナムと、被差別部落民と、沖縄と、被爆者と……出会っていきたいあたしが、あたしたちがそこにいる。

ただでさえ生き難い世の中だから、素顔であることが、わずかばかりでも自己肯定の依りどころになるんだったら、素顔でいればいい。素顔であることが、より生き難さを感じさせるようなら、お化粧すればいい。お化粧した位で消える生き難さなど、どこにもないは百も承知で、しかしそんなお化粧でも、しないよりした方に、心の晴れを感じるのなら、したらいいと思うのだ。「わかってもらおうと思うは乞食の心」の筵旗さえ、確かに掲げ続けていくならば、その心意気の中にリブの生命があるのであって、素顔か化粧か、などということはどうでもいいことではないか。〈ここにいる女〉の矛盾、素顔も媚、厚化粧も媚のその歴史性を、素顔の己れから知り、化粧の己れから知っていくことこそ大切なのだ。

その身に負っていくしかない女の歴史性、その闇をしっかり己れにしょい切って、わかってもらおうと思うは乞食の心、まず己れをつっぱね、女をつっぱね、男をつっぱね、世界をつっぱねて、さてそこから、己れを、女を、男を、世界を、とらえ返していこうではないか！　出会っていこうではないか！

聞く主体としての己れを問うことなく、わかりやすく、わかりやすくを要求してくる心の裏には、「運動家」というものは、冬でもウチワをもって他人さまの心の火種をあおぎたてるのが当然、みたいな常識あってのことらしい。啓蒙されて動くのと体制の価値観を奉るのとでは五十歩百歩——可能性を己れの中に手さぐりしない者は、たやすくたてまえに己れを売り渡す。わから
せてもら
いたいと思うも乞食の心。

二　個人史

始まりになぜはない。
このようにしてがあるばかりだ。
このようにして、とあればそれを
そのまま信ずるならば、なぜが
おぼろげながら解ってくるかもしれない。
（『狩猟民の心』 L・ヴァン・デル・ポスト）

1 あたしの原体験

原風景ということばのあるのを最近になって知った。それは、自分の生き方の始原にかかわるあるイメージとでもいおうか。もう何年も前から、己れに想いを凝らす時、いつも必ず浮び上がってくるある風景があたしの中にある。それは、冬の、耳がキーンとつっぱる寒さの中で、下から見上げる木の梢。寒々と、冴えわたる空の青さに、影絵のように切り込む、落葉樹の梢。その簡潔で、蜘蛛《クモ》の糸のように精緻な造形をイメージするたびに、何故かあたしは「これだけは……」という祈りにも似た気持を呼びさます。

なにがどう「これだけは……」なのかは、口にだすまでもないこととして、あたしは息を深くひそめてその一念に想いを凝らす。

二一歳の時、血液反応が陽性である事実を知らされた。東大の泌尿器科での話であった。梅毒──その忌まわしい病名を知った時、あたしは、倒れそうになる体を支えているのがやっとであった。親・兄弟に秘めて、丸二年間通院した。

あたしの原風景に登場する落葉樹は、東大構内のそれである。四季折々の木立のうち、冬の、落葉樹があたしの心象をすみずみまで反映してくれてるようで、それはいつか、あたしの祈りの対象となっていた。あたしは、「罪人」であった。本来生まれてくるべきではない者であった。しかし、どんなにけがれた生であっても、あたしのたったひとつの、それは生命であった。あたし以外には大切にする人もない、それは生命であった。

生きてる限りは、希望がある、といわれるが、結局その意味するところは、ヒトはあきらめで生きることはできないということ。人間とは、生きてる限り己れに執着し続ける生としてある。行くもならず、去るもならずの想いの中で、打ち捨てられた生命を抱きしめつつ、あたしは立ちつくしているしかなかった。祈るしかなかった。これだけは……、これだけは……。あたり一面、闇であった。

小学校二年の時、従業員からイタズラをされた。あたしの家はその頃、魚屋をしていて、二人の男を店員としてかかえていた。人気のない墓場へあたしを連れ込んだ方の男は、大柄で浅黒く、ぶ厚いその唇はいつもぬめっているかんじで、腰みの一枚の土人を装って町の仮装大会で入賞し、スイカをかかえて帰ってきた夜のことが今でも記憶に鮮かだ。陽気な骨惜しみしない人柄で子供好きだった。遅刻しそうな時には、あたしを自転車の尻に乗っけて、気軽によく学校へ送り届けてくれたものだ。

さて、よく身の上相談などに、「幼い時受けたキズなど、石につまずいてできたものだと思って、早く立ち直って下さい」というようなもっともらしい回答がでている。しかし、あたしの受けたキズは、石ころにつまずいてすりむくのとは較べものにならないものだった。心に受けたキズの痛みというものは一生涯消えるものではない。といってあたしはその体験の悲惨さを強調しようとしてるのではない。〈子供は天使〉のたてまえにのっかって己れを語るには、八歳のあたしは女でありすぎたのだから。

女の証《あかし》をその股に確認されたその日から、女はメスへと作られる。八歳の子供でも、男に対して己れを明らかにしていく術のいくらかはすでに心得ているのであって、あたしはさるぐつわを噛まされて、墓場に連れ込まれた訳では決してない。近所の同じ年位の男の子に対して、下腹部の熱くなるような想いをすでに体験として持っていた〈八歳の女〉にとって、その男とのかかわりにひそかな喜びを感じなかったと言ったらウソだろう。といっても八歳は八歳であって、秘密の意識も薄いそのひとときは、妙にあっけらかんとしていて、いま想えばその感じは、不感症の三十女の情事が宿す倦怠感のそれに似ていた。

八歳の生に刻印された惨めさは、欲情のハケ口にされたそのことの中にあるのではなく、男とのそのようなかかわりの中に、虚ろな心がたどるその一切を視てしまったことにあるのだ。己れ一人の妄念に喘ぐ男の、その吐息を遠くに聞きつつ、あたしは男と自分をみつめるもう一人の自分を、無意識に育ててしまった。墓場の一角、黒く繁った木立の片すみで、あお向けに寝かされたあたしの上になんの感動も呼ばない空が、無駄な青さを広げていたっけ……。

物心つく頃からあたしは人なつっこい子であった。子供というものは本来そういうものなのかもしれないが、あたしの人なつっこさの理由をあえて求めるなら、それは両親の仲の悪さに起因していたと思う。あたしの両親は共に貧しい生まれで、「魚菊」という屋号のその家は母の遠縁にあたり、二人は夫婦養子として迎え入れられていた。先代はあたしが四、五歳の時に亡くなっており、子供たちは皆義理の祖母に当るヒトに可愛がられて育った。

今でもそうだが、あたしの母はいかにも「おかみさん」といったかんじの女で、下町風の情の厚さを持っていた。高等小学校卒のカニが這うような字しか書けない割りには、新聞をこまめに読み、三面記事の論調に導かれながらではあったが、一応社会問題に対してもため息以外の意見をもつといった風の、明治の末に生まれた女としては、かなり開けていた方ではあるまいか。しかし、鼻柱の強さも相当なもので、ともすればそのやさしさよりかそっちの方が目だつといった損な質《たち》であった。

小学校を出る前に実の母を亡くして、心の通じ合わない継母のもとで育った彼女は、長女だっただけにずい分とつらい目にも会ってきたようで、鼻柱の強さは、彼女が身につけざるをえなかった、それは処世術でもあっただろう。継母には、彼女と年回りのさほど違わない腹違いの妹がいた。その妹が絹地の着物を買ってもらうような場合は、お前は大きくて布地が余計にかかるからと、人絹のペラペラした着物をあてがわれるとか、食事のおかずも別だったとか、世間にはざらにある継子《まま》いじめの体験を彼女も数多く重ねて育ったらしい。

それとは別にこんな話もよく聞かされた。学校に通っていた頃、きれいな靴をはいてきた子がいて、それをコッソリ下駄箱から引きだして見ていたら、急に授業の鐘がなり、あせって我知らず懐にしまい込んでしまったところ、持ち主が騒ぎ立て、結局教師から犯人扱いにされてしまって、ずい分とくやしい想いをしたとか――。

向かってくる者には死守する砦も、涙に対してはひどくもろくて、そこに貧しい継子として育ったその生い立ちが窺えた。彼女の連れあいは、世間一般のあるようでないような基準からみれば、可もなく不可もないといったかんじの男で、ただ外面《そとづら》がいいだけ得するタイプであった。

母と父のことを想う時、あたしはいつもある象徴的なシーンを想い出す。口ゲンカは日常茶飯事の二人であったが、ある日遂に逆上した父が、逃げる母を追って、出刃包丁をふりかざして往来へ飛びだすというクライマックスを迎えた。母は三軒先の米屋に裸足で飛び込み、跡を追う父もそれに続いて、そこでまあまあと米屋の家人に仲裁されて、いつもながらの、犬も喰わない様相でコトは落着をみたのだが、あたしは実はこのありさまを直接目にした訳ではない。しかし、みなかったが故に、かえって強烈に焼きつく思い出というのもあるものなのだ。

この思い出が、あたしの中でいつまでも新鮮さを保ってあるのは、そこに二人の性的な葛藤《かっとう》を視るからに他ならない。

母が不感症だったことは、前の所で述べたが、いつ頃からだったか、あたしは父の暴力は、どこにもいない己れすなわち、強い男としての己れを子と妻に焼きつけるための、せっぱつまった手段なのだと気づいていた。彼はなにかといえばすぐ手をあげる質で、例えば、晩酌の肴《さかな》を万一子供がかすめとろうものなら、酒に酔った顔をさらに赤黒くして、暴力的制裁を加えてくるといった風で、大きな恐い子供が、どういうものかいつも上座に座っているといったかんじの父であった。しかし、その暴力はほとんどの場合、母に向けられていた。ふがいないありさまで、継母の言いなりになる父親を目にしてきた母にとって、夫とは知力、気力において他に抜きんでる、その雄々しいイメージの中にこそ存在していた。だから、彼女の視線はいつも、並みの男である夫を超えた彼方をさまよっていて、とにかく五〇の半ばをすぎた今でも、ジョン・ウェインを慕う気持の失《う》せない彼女なのだ。

〈どこにもいない男〉を求め続けることによって彼女は生身の男である夫を否定した。しかし、人間の本音にはいつもふたつあるから〈どこにもいない男〉を求める気持と〈ここにいる男〉との出会いを求める気持のその間で母は、彷徨《ほうこう》してただけの話かも知れぬが、ただ三〇代の彼女がともすればヒステリカルになった背景には、彼女の満たされない性がまぎれもなくあり、それ故、どちらかといえば彼女をして〈どこにもいない男〉を求めさせたのであろう。そして又いま想えば、父の暴力は、彼の存在を否定する妻に最も激しく執着する己れ自身のいらだちを表現するものとしてあったのだろう。その暴力が、彼女をさらに彼から遠くさせるという悪循環を胎《はら》みつつ、二人は「憎しみ」という名の愛を深めていったのだった。

あたしは、日頃からよく「出会い」ということばを使うが、それは、今から二〇年前の、裾を乱して逃げる母と追いすがろうとする父の、その情景に、行き交う回路を持ちえなかった女と男の、その生命の哀しみを視るからに違いない。

「誰のために愛するか」という本には、「子供は最初から革命意識も何も持ち合わせないのだ、子供はおおいに保守的であり、通俗的だ」、と書かれているが、そもそも子供は「子供」として生まれてくるだけで、革命的でないのと同じ位保守的でもない。その子供が保守的であり通俗的であるとすれば、白紙の心にそのまま大人社会を写しとるからであって、保守的、通俗的であるのは、この社会の方である。

しかし現実は常に作られた歴史の結果として出発する。母親らしくない母親、父親らしくない父親、家庭らしくない家庭の中で、幼い頃のあたしは、心飢えた子供であった。父母は、いつも主演者であり、子供たちはいつも忘れられた観客であったから。あたしは母親らしい母親、父親らしい父親が欲しかった――。

親戚のおばさんに無理やりに頼み込んで、その家に寝泊りに行ったのはいいが、男ばかりの兄弟の家なもんで、誰からも話しかけられずに、ずいぶんと寂しく頼りない一日間を過した思い出がある。その頃のあたしは、人肌の暖かさを求める迷い子の子犬さながらであった。例の、逗子のヒッピーもどきたちの集会に行った際、おかまの掘り方云々で気分を害したあたしではあったが、ひとつだけ胸をしめつけられる想いがしたのは、彼等が、決して広くはない部屋の中で、肩と肩を寄せ合うようにして座って、ただそれだけでうれしくてクク……、といったかんじであったことだ。あぁ、彼等はそもそも集会の内容なんてどうでもよくて、こういう風に体を寄せ合っているだけで満足なんだなとあたしは合点した。

他人《ひと》サマの気持の中で理屈抜きに共感しえるものは、この世の人の恋しさであり、それは、〈八歳の女〉を男との情事に走らせた理由であり、そして又、その秘めごとを母の耳に打ちあけさせた理由でもあった。めずらしく母があたしを膝《ひざ》の上に抱きかかえ、髪などすいてくれたその日、あたしは母を喜ばすか、驚かすかしたい衝動にかられて、楽しい内緒話を耳うちするつもりで、男との秘めごとを告げたのだった。事態は急変した。それは今想ってもドラマチックなものだった。男が呼ばれた。男の父親が呼ばれた。せんさくと糾弾のための「会議」が招集された。

あたしはその「会議」に列席することを許されず、それより少し離れて座らされた。時々「……だったんだね?」という質問が飛んできた。その時のありさまを、あたしから聞きだした母が代弁して語り、あたしはそれにうなづくのが役目として負わされたのだ。そのうち、低められた声の間から「おまんこ」ということばが聞えてきた。うすら笑いと共に語られるそのことばに、あたしは自分の「罪」を「穢れ」を感じた。そしてさらに、隣の部屋で聞き耳をたてる兄弟の、大人たちの態度を引き写して、あいまいにささやき合い笑いを忍ばせてこづきあうそのさまを、伏した目のすみにとらえて、あたしは、己れの胸に縫いつけられた「緋文字」[1]の意味を知ったのだった。

しかしあたしはあくまで、己れの犯した罪科がなんであるか、皆目けんとうもつかぬ罪人であった。あたしは懸命にコトの成り行きを理解しようとした。追いつめられ、壁にへばりつきながら。しかし、その足元には「人に言ったらいけないョ！」という、母親の怖い顔とその恫喝だけが残されたのだった。「アンデルセンの世界」は霧散し、〈八歳の女〉は〈八歳の異邦人〉として己れを旅立たせるしかなかった――。

秘めごとの相手はといえば、一定程度の糾弾にさらされたのち、無事無罪放免された。彼は我が家の生産性の論理にとって欠くことのできない労働力商品であったから。男＝人間のたてまえで成り立つ社会は、あたしの家にもひとつの体制を形づくっていた。

あたしはただただ寂しかった。親・兄弟といえども、一人で生まれ一人で死んでゆくしかない個体としての人間……、知りたくて知った真実ではなく、言わばそれは誤ってめくってしまったページであった。自分のおなかが痛むということは、相手のおなかが痛むということとは、どこまでも違うのだ。「腹を痛めた我が子」などといっても、それはあくまで親の自己愛が言わしめることであって、もとより子の預り知らぬことなのだ。この世に生まれでてあたしが得た、それは最初の認識であった。

親子であっても根をたどれば他人同士というその認識は、それ自体は、いつかしら持つべくして持っていかざるをえないハズのもので、八歳という年が、それを知るに早すぎたかどうか、それは誰にもわからない。しかし、その認識からあたしが見出しえたものといったら、母から見捨てられてしまった、というその惨めったらしい想いだけであった。子供が生きていこうとしたら、親を頼りにしていくしかない世の仕組みがあって、それが強固に秩序化されて母性愛の神話として形づくられている時、あたしが己れの痛みを通じて得た唯一の認識は屈折すべくして屈折していくしかなかった。あたしは、母性愛の神話から否定された子であった。

　八歳の子供にとって、母親から見捨てられるという恐怖は、この世から、生きるから見捨てられる恐怖に等しい。しかも、本来その恐怖をあたしと共有すべき相手は、次の月も、次の年も、我が家が必要とする優秀な従業員としてなにごともなく居続けたのだった。そしていまだに、盆・正月には、菓子折と妻子を携えて、「義理堅く」あいさつにやってくる。

　日を重ねていくにつれ、母性愛の神話からだけでなく、純潔の神話からも否定されてしまっている自分をあたしは知らねばならなかった。あたしだけが惨めになっていく――。地の底に沈んでいく実感と共に得たそれは最終結論であった。〈八歳の女〉から〈八歳の異邦人〉として己れを旅立たせるにあたって、それはまことに寂しいはなむけのことばであった。

「異邦人」のそのさまよいは、まずもって、己れ自身から逃げることに始まる。他の女たちが、まだ正札さえ付けてないというのに、一人だけ早々と値引かれた女がそれでも生きようとする時、魂を自分以外のものに求めようとするは必然ではないか。しかし、いま痛い人間は、所詮《しょせん》異邦人になり切れる訳もない。痛みから逃げようとして逃げきれず、痛みに固執しようとして固執しきれず、そのさまは自分の尻尾を噛もうとして空転する犬に似ている。しかし、あたしは犬ではなかった。おんなだった。おんなから逃げ続け、おんなに回帰していくしかない、あたしはおんなだった。

かつて高校卒業間際になって、級友たちが、就職に進学にと大わらわで未来のしあわせとやらをすくいとろうとしていた時、あたしはその騒ぎから一人離れて背を向けていた。彼女らが求める〈未来のしあわせ〉とやらの先が視えているから孤高を保った訳でも、己れは己れの魂胆があってそうした訳でもなく、まったく泣きたい気持で、「今はそれどころじゃないよ」とつぶやいていただけのあたしだった。自分だけが取り残されていく恐怖の中で、しかし、バスを追いかけるにはあたしはガラクタを持ちすぎていた。

あの娘《こ》、とっても娘さんらしくなったよ、という母のあてつけがましいことばに顔をそむけつつ、それどころじゃないよ、ホームドラマのチャンネルを変えつつ、「それどころじゃないよ」、勤めても、童話サークルに入っても、いや、男と肩を並べて道を歩いている最中だって、なにかに追いかけられる想いで、「それどころじゃないよ」、「それどころじゃないよ」とあたしはつぶやき続けてきたのだ。とにかく、そのつぶやきはあたし専用の呪文だった。「それどころじゃないよ」とつぶやくと、「今に」、「今に」の声が聞えてきて、何がいったい今になのか、その疑問を疑問に思ったこともなく、ひたすら祈るような気持で、「今に」、「今に」の声の方に、あたしは手を伸ばし続けてきた。伸ばしても伸ばしてもつかむのは闇ばかりで……。しかし、それでも伸ばし続けることに、唯一、あたしの存在の可能性が賭けられていたのだ。

つまらないことや、哀しいこと、気分を害することがあると、それをそのまま表情にだす人、だせる人が、不思議でならなかった。物語の中に「絶望」を知っていく人が、不思議でならなかった。人のことなのに泣ける人が、不思議でならなかった。喜怒哀楽の、怒と哀を体に深くのみ込んで、昼間のあたしはいつも「外向的」だった。
そして夜、自分の泣き声で目が醒めて、ハテ何で泣いたのだろうと、想い出そうにも浮ぶのは夜の暗さばかりで……。想えば、あたしの今までは、その夜の暗さのむこうに、「今に」、「今に」のあたしの希望があるんだと、息をつめるように視つづけてきた、その今までであった。
あたしの血液は今でも微弱な陽性反応を示す。あまりに幼い時に感染したそれは、やけどの跡のようになって、血液の中に痕跡を残すのだという。それが、あの男とのことが原因なのかどうか、いまは特に知りたいとも思わない。第一あやまちは他にもあって、お釈迦《しゃか》さまの花祭りに行ってそこの坊主から口づけされるとか、ドングリを拾ってあげるからと騙《だま》されて、学生風の男に、お医者さんごっこに毛のはえたようなことをされるとか……。

第一章で明らかにした、自分は無価値だという強迫観念は、八歳と二一歳の二回にわたって味わった惨めさの体験を通してあるが、しかし所詮この世が、女はバカだ無価値だと卑しめることにその存立の基盤をおいている以上、ほんのわずかばかり他人サマと闇の濃さが異なろうともそれがなんだ。己れの闇は己れの闇。共有しえない闇の重さの、共有しえないということを共有していくしかないものであれば、他人《ひと》サマをうらやんでも、また、哀れみを強調してもせんないことではなかろうか。

私はあの時も、我慢しなくちゃならないと思って、我慢しました。今でもやはり、あの時と同じ気持で、我慢しているだけです。

（武田泰淳『ひかりごけ』より）

2　闇の中から視えたもの

いつ頃からだったか、あたしは弱さ、愚《おろ》かさ、みっともなさという負の人間性の中にこそ、人間存在の本質が秘められていると確信するようになっていた。その確信は、もちろん徐々に固まっていったものだが、小学二年のあの時以来、この世は光と闇とで成り立っており、自分は闇の方に置かれている人間であるということを知らず知らず自覚して、たぶん原点はそれだろう。今想い返してもあたしは様々な場面で光と闇の、その分かれ具合を視てきたように思う。光から闇は視えない。それが視えたということは、とりもなおさずあたしが闇に身をおいて生きてきたということ——。

ある日のこと、昼食にジャムを塗りつけたパンをみなで食べていたことがあった。あたしと同じ歳位の物売りの男の子が、入ってきた。彼は入ってくるなり黙ったきりで、みんなの口元から口元へ、放心したように視線を移していくのだ。上野駅に通ずる地下道には、浮浪者が夜昼となくたむろしていて、時々浮浪者狩りがやられていた頃の話だ。ラジオは午前と午後の二回にわたって、「尋ね人の時間」というのを流していた。戦争の傷跡がまだあっちこっちで口をあけたままだった。

さて、薄黒く埃《ほこり》にまみれたその子の、光を失った目にみつめられて気まずい沈黙の三、四秒が流れた。あたしはその子に自分のパンをあげたい衝動を覚えた。しかしどうやって差し出したらいいのかわからなかった。大人たちの誰かが、自分と同じ考えをもっているのではないかという期待もあった。

だからその子が、脇に抱えた箱に収めている、ゴムヒモの一本も買われず、パンの一切れも与えられずに、追い払われた時、あたしは信じ難い想いであった。「あの子、きっとパンを食べたかったんだよ」、母が気の咎《とが》めとその場の気まずさをとりつくろおうとして言った。その声は妙に卑しげな響きを持っていた。あたしは母に憎悪を覚えた。

八歳という年は、あたしの周りに様々なことが起きた年だった。従業員とのこと、両親の刃物三昧、そして長姉の死。当時一七歳だった長姉は、わずか三日患っただけで他界した。まことにあっけない死に方だった。病名は覚えてないが急性のなにかだったということだ。姉の形見を整理していたら、宝塚のプロマイドがたくさん出てきた。姉がその娘心を、宝塚のあるスターに寄せていたことを、家中が初めて知った。いや、姉を可愛がっていた祖母だけはそれを知っていて、母の手前隠していたのかもしれない。姉も寂しい人だったんだなと、あたしは分けてもらったプロマイドを見つつ思ったものだ。人間の生死が妙にはかなく目に映った。

それ以来祖母は、朝晩の読経《どきょう》を習いとし、法話を聞きによくあちこちの寺に出入りするようになっていった。花にも虫にも命があって、この世の生きものはみな心の限り慈しんであげねばならない。祖母はよくそんな風な話をしてくれた。花に手をかけようとする時、必ずこの祖母の教えが思い出されて、あたしは一瞬の躊躇を常とするのだった。祖母は馬鹿々々しいほどやさしい面のある人で、巣鴨のトゲ抜き地蔵にお参りに行った際、あたしの欲しがる指人形を買ってくれたはいいものの、帰りの電車賃までそれに使い果たし、老女と孫の足では、決して近くない我が家まで、歩いて帰らねばならないハメに陥ったことがある。子供心に、それならそう言ってくれればよかったのにと、口まで出かかる想いであった。

この祖母とは中学に上がるまでひとつふとんに寝起きしていた。そのひなびた乳房と、フトンにこもる下《しも》のおりものの匂いを今でも思い出す。彼女はその昔、芸者置屋か女郎屋に見習い奉公に行ってた際、男に騙されて子を胎んだことがあるとか、母の口からもれ聞いた記憶があるが、亭主との間に子は一人も成さなかった。その亭主は菊次郎という、役者みたいな名前の、実物もそれに似合ったいい男だったという。いかつい大柄な女だった祖母が不満で、方々で浮気の限りを尽したらしい。この祖母がいわば母親代りであたしをはじめ兄弟たちを育ててくれたのだが、彼女はあたしが二十、二歳の時に七八歳で亡くなっている。

祖母の亡くなる、そう一〇年位前からか、父の彼女に対する嫌《いや》がらせがひどくなった。一度脳溢血で倒れてから半身不髄になっている彼女の、そのポロポロよく落とす食事ぶりを嫌悪して、彼女が、一緒に食卓につくのをうとましがったり、あとになると、彼女がテレビを見に茶の間に顔を出すだけで露骨に不気嫌になった。父の、非情さ、ゴーマンさは、生殺与奪の権を己れが手に握るもののそれであった。

前にも述べたが、家族にとって彼は、常に希薄な存在としてあった。商才と如才のなさで彼を上回る妻のもとで、世間サマに対してはかろうじて男の威厳をとりつくろいつつも、家では、時たまの暴力抜きには己れを明らかにしえない男であった。その彼にとって年々ボケてきて着物の前を乱して歩く祖母の、その存在とは、子供たちがなぶり殺しにするカエルやトカゲの類に等しかった。「むかし、いじめられたからそのお返しだって言うんだよ」。母が彼の言い分を伝えて言った。父はどこまでも幼い男のようであった。

しかし、あたしにはそれを伝える母のその口元も又、うとましかった。夫を愚痴ることによって、自分の正当性を証明しようとするのが彼女の常套手段であったから。裏の一室火ばちだけの寒々しい部屋で、いつも背をまるくして黙々と火に手をかざしていた祖母。魚河岸から魚を入れてきた箱を壊して、フロをわかすのを、自分の唯一の役割りだと心得えて、そしていつも沸かし過ぎては母の叱責を喰らっていた祖母。夫の非情さを云々するくせに、母は自分も又裏では、衰えをみせないその食欲について遠回しに嫌味を言うのであった。

祖母が亡くなった時、あたしは深く後悔した。生前の祖母のその惨めったらしい日常を、見て見ないふりをしていただけの自分、母と一緒になって祖母をうとましく思った時もある自分が、ただただ許せなかった。棺《かん》にとりすがって泣き続けるあたしに、情厚く弔ってくれたお礼だと祖母の弟が三千円くれた。あげる方ももらう方も滑稽《こっけい》な限りであった。あたしはただ自責の念にかられて泣いていただけなのだから。

母親との仲は、高校入学の頃からめっきり悪くなった。その頃、家にはあたしと同い年の女が、家事手伝いとして住み込んでいた。色白の器量よしで、あたしには彼女の存在そのものが圧迫であった。しかも継母育ちの母は、自分の娘と同い年だ、ということですべてにわたって彼女の味方をした。母があたしを叱る時、その子はいつでも薄ら笑いを浮べて、その傍《かたわ》らに傅《かしず》いていた。彼女に対する嫌悪感は、日がたつにつれ憎悪にかわっていった。その憎悪は母に対する憎悪でもあった。母に見捨てられた子としての怨みを、あたしは執念深く持ち続けていたから。

喜びの中味に較べると、憎悪の中味は複雑だ。あたしの、その子に対する憎悪には、己れの面子の問題が含まれていた。口ではなんといおうと、あたしはあくまで彼女を使用人の一人としてみなしていた。使用人は主人より劣っていなければならない、これが不文律だった。あたしは自分をひどく醜いと思っていたから、彼女が色白であるというだけでも気に喰わなかったし、そして、なによりもあたしは穢《けが》れた女であった。

この社会は知れば知る程、性に対するタブー、特に女の性に対するタブーで満ち満ちていた。

ホステスをしていた時のことだ。あるお客に、三歳の甥と一緒に寝ていたら、やたらにかじりついてくるので聞いたら、だってこうするとオチンチンの先がピンピンとして、とってもいい気持なんだもん、と言われてあせった話をしたことがあった。すると、そんなバカなことは絶対にありえないと、その客ばかりか他のホステスまで総動員で、あたしに異議をはさんできた。

いつか読んだものの中に、こんな風なことがでていた。浅い眠りの場合、眠っていても目を醒ましている時と同じように脳波が活動していて、それを逆説睡眠というのだそうだ。男の場合、そのような眠りの最中に、勃起が起きるんだそうで、しかも、一晩に何回か起きる逆説睡眠の、その回数が多い乳幼児程、勃起回数も多いという。その事実と、あたしの甥の、おちんちんピンピンというのとはどんな因果関係があるのか、またないのかは知らないが、しかし、子供の性欲や、勃起の有無についてならちょっと注意深く観察すれば、性医学の書をひもとくまでもないことだ。第一、自分の成長過程を偏見なく詳細にとらえ返せば、すぐにでもわかることではないか。にもかかわらず、客もホステスも、三歳の子が「いいカンジ」というなんて金輪際ありえない、と執拗に言い張るのだ。きみがいいカンジにさせてあげたんじゃないの？　とまで言われて、あたしは、黙り込むしかなかった。とにかく、この人たちは、なにがなんでも、〈子供は天使〉にとどめておきたいらしい。

客はともかく、ホステスという、メス故に成り立つ商売、言ってみればおまんこさらして生活の糧を得ている彼女たちが、むきになって子供の純潔を主張し続けるところに、この世をとりまく性のタブーの、その呪縛の解き難さが、ため息をだしたい位にあきらかだ。

子供は純潔の延長線上に、女は純潔のたて札を、彼女たちは視ているのだ。ホステスらしくない、という賞めことばはあっても、主婦らしくない、という賞めことばはない。ホステスに対してさえ、「バージンらしさ」が要求されるところに、この社会が採用している女の番付け表の、そのよって立つ基準を知ることができる。

とにかく「おまんこ」ということばが親・兄弟の口から忍び笑いで語られた時、あたしはこの世のカラクリの、その底の底を視た。おまんこさらす中でしか女を生かさず、おまんこの機能別に女を分断敵対させ、しかも、おまんこということばを伏字としてしか登場させないこの世の仕組み、この世の女の扱い方を、〈八歳の女〉は、その身に刻み込まれた緋文字（アザ）を通じて知ったのだった。

しかし、早く知りすぎた真実は、ただただ重いばかりで、できるならそんなものはどこかへうっちゃっておきたかった。どこへ行っても、すべてはこれからの初々しい女ばかりで、あたしは自分のできそこないぶりを、呪い憎んでいくしかなかった。

なぜあたしだけが石に蹴つまずいてしまったのか。あの人もこの人も何ごともなく歩いてこられたじゃないか！　母親はもとより、社会からも見すてられてしまった、という想いの中で、なぜ、あたしだけが！　という問いに執着し続けることに、あたしの生きる意味がわずかに残されていた。しかし、問いの答えはどこまでいっても空白で、あたしは不条理ということばのあるのも知らずに、その意味を体得していくしかなかった。

〈女は純潔〉という恫喝は息苦しいまでにあたしを取り囲んできたが、しかし、何故〈女は純潔〉でなければならないのかは、一切不明のままであった。一切不明であったからこそその洞喝は恫喝として成立したのだ。なにしろその恫喝はあたしを罪悪な者、穢《けが》れた者として、二〇年近くも追いつめ続けてきたのだから。

しかし言ってみれば、あたしは本来責任のとりようのないものに対し、責任をとらされる者として追いつめられてきたのだ。あたしが己れの生を不条理なものとして考えざるを得なかったのはこのせいであった。不条理である、とあきらめることによって「痛み」を「痛い」と感じないですむのなら――。

しかし、〈女であること〉によって受けた痛みである以上、痛みを不条理化することは、〈女であること〉を、あたしが生きるということを不条理化することに他ならなかった。「痛み」を「痛い」と感じたくなくても、〈女であること〉は覚えたことではない以上、〈女であること〉で受けた痛みを忘れられる道理も又なかった。逃げ場のない逃げは、元へもどる道しかない。〈女であること〉から逃げ続け、そしていつも〈女であること〉にあたしは回帰していった。

「自分が存在してないような気分になるんです。男たちが肉体を求めると存在している気に一時はなる。でも……」ジェーン・フォンダが演じる「コールガール」という映画の中で、女優志願を果たせない寂しさを売春という行為でまぎらわす主人公の、これはセリフ。いま痛い人間の空転のしざまは、どうしてこんなに似るのだろうか。自分をあきらめつつも、生きるをあきらめられない者の空転のしざまは！

男は社会に、女は男に、己れを売り渡して生きるを宿命とされたこの世であれば、その生は共に不在証明ばかりを刻み込んでいくは必然。「貧乏人の子沢山」ということばがある。貧乏人はなにも楽しみがないから、金のかからない手軽な楽しみに没頭する。その結果としての子沢山という意味に一般に解釈されているが、それは正確なとらえ方ではない。性《セックス》は生きものとしての人間のギリギリの自己肯定手段としてある。他人の評価の中に、自己肯定しえなくなる時、人は最後のよりどころを求めて、人肌の暖かさの中に救いを求める。東大闘争の終焉と共に、女と男がそれぞれ相手をパクッて挫折《ザセツ》の一段階を形成していったことは故ないことではないのだ。しかし、そのオルガスムスさえも男のペニスの価値観に売り渡す女という性は、生きものとしての人間の、そのギリギリの存在証明さえも喪失して生きる生としてあるのだ。

女の不在証明には歯止めがない。つまり、女は本質的に男よりごまかし少なく生きざるをえない生なのだ。この世の差別の構造は、光と闇の関係としてある。男と女でいえば、むろん男は光、女は闇。つまり生き難さをよりごまかせる者が光、それよりごまかせない者が闇。そしてさらに女同士の間もまた光と闇に分かれていく。男の目の中に自己肯定しえる何ものかを持ちえている光の女と、持ちえない闇の女と――。

リブをやり始めて間もない頃、古い友人に会ったら、こんどは長続きしそう？　と顔をのぞき込まれた。彼女に言われるまでもなく、あたしは、なにごとも長続きできない女であった。幼稚園、絵の塾、バレエ、日曜学校、英会話、タイプと、次々に試み、次々に中途でやめ、長じて勤めれば、わずか八カ月……、ちゃんと人並みにできない自分に、あたしは劣等感を抱き続けてきた。決意をいくら踏み固めても、決意では人間生きられないという真理を知るばかりの、あたしの過去であった。しかし、底の割れてる水ガメと知ってなおかつ熱心に水を汲み込める者なんて、この世にいるだろうか。己れの求めるものがなんであるかはわからなくても、その方向に求めるものがあるかどうか位のことはわかるもので、この世のあらゆるウソッパチが己れの闇を通じて視える者は、さまよいの中で「新生」を手さぐりしていくしかないのだ。そして、その手さぐりのしざま、その空転のしざまの中に、人は、喰わねば生きられない定めに押しつぶされつつも、その生命の火をかかげ続けようとする、人間存在のその本質を明らかにしていくのだ。

浮世の義理は果たせねど
もって生まれた　リブ狂い　止めてくれるな　おっかさん
葬い合戦　引き受けた。

いまだからこそあたしはこんな戯歌を作れるが、そのむかし、あたしと母の仲は、救いがたいものであった。一緒にお風呂に入ると、双方のぼせと怒りでまっかになって上がり、しかも次の日も、どういうものか二人で風呂に入っている……という奇妙な錯乱を重ねたその日々。高校二年の時、家出を決行した。そのあと、高校を中退して、メイドとして住み込もうと試みた。それら一連の反抗はいつも母を意識してのことで、しかも、その日常においてあたしは意識的に彼女を無視するのであった。高校を卒業する時も、会社に入る時も、あたしは親にひとことの相談もしなかった。そして東大に通院した時も。

八カ月しか続かなかった会社をやめたあと、あたしは一年間日比谷図書館に通った。家にはあくまで会社に行ってると思わせておいて、その実バイトで暮していた。その頃、いつも朝、体が異常に重くてひどく大儀であった。爪を切らず靴も磨かず、身の回りのこと一切に関心を失っていった。茫然としていて、よくバイトを首になった。惨めさだけが生きてる証《あかし》、みたいな毎日であった。

図書館で読みたいわけではない本を読むのはつらく、首筋がこって夜眠れなくなり、夜中に目醒めてはよく泣いた。理由はとりたててなかった。しかし、泣いた後も甘い感傷は一向にわいてこない、そんな泣き方であった。今考えてもゾッとするような暗い日々であった。しかもそんなある日あたしは血液の陽性反応を知った。どういう訳か、ある日突然自分の血液が汚れてるのではないかという強迫観念を抱いて、検査を受けたらその予感が的中したという訳だ。信じられないような話だが、事実である。あたしの罪は確定された。

自分の中に本当に絶望を見た者はそれを決して口にしない。自ら死刑宣告を下すようなことは、ヒトは、無意識に避けるものだ。東大構内の木立を見上げつつ、これだけは――、これだけは――、と想いを凝らしたそのあたしの想いとは、汚辱の中にだって生命の可能性を見出すことはできるのだという、その一念であった。あたしは、生きたかった――。

二三歳から二四歳にかけてお見合を二回した。太宰治によれば、生きていく力とは、「いやになってしまった活動写真を最後まで見続ける勇気」だそうだが、女は、二五歳まではいやになってしまったその気持の裏に、もしかしたら、もしかしたらの期待こびりつかせて生きていく、生きていけるものだ。しかし、あたしのもしかしたらは、底の方にほんのちょっぴりこびりついている位の、もしかしたら、であった。

いつの頃からか、あたしは、自分は子を産めない女だと、一人決めしていた。いくら医者が子供にはなんの影響もないから、と断言してくれても、いつのまにか汚れた血液を持っていた者の、その恐怖は消えはしない。完治したあともくどいほど検査に行き、一度などそういうことなら精神科の領域ではないかと言われたことがあった。

結婚、しかもお見合などという形式にのっかって行ける者としているかどうか、あたしが一番よく知っていた。それは二重のごまかしであったから。人はごまかせても、自分自身はごまかせない。そのお見合話は、二回ともあたしの方で断った。

個人的な体験のうちにも、ひとりでその体験の洞穴をドンドン進んでいくと、やがては人間一般にかかわる真実の展望の開ける抜け道にでることのできる、そういう体験はあるだろう。

（大江健三郎『個人的な体験』）

ある日近くに住むベトナム青年たちが、偶然あたしの家に救援カンパを取りに来た。テト攻撃(2)と呼ばれる戦闘があった前後のことだったと記憶する。あたしは生まれて初めて、自分以外の者に想いをめぐらすきっかけを、そこにつかんだ。そしてベトナム戦災孤児の救援活動に参加していった。もとより、反戦のハの字とも無縁なあたしであったから、可哀想な子供たち、という意識性で始めたことであった。しかし、それは同情なんかでは決してなかった。大体、人に同情してあげる程、あたしは余裕を持っていなかった。いま痛いあたしが、いま痛い子供たちを知ったのだ。ベトナム戦災孤児はあたし、だった。

きっかけは偶然でも、あたしの内部がベトナム救援に呼応するに至った理由はそれなりにあった。ひとつは、羽田闘争(3)で死んだ、故山崎君との出会いであった。正確には覚えていないが、「僕たちの生は罪の浄化のために意味をもつ」という意味のことばを彼の遺したノートから知ったとき、あたしは、山崎君と出会った。

その頃、唯一の生きる頼りを、あたしは「善人なおもて往生をとぐ、いわんや悪人をや」という親鸞《しんらん》のことばに求めていた。正確な意味は知らなかったが、親友と思い思われしてきた友を、善人にあてはめ、自分を悪人にあてはめて、自己流の解釈をしていた。その友人は、中学二年の時の同級生で、物腰の大人びた、親切で明るい人であった。よくお互いの家を行き来して、彼女の家族とも親しくなっていた。あたしは、およそ自分の考えていることの一切合財を彼女に語り、彼女の方も隠しだてなく話してくれた。そんな交際《つきあい》が六、七年も続いただろうか。ある日彼女は、突然、結婚する旨を告げてきた。まさにやぶからぼうに！　その直前まで、そんな気配を匂わせもしなかった彼女が、である。グヴァンと、頭を打ち叩かれた想いがした。

年頃になって結婚するに不思議はなかったけれど、今まで隠しだてすることのない仲だと自分勝手に思い込んできたあたしだけに、ショックだった。自分のぶざまさを、改めて思い知らされた。二三にもなってまだ、「それどころじゃないよ」をくり返しているばかりの、あたしであったから。いつもオロオロあてもない、こうでもないとさまよっていたあたしに対して「こんどは長続きしそう?」などとやさしく問う彼女は、終始一定した穏《おだ》やかさで、道を歩んできた人であった。お互いに自分にないものを相手に見て、それに魅かれ合ってきたと共に、それに反発し合ってきた仲だった。あたしは彼女の安定ぶりが不思議だったし、彼女にしてみれば、あたしの不安定ぶりは奇異なものであっただろう。好んで不安定な道を求めた訳ではなかったから、自分の不運を嘆くと共に、あたしは彼女がうらやましかった。しかし、他人《ひと》サマをうらやましがることの愚かさも、知っていた。馴《な》じんだ不運を引きずって、生きていくしかない己れであった。

もし、彼女のような、特にこれといった不運もなく、みなにその生命を祝福されて生きる人が神に近づけるのなら（彼女は実にいい人であった）、なんの因果か、目をそむけたい位の己れをひきずって生きるしかないあたしは、もとより絶対に神に近づけるに違いない。我が身のことながら、この世はどこか不公平だという想いを、親鸞の教えに託してあたしは昇華させてきたのだった。それどころじゃないよ、のつぶやきの裏に自己流に解釈した親鸞の教えを、祈りのように貼りつかせて生きてきた。

神に近づく、とはしあわせになれるということ。むろん、「結婚こそ女のしあわせ」の、しあわせではない。苦しむ者は、生ききる者――そうでなかったらこの世はウソッパチ、神も仏もあるものか！　あたしの言うしあわせとは、そういう意味のものであった。

山崎君の、「僕たちの生は、罪の浄化のために意味をもつ」ということばを知った時、罪の浄化というイメージは、あたしにとってひどく生臭いものとしてあった。罪の浄化とは、生ききること。生きながら、天国／地獄を己れに胎んでいくような生き方のこと。山崎君のことばをこれ又自己流に己れのものとした時、あたしは彼の死にざまに初めて想いを凝らした。

その時まで、「運動」などというものは、どこかの特殊な人々がやってるものと高をくくっていたあたしだったが、そのまちがいを山崎君の死が教えてくれたのだった。新聞は連日のように、羽田闘争を伝えていた。山崎君の死を、テレビで知った自分が恥ずかしかった。縁は異なものというが、「運動」について考えざるをえないきっかけがその後続いて起こった。

いい忘れていたが、家の商売はその頃割烹料理店に変わっていた。中学二年位の時に、母の「英断」で商売変えしたのだ。その商売変えは成功だった。家運は上向きになっていった。

さて、山崎君との出会いから二、三カ月たったある日、一人の朝鮮人の女の子があたしの前に現われた。パートタイマーとしてあたしの家に雇われた人で、彼女は佐世保闘争に参加していた。あたしと彼女は、急速に親しみ合う仲となった。闘争の話をいろいろ聞いた。生まれて初めて生きてる人間に出会った想いがした。彼女はまもなくあたしの家を辞めて、それからしばらく音信不通であったが、ある日ヒョッコリまたあたしを訪ねて来てくれた。その夜は、あけ方近くまで話し込み、一眠りしたら、外は雪であった。彼女は起き出して帰るといった。あたしは彼女がいつもはいている、ボロボロのズック靴を思い出した。この雪の中であの靴では、と瞬間思ったが、しかしそのまま起きもせず、夢うつつの中で彼女が立去ったのを知った。起きてからあたしは深く自己嫌悪した。もし今朝の彼女が、あの親友だったとしたら、あたしは雪の中をズック靴で帰しただろうか。あたしは、無意識化してしまっている差別を自分の中に視た。彼女に対しては、自分が光の中にいる人間であることを知った。いま、どこにいるのか――以来彼女とは会っていない。

ベトナム戦災孤児はあたしだ、という「直感」に導かれて、救援活動に参加するに至る裏には、前述のふたつの恥の体験が介在していた。さて、当時、ベトナム戦争についてあたしは、ほとんどといっていい位、なにも知らなかった。新聞には、連日トップでそれが載っていたが、あたしは我関せずの無関心派だった。だからこそ、救援活動にああも熱心になれたのだが。

『朝日新聞』の都内版のところに、その頃「読者の広場」という欄があって、あたしはそこで仲間を募った。ベトナム戦争孤児に愛の手を、という趣旨で呼びかけをしたのだ。呼びかけに応じた人はざっと八〇人。第一回目の会合の時は、大変な混乱であった。すでにべ平連（ベトナムに平和を！ 市民連合）はできていた時だから、どちらかといえば、あたし同様のオクレタ人々が多く参加してきた。しかし中には、「全学連」もいて、南ベトナム政府支援派から、革命派までいるといった、おかしな会合であった。中でも呼びかけた本人が一番おかしかったかもしれない。南ベトナムも北ベトナムもそんなことはどうでもいい、とにかく、ベトナム戦災孤児にヨードチンキの一滴、パンの一切れも送りたい、これがベトナムについてのあたしの考えの全てであった。

もとより「政治」とは無縁なあたしの、ベトナム戦災孤児の中に己れの負わされた不条理を見るが故の、それは、「決起」であった。アメリカ帝国主義の侵略はわかった、しかし、同じベトナムでありながら、焼かれる村と焼かれない村があり、母を殺された子と殺されない子があり、片足を失う子と五体満足な子がいる、そこのところがまず心にひっかかるあたしであった。問題意識を対象化するなどという、高級な思考方法をあたしは当時持ちえていなかったから、なぜ、あたしだけが！　の想いをベッタリ貼りつかせた、その己れの延長線上にベトナムの戦災孤児を置いてみたのだった。

　しかし、今想ってもそのような思考方法は、あながち間違いだとも言えない。微視的ではあったが、間違いではなかった。いくら理屈で、アメリカ帝国主義と闘う被抑圧人民の関係をスッキリさせたところで、片足なくした人間にとっては、まず失った片足から全ての物ごとは始まるのであって、理屈は失った片足の代りにはなってくれない。いま痛い人間は、常に微視的にならざるをえないのだ。大状況と小状況は合わせて問題にされなければならない。とにかく人間生きてるうちが花なのだから。たとえ、どんな咲き方であろうとも。

　さて、右か左かはやっていくなかで考えていこう、ということに相なって、救援グループは発足した。「ベトナム戦災孤児に寄せる市民の心の会」というのがそれであった。あたしはよく、「右翼和日見主義者」だとか「没階級的」だとかいうことばを投げつけられるが、なに、この最初の出発点を考えれば、これでも革命的進歩と自画自賛したい位なものだ。そのグループは第一回目の活動として、花の募金運動というのを展開した。募金に応じてカーネーションを一本ずつ上げるという活動で、それに引き続いて映画会を催したり、手製のお人形を集めて孤児院に送ったりした。

　あたしは、日夜、ベトナム、ベトナムだった。たまりたまった想いが一挙に噴きあげ、それが奔流となって「あたしのベトナム」へ流れ込んでいくように。すでに二三歳になっていた。

3　リブとの出会い

どんな汚辱の中にいようとも、人間はやはり人間ですもの。その魂は光を求めてたえずさまよい、なにかの光を見出せば、どうにかしてそれに近づこうとあがきもだえる。

（増田小夜『芸者』より）

一年間マメにベトナム救援にとり組んだ。その中で、ベトナム戦争のそのよってきたる由縁を知り、また日本が製造する武器やトラックが、ベトナムの戦場で使用されていて子供たちを殺傷している事実を知った。日本の高度成長がベトナムの子供たちの血で贖《あが》なわれているのを知った。さらに、明治百年は、侵略の百年、戦前戦後一貫して他国民を抑圧し続けてきた日本の歴史を知ったのだった。

想い返せば、家の者が食べている昼食のパンをもの欲しげにみていた、あの男の子と出会ったのは、昭和二五年、朝鮮特需で日本が復興しつつあるそのさ中のことだった。あの思い出のひとこまこそ日本に抑圧される他国民族との関係そのものであったし、そして皮ばっかり大国になっていった日本という国の、その内側を支えている悲惨なあんこの内容を物語るものであった。

一方の手で殺しといて、一方の手でもっともらしく愛の手と称するものをさしのべていた自分たちのウソッパチを、知るべくして知る中で、救援グループは反戦グループへと脱皮していった。ベトナム救援じゃアカンデーという気持から、反戦「AKANVIE」と命名した。ビラを書き、勉強会を開き、集会へ、デモへと、無我夢中の日々が過ぎていった。時すでに、ベトナム反戦の気運は国際的に高まっていて、学生運動を中心に、市民、労働者の反戦グループが次々とうみだされ、新左翼は「市民権」を獲得しつつあった。

一九六九年、一月一八日、東大安田砦の攻防戦の火蓋《ブタ》が切られた。あたしは仲間の一人と、その日は夜もすがら機動隊で固められた東大のまわりをうろつき回って、次の日はお茶の水で展開されたいわゆるカルチェラタン闘争[4]に参加していった。あたしは目くるめくような想いの中で、いま歴史の全てが問われてるのだと、「直感」した。

前に述べたが、人間が生きるとはなにか、という問いを深く内包して始まった東大闘争を、それなりに我がこととしてとらえてきたあたしであったから、その頂点ともいうべき闘いを目のあたりにして、その興奮も極みに達した。あたしは自分が恥ずかしかった。そのとき、いまだゲバ棒とか申すものも握れず、デモに行っても逃げることばかり考えているあたしであった。「ラディカル」はあたしを通りこして、どんどん先へ進んでしまっていた。

人間が生きるとは何かは、あたしが生きるとは何かということ。しかし、あたしはいまだ自分が何者であるか混沌としている状態のままであった。人間として、ということばがあっちこっちに使われていたが、なにがどう空々しいのかはわからなかったが、あたしがその言葉を使うと、どこからともなくすきま風が入り込んでくるような実感があった。しかし、「人間として」という視点は絶対であって、それに指をふれてみることなど思いもよらないことであった。

自分だけに感じとれる違和感を据置いたまま、人間として、闘って来たつもりのあたしであった。闘ってきたつもりの、つもりの中にはいつも逃げ腰のあたしがいた。ゲバ棒を握れないあたしがいた。なぜ握れないのか、は問わずして、握れないことをイコール意識性の低さと思いつめていたあたしがいた。逮捕される人、負傷する人が続出し、機動隊の暴力が天下ご免になっていく中で、あいもかわらず自分の尻尾をかもうとしてかめる訳もなくオロオロとり乱しているだけのあたしであった。

その秋の闘いは惨憺たるものであった。反戦運動は後退期を迎え、ろくろく闘いという闘いもしてこなかったあたしでも人並みに挫折感に打ちのめされた。自己否定の論理はあたしの中ですでに空中分解していて、それにとって代るものの何程も見出しえないまま、空虚な日々が過ぎていった。

そんなある日、一人の男と知りあった。早稲田の学生で、革マルとの間に問題を起こして逃避行している男であった。その男は、あたし以上に犬のようであった。あたしが自分の尻尾を噛もうと空転している犬なら、そいつは尻尾をふり立ててこすり寄ってくる、人なつっこいのがとり得のような犬だった。二匹の犬は、虚脱して白々と冷めた想いを互いの体温で埋めるべく身を寄せ合った。生命《いのち》の深部にふれてくるようなものの、何ものも持ちえない男であったが、居ても邪魔にならず、居てほしいあたしがいた。あたしたちは同棲した。

つい先日、大阪の方からリブの仲間が訪ねてきて、男とどうしても寝られないという意味のことをあたしに話した。年を聞いたら二一歳だという。その位でバージンなのはざらにいるよ、と見当違いの返事をしたら、寝られないということより、相手から好きだと告げられるやいなやどういうものか、一転にわかに相手がうとましくなって、それまで結構いいかんじでやってきた仲なのに、急に冷え冷えとそこで関係が途切れてしまう、そんなことをもう何回もくり返している、そのことが悩みなのだと言う。自分の存在を相手にハッキリ認めさせた喜びと、自分みたいな者を好きになって、このバカが！　という矛盾した想いの中で、ひどく残酷な気分になるのだそうだ。ウン、ウンとうなずきながら、あたしはかつて同棲した相手のことを思い返していた。

最初から期待するもののひと切れだってアテにして始めた関係ではなかったくせに、その男との日々の中で、あたしはいつもなにかに苛《いら》だっていた。意識の上ではその男に、なにも期待してないのに、その男の存在になにかしら束縛されてしまうものがあって、そういう自分にあたしは苛だったのだ。無意識にその男に尻尾をふってしまう自分を日常のあっちこっちに見出してその自己嫌悪がいらだちを呼ぶのであった。その男をうとましく思う気持がそれに比例して深まっていった。そして理由なくうとましく思えば思う程、相手に対する罪悪意識もまた深まって、今度はその男に意識的にやさしく尽すあたしがいた。

意識的にその男とのかかわりをとらえるあたしと、無意識にその男に媚びるあたしの、ふたりのあたしがいつもいて、その亀裂が〈ここにいる女〉のあたしを嘖《さいな》むのだった。希望という字と、男という字をだぶらせてきた女の歴史性がそこにあった。男と自分の悪しきかかわりの中に、父と母の姿をだぶらせて、あたしはより一層自己嫌悪といらだちを深めていくばかりであった。しかもいらだちつつ、男の腕の中でやすらぐあたしがいて、それらいくつかの互いに矛盾し合う本音の間で、あたしの切り裂かれは、物狂おしい程の様相を帯びてくるのだった。

マルセル・パニョルの小説に「ファニー」というのがある。ファニーとマリウスの恋物語として有名だが、その物語の根まわしに、恋人を愛していながら、海という未知なる世界への夢を押え切れないマリウスの苦悶が設定されている。「ファニー」に限らず、未知なる世界へ己れを求めたい気持はいつも男の側のもので、女は、常にハラハラと待ち続ける役割りをふりあてられる。しかし、男女に限らず、人間誰しも安定したい気持と、さらなる己れの可能性を求めたい気持の、その両方をふたつながら身に秘めて生きるものなのだ。定められた航路をひた走ろうとする己れと、定められた航路をひた走ることの虚しさを知る己れとの、その揺らめきの中にこそ、作られた歴史性を身に負いつつもその歴史性から己れを解き放そうとする、この世に生きる人間の最も人間らしい本質が秘められているのだ。

それなのに、女はいつも、己れの可能性を求めて求められずに帰ってくる男を、待っているだけの役割りをふりあてられる。そもそも男の可能性は女の可能性と共にあるのであって、男が〈男らしさ〉でいくらがんばったって、女を取り残して旅立つ限りに於ては、絶望と挫折は男の必然なのだ。それをもって男の苦汁と称されても、ちゃんちゃらおかしいあたしたちがいるだけだ。

闇にいる女は、イヤでも男がよく視える。男の空転ざまがよく視える。そしてともすれば、その男の空転ざまを抱きかかえたがるという誤りを犯す。良妻賢母とは、夫に対しても母親、子に対しても母親の、二通りの、母親ぶりを装う者の総称に他ならない。男の、子宮回帰願望は、女の寛容さの中でそのイメージの切れっぱしを現実化してこれたという訳だ。

しかし、「痛み」を「痛い」と感じる者が、その痛みを忘れて寛容になろうとすれば、どうしたって自虐的にならざるをえない訳で、男が己れだけにやさしい女を求めれば求める程、女は、自虐的に、つまり加虐的にも、なるべくしてなっていくのだ。

よく言われる女の残酷さとは、男の子宮回帰願望に応えようとして己れを偽った女の、その無理がうみだす結果に他ならない。光の中に輝く〈男らしさ〉幻想の、そのウソッパチを闇の側から視てしまった者が、しかし、あくまで己れを女らしさ幻想のウソッパチにだまし切ろうとすれば、その無理は女の中に自虐をうみだし、そしてそこから毒喰わば皿までの女の暗い情念がうみだされていくのだ。

男の背に向ける、自分のまなざしの中に、女のその暗い情念を視た時、あたしは〈母親らしくない母親〉として切り裂かれ、とり乱しの中に生きてきた女を己れを通じて知ったのであった。男の面子ばかりを気にかける夫と、そうである以上、その男の母親になりえても、女としては出会えない己れに、あたしの母のいらだちがあったのだ。

一人海へ己れを求めていかねばならない〈男らしさ〉の定めも、そしてその男を待ち続けねばならない〈女らしさ〉の定めも、共に生身の男と女を抑圧し、切り裂いていくもの以外ではない。前述した大阪の女の子の悩みは、それを「直感」するところから生じたことなのだ。あたしの姉が結婚直前にして急に、結婚したいんだかしたくないんだかわからなくなったわ、とつぶやいたことがあった。そのつぶやきこそ、家という港で、夫の帰りを待ち続ける女の生が、どうあがいても不完全燃焼していくしかないことを「直感」した女の、本音に他ならない。その己れの本音に充分耳をかさずに嫁いだ姉は、いま、引いても足しても割りに合わない勘定書きを日夜つきつけられて、「錯乱」を主要テーマに、庶民の日常とやらを営んでいる。

そのむかし、四帖半にもしあわせがある、と言い放った無恥ゴーマンな施政者は佐藤であったか。

四帖半どころか、六帖でも八帖でも、いや百の部屋があろうとも、七人の敵と相争って、挫折と絶望を身に貼りつかせて生きる男と、その男をなぐさめることに生きる意味を見出さねばならない女の、その存在様式が続く限りは、男にも女にもしあわせはない。男と女は、決して出会いを持ちえない。

前に述べた通り冬の木立を見つめつつ、これだけは——、これだけは——と想いをこらした、そのあたしの想いとは、汚辱の中にこそ生命の可能性が輝くのだ、という想いであった。その生命の可能性とは、出会いへの希求に他ならない。女の生命の可能性は、男並みに海に己れを求めていくあり方にあるのではなく、己れの中に海を胎み、そこに己れを求めていく中にこそある。

男の海が社会であれば、生きようとする女の海は己れ自身だ。海を社会に求めて、そこに於て己れをば求めようとしても、その社会を支配する者の姿を映してしまうだけの話だ。誰も、どこにも、完全に自立した主体などありえようハズもなく、それぞれが奴隷の歴史性、媚の歴史性をひきずって歩み行くしかない以上、海を社会に求めて、〈男らしさ〉で船出しようとすれば、赤い夕日に権力者の影を映してしまうは必然なのだ。

己れの中に海を胎むとは、媚の歴史性を体内に血肉化されてしまった、その奴隷の「痛み」を「痛い」と感じる中から、奴隷でも、奴隷頭でもない己れを求め、出会いを求めていくことに他ならない。被抑圧者の、その生命の可能性は、被抑圧者同士が出会いを求めていく中にこそある。つまり被抑圧者同士を敵対させることによって成り立つ社会を、打倒する可能性がそこにあるということだ。

海へ帰りたいと想う。どんなに餌が豊富に与えられようとも、海に生まれた魚は、海に帰りたい心を抑え切れるものではない。今度こそ本当の海、己れの海へ帰りたいと想う。海へ帰りたい想いは、出会いたい想い。女と、男と、沖縄人《ウチナンチュ》と、被爆者と、在日朝鮮人と、娼婦と、被差別部落民と……、そして世界と出会いたい。出会いたい想いの中で、あたしの海が満ちてくる。一人ひとりの海満つる時を信じる中に、あたしの生命が、未来がある。

男らしさ幻想を植えつけられ〈どこにもいない男〉を求めてさまよいつつも、生身の夫との出会いに執着してきたあたしの母の、そのとり乱しこそ、生身の、まぎれもない女の姿であった。〈どこにもいない男〉としてのジョン・ウェインと、〈ここにいる男〉としての夫の、その両方に執着し続けた母の、その生きざまを知った時、あたしは、母を許した。

二人の男に執着し続けた母とは、〈ここにいる女〉としてのその矛盾に満ちた生を、生ききろうとした母であった。求めても得られない己れを、求め続ける中に、己れの存在の意味を視ようとした母であった。母も又、己れの尻尾をかもうとして空転している一匹の犬であったのだ。その空転ぶりに、人間の人間たる由縁を明らかにしようとした、犬であったのだ。愚かさは犬並みであっても、その愚かさに執着することによって、人は犬と己れを区別していくのだ。母に見捨てられた、というあたしの想いは、母親らしい母親を求める気持が、生みだしたものであり、そうである以上、あたしも又、〈ここにいる女〉としての母を抑圧し続けてきた一人であった。

被抑圧者同士は切り裂き合うそのあまりの痛みに、ともすれば真の敵を見失う。母親らしい母親を求めて、求められないその絶望を逆に母を見捨てることによって埋めようとしたあたしは、実は己れ自身を見捨ててきたのだ。母親らしい母親を求める限りに於て己れも又女らしさ願望から逃れられず、しかもそこに見出したのは〈女は純潔〉の基準から遠く隔《へだ》てられた己れでしかなかったという、その矛盾こそあたしを長い間切り裂き続けてきたものの正体だった。

さて、男との同棲は一カ月余りで終わった。媚びてしまう自分と、媚びたくない自分との間で切り裂かれ、その痛みがその男への憎悪と化していくのを知った時、別れは決まった。媚びたくない自分とは、自分の汚れた過去を知られたくない自分であった。媚びることを恥じて、媚びを拒否したのではなく、いつか必ずバレてしまうという恐怖が媚びないあたしを作ったのだった。バスに乗り遅れたくはなかったが、もとより出遅れている者が、息せき切って駆けつけて着いたと思った瞬間、バスが出発してしまったら、惨めさと屈辱はいや増すに違いない、その想いが、媚びたくないあたしを産んだだけの話だ。だから、無意識に媚びてしまう己れを知った時、その媚びたくないという想いは、男への憎悪にたやすくすり代っていったのだった。

二人の間で結婚云々の話が交わされ、それぞれの親元にあいさつに行く算段も練られつつ、しかしあたしの心には、結婚なんてどこ吹く風の想いがあった。熱心に二人の未来を論じる男が遠い遠い者に見えた。別れ話が決定的になった時、男はオイオイと派手に泣きだし、見当違いの非を詫びた。そんなこと、みんな、みんな、どうでもいいこと——、さらさらと音をたてそうな心を抱えて、旅立たねばならないあたしであった。

その男とかかわりを持つ前後から、あたしは出入国管理法案の闘い(5)に参加していた。この闘いに参加したことが、あたしとリブとを結びつけるきっかけとなったのだが、不思議なことに、そのきっかけにまたベトナム人が介在していた。救援活動を通じて知り合ったベトナム人に、日本で反戦活動を行ったという理由で、本国の南ベトナム政府から突然帰国命令が下り、日本政府がそれと結託して、強制退去処分を謀ってくるのではないか、という事態が起きた。最初あたしは例のごとく、顔見知りの人が大変なコトになりそうだ、というただそれだけの気持で参加したのだが、その闘いを通じて日本という国がアジアの人々に対しどのような態度をとっているか、とってきたか、を思い知らされた。

在日外国人のうち、欧米人に対してはあくまでも寛容《かんよう》で（といっても、反戦欧米人に対しては、また話が別だが）、在日朝鮮人をはじめとする在日アジア人に対しては、まさしく生殺与奪の権をもってのぞむという、そのむかしながらの神国ニッポンが、出入国管理法、及び法案に露骨に示されていたのだ。あたしはあの雪の日以来音信不通の濡れたズック靴の朝鮮人の女の子を想い出した。そこに視い出したのは、無意識にさえなっている、己れの中の差別意識であった。あたしの中に「権力」が血肉化されていた。「内なる入管体制」ということばを聞いた時、なるほどと思った。

その闘いのさ中、東大安田砦に籠もって、つい先日出て来たばかり、という男を知った。友人の家に呼ばれて行ったらその男が居て、彼女はその時男と同棲していたので、彼をあたしの方に押しつけたかったらしい。押しつけるといっても、寝場所を提供させるという意味だが、お人よしの上に、彼が安田に籠ったということを知って、あたしは躊躇《ちゅうちょ》することなく自分の居場所に連れていった。その頃、あたしは親の持ち家である一戸建のボロ屋で暮していた。そこは、反戦AKANVIEのアジトになっていて、年がら年中人の出入りが多かったので、その男を泊まらしてあげることも、ごくごく自然のことだった。そこを見計らって、頭のよいあたしの友人は、夕飯にあたしを招待したという訳なのだ。

ゲバ棒すら握れない、握れなかった自分に、あたしは負い目を感じ続けてきた。むろん、ゲバ棒握る握らないは大した問題ではなかったが、自分の反権力意識にはなにかごまかしがあるのではないだろうかと気づきつつも、どこに原因があるのかもわからず、たぶんそれは自分の意識性の低さだろうと思い込んでいて、それがゲバ棒握れないあたしを負い目に思わせた。

「意識性の低さ」などということばは、なにごとかを言ってるようで皆目あいまいなことばだったから、そんな結論を導きだせば、わけわからないままに、負い目になってしまうは当然なのだ。あたしはその負い目の分だけその男を手厚くもてなした。陰気な男だった。なぜ安田に籠ったのか、と愚問を発したら、その頃あれやこれや挫折していて、一切にケリをつけたい気持で籠ったと答えたので、ちょっと期待を裏切られた気がしたが、そんなものなのかなとも思った。ズボンの筋目ばかり気にしているような男だったが、あたしは彼を尊敬した。といっても人格的な面ではなく、よく安田を闘い切ったという、そのことだけに感服しての話だった。

とにかくその当時のあたしは闘い切れない、つまりゲバ棒握れない自分を深く深く恥じていたらしい。安田講堂でくり広げられた攻防戦で、あの人たちは命を賭けて闘っている、お前はさあどうするんだ、どうするんだと問いつめて、答えがでなかった記憶があるが、それに加えて、佐藤訪米阻止闘争の蒲田で、ただただ機動隊に逃げまどい、火炎ビンに身をすくませているしかなかった己れの屈辱が相乗化されて、あたしの負い目になっていったのだった。なぜこうも負い目を強調するかといえば、あたしは彼にかかわり始めてから、いつも冴えないニヒルなその顔付きに心痛めて、ある時は一緒に寝てあげようか、とさえ思いつめたことがあったからだ。結局その「すえ膳」は喰われずじまいに終わったのであるが。

リブの女の子の中でアザを持っている人がいる。彼女はいつも人のいやがるような仕事、食べちらかしたものの跡始末やお茶汲みに、率先して体を動かす。その体の動かし方の中に、こんなあたしでももし役立つなら、の想いが透かし見えて、その女の子のけなげさといおうか、謙虚さに、ある時は心打たれ、ある時は顔をそむけたくなってしまう。顔をそむけたくなる想いの中にかつてのあたしがいるのだ。寝てあげたら、少しでもこの人の気が晴れるやもしれぬという、その寝てあげたらの気持は、まさしく、こんなあたしでよかったら、という歌の文句まがいのものであった。とにかく、あたしはそれ程献身的！　に革命的な男を奉ったのであった。しかし、想えば、その献身ぶりは負い目ばかりが原因ではなかった。

あたしの〈男らしさ〉幻想は常に、汚れた自分を抱きとり、許してくれる男というイメージの中に存在していた。不感症の母を持ったが故に、なにがなんでもオルガスムスの一念を持ったことは前に述べたが、そのオルガスムス願望と、男らしさ幻想はいつも混然としていて、汚れた自分がその極みにおいて浄化される、そのような男との出会い、そのようなオルガスムスとの出会いこそが、かつてのあたしの最大の願いであった。

オルガスムスと融け合う中に、宇宙と融け合って、限りなく解き放され飛翔する己れへの期待があった。そして、その生命限りの燃焼は、言うまでもなく死と裏表になったイメージとしてあり、生ききるということばは、己れの中に天国／地獄を胎んでいく、そのような瞬間を極めたい願望として、それはあった。今想えばそれはエロスへの希求であった。

さて、その男に会うまでのあたしは新左翼の一員として、ささやかなグループを作ってやってきた訳だが、もとより市民反戦のグループであったから、その活動もごく穏やかなもので、参加している男たちも、心やさしい人柄の者ばかりであった。花々しい革命論をブツ者もなく、そういう仰々しいもっともらしさには不信を覚えている者ばかりであった。だから、いわゆるカッコ付きの革命派を知ったのは、その男が初めてで、あたしは珍しい動物を手に入れた気持がしたのも事実だ。彼は、なにやら難しい、どう聞いても大言壮語にしか思えないコトをよく喋った。「あと、二、三年で世界革命が起きる」。いくら何でもと思いつつ、その男の、ことばとは裏腹な醒めた無表情な顔を窺うあたしであった。首をひねりたくなるようなコトばかりその男は言っていた。

が、あたしの中の〈男らしさ〉幻想は、いつか〈革命家〉幻想にすり変わっていった。あたしは自己暗示の強い人間ではあっても、他人《ひと》サマからの暗示を受けやすい質《たち》ではないと思う。第一、その男のことばを、一向に信じる気配のないあたしであった。

あくまで微視的な女だから、大状況を展開されても豚に真珠のたぐいで、だからあたしの〈革命家〉幻想は、いまだ出会えぬ〈どこにもいない男〉を求めてのそれであり、たまたまその男が目の前にいた、というだけにすぎなかった。女らしくありたい、という気持と、あたしはできそこないのクズ女だという劣等感が結びついて、その男を「革命家」に仕立ててしまったに違いない。つまり、仕える相手が欲しかったのだ。その男に仕えることによってあたしは〈革命〉に抱きとってもらう己れを夢見たのだった。

つまり、言うってみればその男は〈革命〉のダシであった。想えばずいぶん人をバカにした話だ。しかし、前にも言ったように、闘いは後退期に入っていて、その中で景気のいい話を聞かされれば、ワラ一本の役目もしないとわかっていてもつかみたい気持はあるものなのだ。「新左翼」は、あたしの唯一の頼りであったから。

しかし今想えば、その男を〈革命家〉として奉ったが故に、あたしはリブと出会えたようなものだ。そうでなかったら相変らず、新左翼に余計な幻想を持ち続けていただろう。というのはその男はまったく〈男らしさ〉一本やりで闘い切ってきた男であったから。おかしなことに、彼自身、自分の大仰な理論を信じていなかった。彼にとってそれは〈男らしさ〉を鼓舞《こぶ》するための、呪文のようなものだったのではないだろうか。あたしは彼の〈男らしさ〉につき従う家来の役割に甘んじながら、彼の言う革命のその裏表をとくとくまなく視たのであった。いつも、闇から光はよく視える。

さて、話は入管闘争のことにもどるが、その闘いは出入国管理法及び法改悪への闘いのみならず、出入国管理体制という視点でとらえて闘うことが要《かなめ》とされた。つまり、法の成立というのは常に最終局面であって、それに至る過程に、その法を受け入れる体制がすでに作りあげられているワケで、ここにたてまえ民主主義のからくりがあるのだ。

入管体制とは何か？　という問いがあっちこっちで叫ばれ始めた。その問いがどんな答えを得ていたか記憶に残ってないが、あたし自身はそれを「家」だと直感した。

あの家に生まれた、この家に生まれた、ということがなくならない限り、差別意識はなくならない。だからその延長線上にある排外主義とやらも、きっとなくならないに違いない。あたしの理屈は簡単明瞭であった。もとより理屈など必要なかったのである。この世の諸悪の根源は、「家」によって培養される。〈女は純潔〉のたてまえは、「家」を砦に維持されるし、母があたしを見捨てたのも「家」の生産性の論理故であった。「家」が女の性を囲い込み、その生を不完全燃焼させるのだ。この体制の一番小さなユニットは「家」であり、その「家」をさらに内側から支えるのが〈女は純潔〉のたてまえなのだ。

それまで女の歴史ひとつ読んだことのないあたしだったが、長い間抱き続けた「痛み」が教える直感はなんの理屈よりも確かであった。しかも偶然その頃、W・ライヒの「性と文化の革命」という本に出会った。「人間の意識構造の核心は性である」。この彼のひとことが全てを決したといっても言いすぎではない。長きにわたって自分で自分を切り裂いてきたその理由が、そのひとことで一挙に明らかになった。つまり、気づいていつつ、目をそむけっぱなしにしてきたことに、W・ライヒが、そこにこそ可能性があるではないか、と教えてくれたのだ。

入管体制とは「家」だ、という論理は必然的に一夫一妻制度に、あたしの目を開かせた。もとよりそれは売春制度以外の何者でもなかった。男と女と子を互いに切り裂き合わせる制度以外の何者でもなかった。

しかし、問題は長きにわたる制度としての一夫一妻が、内なる一夫一妻制度を人々の心の中に形づくってしまったということである。おじいさんは山へ芝刈りに、おばあさんは川へ洗濯に行かねばならないという強制は、人々の心の中に自ら山へ行ってしまう男、川へ行ってしまう女を作りだした。

その頃、前述したように、〈男らしさ〉幻想を〈革命家〉幻想にすり変え奉っていたあたしは、己れの中にまぎれもなく川へ行ってしまう女、「ガラスの靴」を待ち続ける女、いつか来る革命を信じて、革命家らしい男の回りを飛びはねてる女を視た。〈女らしさ〉幻想はもしも幻想である。もしも恋人ができたら、もしも色白だったら、もしも結婚したら、もしも子が生まれたら、もしも革命が来たら……。女のもしも幻想は、全て男に向けて発射され、女はもしも、もしもと裏切られる期待につぎ木しつつ生きていくのだ、老いていくのだ。その過程はおかめから般若《ハンニャ》への過程――。

あたしは人間として闘ってきた己れのウソッパチが、ようやくわかった。そもそも女であって、そして人間であるあたしであった。しかし、それでもまだ言い足りない。女から逃げ続けている女は女ではなかった。女をメスとしてしか生かさないこの世であれば、人間はもとより、女でもなく、あたしはメスとして生かされているのだ。自虐的な意味ではなく〈視たものは視たのだ〉という思いで、まずそれを確認する必要がある。闘い切れなかった理由は意識性の低さではなかったのだ。闘争主体として己れの原点を何に求めるかがあいまいであったからだ。

その原点とは、己れの痛み以外のものではない。メスとして生かされることの痛み以外ではない。自分の痛みをもって闘えない者が、ゲバ棒握れる訳もなかったのだ。「人間として」が挫折すると「メスとして」がニッコリ招き寄せるような按配の中で、ゲバ棒握れる訳もなかったのだ。

リブを始める直前（その頃はまだリブということばも知らなかったが）あたしは二、三週間ホステスをしたことがあった。一九七〇年七月のことであった。実は四月頃から、「決意」は固めていたものの、リブをやったら逃げ場がなくなる、の直感があって、どう逃げ場がなくなるかはわからないものの、とにかく逃げ場がなくちゃ困ると思って、あたしはズルズル明日《あした》送りにしてきたのであった。そしていよいよ心を決めた時、まず喰いっぱぐれ防止の算段を考えた。

当時は自分の家で働いていたが、反戦活動はいいがリブは困る、と言い出す親が目にみえていたから、あたしはまず経済的配慮から始めねばならなかった。ホステスをしてみたのは、ドン詰まりまで行っても喰いっぱぐれないように、を心がけた結果であった。

その最中、夜中の十二時頃家に帰ると、例の「革命家」ぶった男が仲間と一緒に居て、「メシ作ってくれない？」、いとも気安く頼んでくるのだ。いまから思うと、ほんとボンクラもいいところだと思うのだが、たぶん、あたしの中にある、男に好まれる女でありたい意識がメシ作りをあたしに命じて、首かしげつつもイソイソと作ってしまったのだと思う。

想えば女は新左翼内部においてもメスとして存在してきた。カッティング、スッテング(6)に始まり、「革命家」ぶった男の活動資金のためにバイトして稼ぎ、さらには家事、育児、洗濯など氷山の見えない部分にあたる重い日常性のほとんどを、暗黙の暴力をもって押しつけられてきたのだ。それとわかる暴力ばかりが暴力ではない。「じゃあ、トロッキー(7)のなぁ、これを展開してみろ」とか、「プロレタリアとしての意識性」などということばに脅されて、いやでも壁の花として、黙々と下働きせざるをえなかったのだ。

女の痛みをさらに増すだけの革命なんて、しょせん男の革命にすぎなかったのに、「結婚するなら運動してない娘《こ》」と高言してはばからない男に、より小さく縮こまって、バリスト(8)の中でさえ、飯作り、便所掃除を担ってきた女という名のメス達。母親の寛容さと娼婦の媚をもって男革命指令部を支えてきた、アンクルトムの女たち(9)。もしも革命が来たら、のもしも幻想に殉じてきた、新左翼内部のシンデレラ達。

適齢期はとっくにすぎ、女に対しては「新」の字が泣く新左翼の、その正体むきだしを知っていく中で、足に合うはずもないガラスの靴を待ち続けてきたアホらしさ、惨めさ、悔しさ。あとはもう、ころげ落ちていくしかない自分が、誰一人として見る者もないままに散っていかねばならない定めとやらが、どうにもこうにも許せなくって、その怒りが「女が、女として生きてないのに、妻として、母として生きられるか！　女が生きるとは何か、はたして我々は女なのか」という叫びに化した時、あたしのリブが始まった。二六年持ちこたえてきた惨めさの蜂起。

便所の中に長くいると、その臭気がわからなくなるものだけれども、女の証《あかし》を股の間に確認されて以来の便所暮しで、ちょっと窓を開けてみるという、ただそれだけの才覚をわかせるまでには、これだけの回り道が必要だったとは！　まったく、女の生き難さは空気に混じってあるのだ。

あたしはリブに出会って初めて、ダメな自分の、そのダメさをいとおしむ気持を知った。たとえ石ころみたいな女でも、己れあっての世界であることに気づきさえすれば、未来という言葉も、希望という言葉も、己れの中に見出しえるのだ。

言ってみれば運悪く蹴つまづいてしまった女が、誰か助け起こしてくれるんじゃないかと、長い間惨めったらしく待っていたが、結局自分で起きあがるしかないと気づいて、このあたしがクズであるハズないじゃあないか！　と立上がったのがあたしのリブであった。

それどころじゃないよ、と言い訳とも居直りともつかないつぶやきを続けてきた者が、ゴーマンでなかったらリブなんてできますか、と相手の目を見据えて言い放つに至るまでには、ことばなんかじゃ語り切れない紆余曲折があった。ため息つきつき、というのがウソ偽りない気持だが、しかし、つきたくてついたため息じゃあるまいに、そのたびごとに、己れの髪の毛ひっつかまえて、なぜリブなのか、なぜ、と顔色も変わる想いで問いつめ問いつめしてきたあたしであり、あたしたちなのだ。「なぜウーマンリブなのか」の問いは、「なぜ女から女たちへなのか」の問いだ。歯をむきだし、爪を研ぎ合ってきた女同士の、その歴史性をひきずって女から女たちへの道を求めようとすれば、本音とゴーマンさの二人三脚以外に、進むべき法のありようハズもない。だからこそ、目を見交わしたり、そむけたりの世間サマの思惑をよそに、なぜウーマン・リブなのか、こっちこそ知りたいもんだ、と尻をまくり続けたあたしが、あたしたちがいたのだ。つまり、「わからせてもらいたい」という世間や男たちに対して、それどころじゃない、あたしであり、あたしたちなのだ。

今でも時々、ひどく自分がクズで、無価値な女だという思いに落ち込むことがある。しょっちゅうある。そういう時、あたしは、自分の原風景と出会っていく。「これだけは——」の想いに祈りを凝らしてみるのだ。

手を伸ばして、伸ばして、摑むのは、闇でもともと、なにか摑めりゃなお結構。あたしの原風景に、吹く風は、春の息吹のいくらかを今、伝えつつあるようだ。

三　出会いへの模索

1　寝首を掻かない掻きたくない

予定調和的な生き方というのがある。この世の生き難さを世の習いとあきらめて、所詮《しょせん》出る杭は打たれるものならば、できる限り当りさわりなく生きていこうとする生き方だ。むろん、生き難さを世の習いとあきらめさせる巧妙なからくりあってのことで、そのカラクリは「痛み」を痛いと感じさせない、つまりとり乱させない抑圧としてある。とにもかくにも手負いの獣はネズミに至るまで、己れの退路を絶って猛然と死に際を決めていくというが、我が同胞たる万物の霊長は、その身に受けた傷口に再び風が凍《し》みぬよう、耐え難きを耐え、忍び難きを忍んでゆく。そのように亀裂を上手に避けてゆく予定調和的な生き方こそ、生き難さの歴史の中で飼い慣らされてしまった人間の、負の人間らしさとはいえまいか。想うに新聞などが時折思い出したように掲げるヒューマニズムとやらは、大方この負の人間らしさに立ってのものらしい。

「とり乱し」は「予定調和」と敵対する概念としてある。とり乱す自分に劣等感を抱き続けてきた女が、そのとり乱しを唯一の自己肯定の基盤として、そこに居直ったらば予定調和的に生きてる人の、その息切れ具合がよく視えて、どこもお勝手は火の車なんだなあと、ため息まじりに他人サマの生き難さまで想われる。あたしたちは、ブスであってなぜ悪い、と居直ったけれど、いったい男たちが「インポであったら何故悪い」と居直る日が来るのだろうか。インポである痛みさえも、胸深く秘して、ひたすら社会に向けて尻尾を振りたてていく、いかねばならない男。しかも、努力だけではままならぬこの世であれば、矢折れ力尽きて家にもどれば、〈男らしさ〉幻想を裏切られた妻の、その蔑視が待っているなんて、男稼業はまったく割りに合わないと他人ごとながら思ってみる。

男の新聞記者に会った時、報道のことばについて聞いてみたことがある。たてまえの寄せあつめでなりたつ新聞の文章は、生産性の論理が導きだした、文章表現の極みとしてあるのではないか、と思ってのことだ。あれこれ話し合っているうちに、時折、その男が言いよどむことがあって、どうもその背景に、新聞社という男社会も極めつきの場所で生きる男の、その生き難さがあるように思えた。前々から新聞社という、時代の先端を常にかき集めているような場所が、非常に前近代的な構造になっているらしいと噂には聞いていたが、社会部などというところは中でも鼻面競い合うことにかけては社内随一で、その男の言いよどみの中に競馬うまの悲哀が感じられた。「痛み」を「痛い」と感じる競馬うまの本音がそこにあった。

抑圧する者はされる者、奴隷頭も本来奴隷であるのだから、その「痛み」を「痛い」と感じざるをえないハズなのだ。しかし、七人の敵とやらを持つ男は、いつも油断なく身がまえていなければならない。他の競走馬と鼻面競う中で、己れを明らかにすべく作られた男の歴史性が、男をとり乱させない、い、させない。男に本音を言わせない。男は奴隷頭の本音は持ちえても、奴隷の本音は持ちえないようにされている。

社会の矛盾というものが、その社会を構成する一人ひとりの上にまぎれもなく反映しているということの本質は、唯物弁証法というものが、あたしたち一人ひとりのその存在の中に胎まれるものであることを告げている。男に向けて存在証明すべく作られた己れ自身の、日常的な、実感的な生き難さをたどっていく中で、女は、男が必死に存在証明しようとしている「社会」というものの、そのウソッパチやごまかしを、男が論理で明らかにしていく以上に、まさしくその肉身の痛みを通じて、知っていくことができるという訳なのだ。「男」をもって「社会」となすべく作られた女の歴史性、その「視野の狭さ」を逆手にとるならば、おんなは、身をもってマルクスを解明できる位置にいるのだ。

社会に己れを求めていくように躾《しつ》けられた男は、女が男に抱く幻想とは較べものにならない程の量で、社会に幻想を抱いている。社会というものの、その総体性、抽象性のまえに、女が男を通じて己れを視ていく程には、男は、社会も、己れも、そして女も視えない。社会に対する幻想と己れの視えなさ故に、挫折と絶望は男の必然なのだ。である以上、男もとり乱して当然なのであるが、男の面子がその手足を封じている。〈男らしさ〉の抑圧とは、とり乱させない抑圧であり、面子がもたらす抑圧に他ならない。

「すべての偉大な恋愛のうちには母性愛がある……」。女らしい女たちが、男の力を愛するのは、男の弱さを知っているからである」。社会に幻想を抱き続ける男にとって女とは、なぐさめ手であり、やさしさであり、港で船の帰りを待つ存在なのだ。この〈女らしさ〉の強制が、女をとり乱させない。つまり、女も又、面子を抱えて生きている。この社会は、三食昼寝付きと交換で女をとり乱させない。飼犬は、ご主人サマに向かって、いつも気嫌よく尻尾を振るものと決まっており、それであって頭をなでてもらえるのだ。つまり女の面子は犬並みの面子。子供にも母、夫にも母であらねばならない女の生は、飼犬並みの生なのだ。だから女に「母性愛」を要求する男は、文字通り飼犬に手を嚙まれる、いや寝首を搔かれる——。

あたしが持ち得てないもので、持ちたいもののひとつに、暴力性がある。その存在自体は暴力的かもしれないが、手を振りあげるといった、具体的な、それとわかる暴力性があたしには欠けている。この原因は主要には、父の暴力に対して一方的に屈していた母を見てきたせいではなかろうか。むろん、あたし自身も父の暴力にさらされて来たから、その恐怖がいまだ己れ自身を呪縛しているせいもある。しかし最後に父に殴られた時のこと、「さあ、もっと殴って頂戴、さあ、殴りなさいよ」と開き直って逆に父にかじりついていったことがあった。その時、父がビビったのを見て、父の暴力に対する恐怖は大分薄れたハズだから、やはりあたしから暴力性が奪われている直接の原因は逃げまどうだけだった母にあるのではなかろうか。といって、母は、弱々しいタイプでは決してない。気力において父に優っているのは写真を見較べたって一目瞭然だ。であるにもかかわらず、というあたしの想いの中には、父の暴力に対して母は結局タカをくくっていたのではあるまいか、という推察あってのことだ。

母に対する父の暴力の原因は、反抗する女に対してのそれであった。奴隷に対する奴隷頭のムチという訳だ。「奴隷主は、絶えず奴隷となる限界線上にあり、奴隷は自分自身をして主人となる境界線上に絶えずおく具体的な力を現実に所有している」（アンジェラ・デービィス[1]）。あたしの母は、まさしく具体的な力を現実に所有していた。彼女は、自分に加えられるムチが、頭《かしら》としての面子を失いかけている奴隷頭のそのいらだちに他ならないことを「直感」していた。

「考えてみろ、世間に対して自分の夫のことをあれこれ言う奴がどこにいる」。父の怒りの中には必ず「世間サマ」が割り込んできて、その怒りを物哀しく色どった。いま想えば、父の存在自体が希薄だったのも無理はない。妻を性的に満たすことができず、しかもその妻が、彼の振り上げるムチに対してさえタカをくっていることを知れば、どのようにあがいても残るは空虚感ばかりだ。奴隷頭としての男が、孤独な権力者であることを知ったのは、この父を通じてであった。

世間サマに向けて己れの可能性を求めようとして求められずに空転する父の、その愚かしさに被抑圧者同士の連帯感を感じたのは、あれは母と最も険悪な仲になっていた高校生の頃だっただろうか。しかし父に対するその連帯意識もあれこれ継ぎはぎした上でのことであった。というのは、前にも言ったようにあたし自身父の暴力の被害者だったし、また母の、父に対する辛辣さのその中に、ある真実を見出していたから。生命《いのち》のもつ可能性を封じ込められた者が、その直接の敵を「直感」するが故の抵抗を、あたしは母の中に視てきた。

母は、どのような「らしさ」の枠の中にも、とても収まり切れる人ではなかった。生命のもつ可能性を豊穣《ほうじょう》に感じさせる人であった。その可能性は何よりも、彼女のとり乱しぶりの、その振幅の大きさにこそ表現されていた。とにかく矛盾だらけの人だった。行き違うふたつの本音の間で揺れ動き続けてきた人であった。「不感症」がもたらす、その存在の喪失感が彼女を不安定にした、ということもあろうが、しかし彼女が継母《まま》育ちの長女として、早くから巣立たねばならなかったことがその根底の理由ではなかろうか。

独立独歩という生き方を、彼女は早くから身につけたハズだ。彼女には、己れで己れを作りあげてきた者だけが持ちえる誇りがある。あたしのことで家に私服刑事が来た際、相手をした兄に向って、「お宅のご両親もお気の毒だと、ご近所の方が言ってましたよ」とその私服は同情！めかして言ったそうだ。ちょうどその時よそへ出かけていた母は、後からそれを聞いて地団駄踏んで悔しがった。あたしが居れば！と彼女は言った。いいえ、気の毒がられる理由はなにもありません、それにあんたにも他人サマにもいまだご迷惑かけてる訳じゃないんですから放っといて下さい、と言ってあげたのに！ 彼女の夫は町の「防犯協会」の会長をやっている。（たぶん、いまだその要職？に就いていると思う。）

とにかく母はその生命《いのち》の可能性を、己れ自身で輝かすことのできる人であった。そういう女が「妻らしさ」「母らしさ」の枠に無理やりに封じ込められた時、そこにおいての切り裂かれざまは、我が子、我が夫さえをも己れの地獄に引きずり込まずにはおかない凄絶さを胎むのだ。「善人なおもて往生をとぐ、いわんや悪人おや」の悪人とは、抑圧の風に吹き消されようとする、その生命の可能性に固執し続けることによって燃やし続ける者のことなのだ。母は、あたしにとって悪の象徴であり、また人間の、その可能性の象徴でもあった。

家の本当の実権者が母であることに気づいていたからこそ、あたしは、母のもらすグチに常に嫌悪感を抱いてきたのだし、祖母に惨めな死を迎えさせた、その張本人として母を視てきたのだ。母へのいとおしみは、いつでも憎悪と裏表であった。それは、彼女の生き方を反復するかもしれない者の、その共感と恐怖がもたらすとり乱しとしてあった。

サマーセット・モームの有名な短篇に「雨」というのがある。売春婦を、まともな清い？ 生活に立ち返らせようとした宣教師が、あと一歩で神の御心通りに行くと思えるところまで来て、謎の自殺を遂げる。そしてかの売春婦はといえば、もとのモクアミ、ドンチャカ騒ぎの中で吐き捨てるように言う。男はみんなブタだよ！　売春婦がブタなら宣教師もブタだったということ。このノンフィクションは、女と男の、宿命的ともいうべき対立の、その根源を解き明かす。

第一章の所で述べたと思うが、女は、バカであることによって生かされる生であり、男は、バカであってはならないことによって生かされる生なのだ。つまり、女も男も、本来お前はバカだ、無価値なのだという、なんの根拠も持たない決めつけに脅えて暮すのを宿命づけられてきた生なのだ。しかしだ、バカから脱しようとする方が、バカだと思い込まされた者がバカを演じるよりか、まだしもやりがいのあることとなのだ。男の望む方向に向けて尻尾を振ろう、犬並みの生に殉じようと決意しても、もとより犬ではない女であれば、できるハズのないことをする無理は必ずどこかに膿《うみ》を貯めていく――。

大抵の男は、女に対してバク然とであれ恐怖を抱いている。近くは連合赤軍[2]の永田洋子、そして男の首を求めたサロメ、ナチスの収容所で最も残酷ぶりを発揮したのは女の看守だったという逸話、女の残酷さを証明しようとすればすぐさま品数豊富に取り揃う。

女に恐怖を抱く男たちは、己れの寝首を掻かない女として〈モンローのような女〉をさすらい求める。つまり己れの影として、飼犬として生きてくれる女なら、よもや寝首を掻くまいと錯覚するのだ。生身の女が、影に、犬に徹して生きられるハズもないのに。

政治に口だしする女、理屈を言う女、社会とのかかわりを求める女、女性解放とか男女差別を云々する女は、冴えない、干からびたオールドミスの欲求不満、売れ残りのブス、というイメージがでっち上げられた背景には、まぎれもなく、男の、女に対する恐怖が介在してのことなのだ。

しかし、言うまでもなく〈モンローのような女〉とは実は男の寝首を掻く女の総称なのだ。男に向けて存在証明すべく作られた、その女の歴史性から逃れられる女などいない以上、この世に存在する女という女は、否応もなく男の寝首を掻く女として存在している。それを知らない男は、厚化粧から素顔へ、素顔から厚化粧へと、寝首を掻かない女を求めて、いまだにさまよいを続けている。

男の寝首を掻いてきただけではない。ご主人サマに向けて尻尾をふってきた、そういう風な生き方しか許されなかった女たちは、女の寝首も又掻いてきた。

男が、競走馬として男同士鼻面競い合ってきたのなら、女は駄馬として、鼻息にお白粉の匂いを漂わせて、競い合ってきた。男の呼び声に尻尾を振って飛んで行く〈モンローのような女〉は、まず女の寝首を掻いた上で、おもむろに男の寝首を掻いていくのだ。

男を間にはさんで寝首を狙い合ってきた、女のその歴史性であれば、女同士は親友ができない、という言い伝えも一理ある訳だが、しかし問題は、大部分の女が、なんの疑問ももたずにその言い伝えを信じていることだ。寝首を掻き合うことを「直感」し、そして肯定し合ったところで女の友情は成立してきたのだ。つまりその延長線上で、男の寝首も掻かれるべくして掻かれてきたという訳だ。

主婦とは夫の寝首を掻きつつ暮す女であり、気のきいたことを言い合う男共が、永遠の女性としてあがめる娼婦も又、寝首を掻く女である事実を、先程のモームの小説が伝えている。小説という虚構の世界は時には目には視えない真実まで描きだすものなのだ。

母と父の例の刃物三昧が、あたしをして「出会い」への希求をもたらしたことについては、すでに書いたが、出会いへの希求とは、寝首を搔かない女として、寝首を搔かれない男に出会っていきたい希求に他ならない。あたしのリブは、そういう出会いへの熱烈なラブレターとしてある。だからこそ〈女から女たちへ〉の出会いにあたしは固執するのだ。寝首を搔き合わない女同士との関係性を模索する中でしか寝首を搔かない女としての己れと、あたしは出会えない。

男との出会いを追求する中で、女との出会いを追求するのではダメなのだ。素顔も媚、厚化粧も媚の女の歴史性が女自身の、その背中に貼りついている以上、男とのかかわりの中で媚びない己れ、寝首を搔かない己れを追求しようとしても、空転以外の結果はでてこない。つまり、女はまずもって、己れの背中に貼りついてるその媚びの歴史性から寝首を搔かれる者としているのだ。

〈女から女たちへ〉の道が、〈男から男たちへ〉の道にならない限り、男の寝首を搔く女、女の寝首を搔く女、己れ自身の寝首を搔く女、搔いてきた女としてのその歴史性は、あいかわらずあたしたちを呪縛していくだろう。しかし、男が〈男から男たちへ〉と己れを求めていく日など来るのだろうか。面子を傷つけられた「痛み」以外の「痛み」を持ちえる日が、あるのだろうか。

社会に対して抱く幻想故に、己れに対しても、女に対しても幻想を持ち続ける男が、競走馬も馬のうち、に気づく日がくるのだろうか。あたしの首はひねりっぱなしでもとへ容易にもどらない。

しかし、歴史というものは、もとより不均等発展していくものなのだ。とにかく、このサイコロは振ってみなけりゃわからない。そして、あたしたちは振ってみたのだ！

2 「とり乱し」には「とり乱し」

リブをやり始めてから初めて「とり乱す」ということを自己肯定しえるようになった。人間は愚かさ、弱さ、みっともなさという負の人間性でつながっていく、ということを前に述べたが、それは言ってみれば「とり乱す」ということを通じてつながっていくということなのだ。一人の人間の中には互いに矛盾し合う本音がいくつかあって、それが互いに出たり入ったりするから「とり乱す」のであって、だから本音でものを言うといっても、そもそもそれはことばで表現できるようなものではなく、その時々の本音はその時々の「とり乱し」を通じてしか表現しえないものなのだ。

ことばで言わなきゃ通じないヒトに所詮何を言ったところで通じるものじゃない、と思うあたしがいる。生身の〈ここにいる女〉を表現しようとしたら、存在そのもので、コレがそうだ、というしかないものがある。しかし、そのむかし、「とり乱す」ということはあたしにとって惨めさ以外のものではなかった。自信のない人間はいつも他人《ひと》サマと己れを見較べるものだが、親友の、そのいつも一定した落ちつきざまを見るにつけ、あたしは常に劣等感を深くしていった。

でも今は違う。とり乱しイズビューティフル、これがリブの合い言葉だ。

リブをやっている仲間に、足の悪い人がいて、確か幼い時小児マヒを患ったとか。彼女の落ちつきぶりが、あたしは前から気にかかっていた。いつもよどみのない口調で語るその人は、かつての親友とは違って、「痛み」を「痛い」と感じ、その「痛み」からものごとをとらえ自分のものにしていく人なのだが、しかし、であるからこそ彼女の「とり乱し」の少なさが不思議であった。むろん、あたしみたいにバタバタ見苦しく「とり乱す」だけが「とり乱し」ではないだろう。深く静かに潜行する「とり乱し」があってもいい。しかし、どうもあと一歩、彼女の生命《いのち》の燃焼ぶりが伝わってこない、どこか割引かれたものしか伝わってこないもどかしさがあった。

彼女のうしろについて電車に乗り込むと、車内の何人かがきまって彼女の顔と足を注視する。彼女には身体障害者ということばから普通にイメージされるような暗さがない。ないどころか仏像を思わせるような、穏やかで静謐《せいひつ》な顔立ちの人で、それに加えて年相応の若さが匂う、見ているとこちらまで清々しい思いになるような人である。だから、車内の、彼女の足に気づいた人は、かすかな驚きを顔に表わして、彼女を見る。

その視線は上から下へ来る場合もあるし、下から上に来る場合もある。その視線をまったく気にしない風にトットと行く彼女のうしろで、あたしは、時折身がすくむ。知らず知らずに肩に力を入れている自分を知るのだ。内と外にわたる我が身のみっともなさに、脅え続けてきたあたしからみれば、彼女の自然さ、車内の視線をものともしないその態度は、見事であり驚きであった。洋服の上からでさえ、あのような視線をうけるのだ。それが風呂屋だったらどうだろう。いまだに、風呂屋の鏡に写る己れに若干の脅えをもつあたしであれば、その情景を想像するだけでも、絶句する。

足の悪い女は、この社会が採用している女の序列表からはみだした、いわばできそこないの女であり、そのできそこないの分だけ肩身狭く生きるのが当然とされている。口をぬぐってさえいればその序列表にもぐり込めるあたしの「原体験」と違って、彼女の足は、できそこないの己れをいやでも彼女につきつける。彼女は日々己れの足と真向かうことなしには生きてはいけない。であれば、どこの馬の骨ともわからぬ他人《ひと》サマの視線に、いちいち脅えてなどいられない彼女の事情があるのだ。そう、彼女は知らず知らず己れに勝つ法を体得してきたのだろう。とり乱さないのではなく、とり乱さないよう己れを創ってきたのだ。

それが分かって、なおかつしかしとあたしは思う。しかしこの社会が足の悪い女を石ころ並みに扱い、八等身の女をメノウ並みに奉る以上、足の悪い女が己れ内部の切り裂かれから、完全に解き放たれる訳もない。あたしは彼女の落ちつきの中に、彼女をとり乱させないこの社会の抑圧を逆倒影に、視る。彼女の生き難さをそこに、視る。とり乱しては生きていけない、というそのことこそ、まさしく何よりも、この社会が彼女に加えている抑圧の本質を物語っているではないか。

とり乱させない抑圧は、最も巧妙で質が悪い。その抑圧はヒトとヒトとの間から出会いを取り上げる。あたしが彼女に感じた違和感は、五体揃った女でさえとり乱さざるをえないこの世を、彼女一人がその主体によって超越している違和感なのだ。彼女と出会いたいのに、あたしは彼女を見上げる位置にいる。しかし、見上げるあたしであってはならないのだ。それでは傷痍軍人[3]に対して未だに！という人々と同じ位置〈――序列からはみ出している者を違和感と共に視るという位置〉に自分を置くことになってしまう。

戦前戦後の変わりなく、一貫して五体揃った者だけに光が当る構造ででき上がっているこの社会を問題にすることなく、戦後二十数年経ているのに、あの人たち（傷痍軍人）は未だに憐れみを乞うている、などと平気で言う大人たちをあたしはこの目でたくさんみてきた。生き難さをグチったり、憐れみを乞うたりしているだけではダメなのは当然だが、それを非難する人々は、いったい己れをどこに置いてそれを言うのか。

光の中にいる人間は、その己れを問わずして闇の中にいる人間を裁けない。そして又持ち上げることも。彼女を見上げたくないあたしは、彼女と出会いたいあたし。彼女の落ちつきが、とり乱しの裏返しとしてある時、彼女を見つめる車内の視線に、一人とり乱すあたしは、そのとり乱しを通じて、彼女への想いを伝えているのだ。他人《ひと》サマと本音でかかわりあいたかったら、「とり乱し」と「とり乱し」で出会っていくしかない。

二八になって、あたしは生まれて初めて、ある男に惚れた。コレクティブの仲間と一緒に、その男と海へ行った時のことだ。夕食後、一同打ち揃って浜辺に花火をしに行った。どうした訳か、あたしはその時非常にいらいらしていた。その男に惚れるであろう自分を予感していたあたしは、生まれて初めて、男に対して自分の穢《けが》れを面と向かって伝えねばならない、その憂鬱《ゆううつ》で心重く、また心騒いでいたのだ。当時、あたしは穢れのことを、コレクティブの仲間だけにしか、明らかにしていなかった。

花火も終わりに近づいた頃、あたしはフイと防波堤の上を一人海に向かって歩き始めた。長く突きでた防波堤に打ち寄せる波、それに続く暗い海を視つめつつ、みんなの呼び止める声に振り返るでもなくあたしは歩いて行った。特別になに想うということもなかったが、なぜか一人になりたかった――。

その男は、あたしが消えてから、落とし穴を一人セッセと掘った。あとから聞いたらば、なにがなんでもこの穴に落としてやろうと思いつめて、必死で掘ったのだという。見事あたしは落とされた。

その男の謀略を知った時、その男に惚れている自分がいた。

想えば、今までかかわった何人かの男は、あたしがとり乱すような場合、それに全然気づかないか、尻尾ふりつつ「どうしたの?」と聞いてくるか、頭をかかえ込むかのどれかしらだった。とり乱すあたしに、まっとうにとり乱してくれたのは、その男だけだった。ことばを変えていえば、あたしの激しさに見合う激しさでとり乱してくれたのは、その男だけだった。

しかし、それ以後のかかわりの中でもあたしはその男に自分の秘密を口にしえなかった。だから、いつもどこかに脅える自分がいた。ある夜、もうろうとしている意識の中で、「美津さんをきれいにしてあげたい」と口ばしった男の声を聞いた。あたしはギクッとした。反射的に、このままのあたしでいいです、放っといて下さい! と叫びそうになった。叫ばなかったのは、屈辱の深さで声にならなかっただけの話――。きれいに、というその男のことばは、あらゆる角度からみてきれいじゃないあたし自身を浮彫りにしていった。

自分の中に、もし美しい部分があるとしたら、それは、とり乱しざま以外のものではなかった。汚辱の中に打ちのめされつつも、それでも生きたい、生きようとしてきた、その精一杯の生命《いのち》が、ぶざまにとり乱すその中にいつも胎まれてきたハズだから。

ありのままのあたし、ブザマでみっともないあたしこそ、あたしには大切だった。已れ一人の闇でさえ担い難いのがこの世であれば、とかくヒトは、他人サマの闇から目をそむけられたらそむけていたいものだ。しかし、出会っていくということは、なぐさめるのでも、抱きかかえるのでもなく、互いに共有しえない闇の、その共有しえないということの重さを共有していくことなのだ。

その男のひとことを夢うつつに聞いてから、あたしはなおのこと秘密を口にしえなくなった。そして、その男とのかかわりはあたしにとって「いま現在」をもって全てになっていった。つまり、明日には美しくなりようのない自分が、バレてしまうのではないかという想いで、あたしは祈るような気持で「いま現在」にしがみついていたのだった。

あたしの中に自虐の芽が育っていった。ホステスをしてみよう、と思い立ったのもちょうどその頃。他人サマが蔑視のまなざし露わに寄せるところこそ、あたしの居場所にふさわしかった。むろん、喰いっぱぐれたら水商売、という心がいつもどっかにひっかかっている己れの、そのゴーマンさの正体見極めてやる、の貪婪《どんらん》さあってのことであったが——。

その男の心に、そのようなあたしの模索がどう映るか、気にしない訳ではなかった。しかし、喰いっぱぐれたら水商売、のゴーマンさは他の女に対する自分の優越感とどこかでつながっているように思えて、そういう自分である以上、あたしはその男に〈選ばれた女〉としての己れを意識せざるをえなかった。

ある日、パネラーの一人として呼ばれ、竹中労(4)さんと共に壇上に座ったことがあった。詳しくは覚えていないが、そこで竹中さんが、日本の中産階級の女と韓国の娼婦を対比させつつ、日本の女の、まあ言ってみれば生きざまの軽さみたいなことを詰《な》じった。それに対し、会場に居たリブの女たちが、自分をどこにおいてそれを言うのかと彼に迫った。確かにその女たちは、あたしが聞いても非論理であった。しかし、あたしにはその女たちが、己れの存在をもって語ろうとしている、その声にならない声が聞えていた。「女・子供の言うことには耳をかさぬ」。竹中労さんがそう言い放った時、彼のことばに迎合してまき起った嘲笑を聞きつつ、あたしは身が震えた。竹中労さんの横に座っている自分が恥ずかしかった。

「女・子供」という言い方で女たちがその存在自体を否定された時、このあたしは、たとえあくまで否定的な評価であれ、評価の対象になりうる存在として、壇上に居たのだ！　いま痛い人間に、落ちついて、わかりやすく、論理的に語れ、ということは、支配する者の言い草以外の何ものでもない。長い間、ことばを奪われてきた者が、己れを表現しようとする時、ことばからこぼれ落ちてしまうものをもって表現しようとすることば以外には持ちえない。それは、存在自体が語ることばなのだ。

もとよりコミュニケーションとは、存在と存在が語り合う以外のものではない。口からでることばとは、そのコミュニケートを手助けする役割りに留まるのだ。

しかし、ざっと見回しても、この世はなんとことば信奉主義者の多いことよ。ことばをあてにしてコミュニケートしようとする人々は、鈍化したその肉体をことばによってカバーしようとしているのだ。男の、整理のゆきとどいたそのひきだしから飛びだしてくることばとは、生命を失ったことばであり、啓蒙のことばであり、支配の側に身を寄せたことばなのだ。近代合理主義は、ことばと肉体を分離し、肉体から狂気を追い出した。である以上女のとり乱しは、とり乱しをもって語ろうとすることばとは肉体の復権であり、狂気の復権以外のものではない。

男は、ことばをもって狂気を語り、女は、その存在をもって狂気を語る。とり乱しこそ、女の最も美しい武器であり、それは女の魂そのものだ。被抑圧者が、鋭敏に敵か味方かをかぎ分けるその秘密は、己れのとり乱しを否定するか肯定するか、己れの存在をもって相手の喉元《のど》に突きつけているからに他ならない。

「竹中さん、あなたはその大きな声で女たちを圧するが、自分が大きな声で語れるという中に、男の歴史性を感じませんか?」そのあたしの発言は再び会場の嘲笑を呼んだ。「いま笑った人々は、あたりを見回してみなさい、こんな『止揚と拡散』などというバカげた題の討論会に来ている者の、その大部分は男じゃないか。女の参加者がなに故こうも少ないか、あんたたちは考えたことがあるのか」。一瞬、あたりが静まった。これ以上の長居は無用だった。わかってもらおうと思うは乞食の心。誰よりも己れ自身につぶやいて、あたしは席をたったのであった——。

その頃、あたしは今よりかもっといやらしい女であった。誰よりも自分自身がいいかげんなのに、それを、女はやっぱりダメだという想いに包んでしまって、自分のいいかげんさに目を塞ごうとし、しかし、自分自身をだませる訳もなく、ともすればコレクティブの仲間たちの、あれやこれやが気に入らず、腹を立ててるあたしであった。煎じつめれば己れ自身に腹立ってる以外のものではないのに、あくまでも自分を棚にあげたがっていたあたしであった。そういう己れといやでも真向かわざるをえなかったきっかけが、その竹中労さんとの一件だった。

まっ先に問われなければならないのは、いつも己れ、己れのいいかげんさ。〈選ばれない女〉としての過去故に、リブはあたしにとって大手をふって自分のダメさ加減を肯定しえる運動であったが、竹中労さんと共にその時壇上にいたあたしは、すでに自己肯定だけで居直れる者としてはいなかった。自分のなかの、なにを否定したらいいのかわからないままに、あたしはとにかく外側から自分を追いつめてみようと思った。もっともっといやでもとり乱さざるをえない状況に己れを置いてみたかった。

あたしはホステスを始めた。——あたしと関わる男のそのとり乱しも、慣れぬホステス稼業の中で満身創痍に苦しむあたしと共に深まっていった。二人の仲は、ピンとはったたこ糸さながらの、一触即発の状態をたどっていった。

新宿で拾った氷を／銀座まで蹴とばし蹴とばし行った男の話／氷はしまいには／地面に吸い込まれて／消えてなくなったとサ／ケラケラ笑って笑ったあとが／妙に哀しくいとおしく／男を抱きしめに走ったあたしは……／一緒に／消えた氷を蹴ろうというのか？

これは、これでも詩のつもりで、その当時書いものである。待合わせした時間を勝手にまちがえて、二時間近くあたしを待った末に、落ちていた氷を、その男は銀座まで携《たずさ》えて行ったのであった。「電車に乗る時と階段を上る時だけ手を使ったけど、あとはズーッと足で蹴とばして行ったんだよ」。目を輝かしてそれを告げる男をみつめつつ、最初のひと蹴りにこめられた、その男のとり乱しぶりを想って、あたしは胸をつまらせた。

なにも自分がそれだけ深く思われているとかいう思い上がりで、胸をつまらせた訳ではない。ことばの量を多くしても、抱きしめる腕の力を強めても、埋めることのできない亀裂、女と男の歴史性の違いとしか言いようのないものがあって、同じことを語り合ってるつもりでも、まったく別々のことを壁に向かってそれぞれが、独白しているのではないかと想える日々——。しかし、あたしはその男とどうしても出会いたかった。これだけお互い同士作られてきてしまっているのだから、出会いたいなどという一念そのものが、思い上がり以外の何物でもないのだろう。しかしあれこれ想い惑いつつも、あたしはやはり出会いへの希求を捨てきれなかった。

その男の口から「絶望」ということばを聞いた。あたしをあたり前?! の生活に組み込もうとしていた己れ自身に向けた、それは表現だったらしいが、自虐的なあたしの志向性は、すぐにそのことばと自分を結びつけてしまった。なにが、どう絶望なのか、互いにとり乱しのひどかった当時はお互い同士ハッキリしないままに、しかし、もとよりあたしは「絶望」であった。そのことばはあたしの中で振幅を強めていった。

しかしあたしは、幕を下ろしたくなかった。自分を絶望だと思ったら、本当に全ては絶望になってしまう。下りつつある幕をどうにか下ろすまいとして、あたしは、そのことに固執しないんだ、男なんてどうでもいいんだ、と自分に言い聞かせた。幕の下りてくる速度を少しでもくい止めようとしたのだ。

しかし、最も固執している事柄を意識的に心から取り除いたら、それは第一に自分への固執をやめることになってしまう。あたしは物を食べなくなった。食べられなくなったのだ。むかしからそうだが、感情の動きと食欲は、あたしに於てはいつもピッタリ比例していて、心が空洞になってくれば、栄養を補給しようとする意欲もとだえるのであった。自分を思いっきり残酷に蹴とばしたいような気持は、その蹴とばし方のひとつとして、お前みたいな無価値な奴は、ものなんて食べなくたっていいのだと、無意識の部分であたしに命じるのであった。喫茶店のモーニング・サービス並みの一食を、朝口にするだけで、一日中胃が重かった。そんな日が四カ月近く続いて、あたしの目は、段々ものが視えなくなっていった――。

確かヴァン・デル・ポストの「狩猟民の心」の中にでてくる話だと思う。ある町に道化がいて、彼は常に一所懸命道化を演じたが、しかし、演じたあとは虚ろな想いに襲われた。ある日、マリアの銅像の前に来て、あたりに人影もないのに、なんとなく道化をひと通り演じてしまった。お祈りをしに来たハズなのに、自分自身なぜそんなコトをやり始めたのかわからない。ただ、やり終わってからドッと哀しみが押し寄せて、彼は思わずマリアを仰ぎ見た。マリアの目からひとすじの涙がこぼれ落ちた。そして彼が見上げているのを知って、その顔は微笑へと変わっていった――。

女と男というのは、道化とマリアを交互に演じるしかないのではあるまいか。読み終わってまず思ったのはそのことであった。いや女と女とだってそうなのだ。関係性を胎むといったところで、うたたねの肩に毛布一枚かけてやり、病気の枕元にミカンのひと袋も置いてあげる位のことしか、他人《ひと》サマにやってあげられないあたしたちではないか。そんなことしかできず、そんなことすら往々にできないあたししたちなのだ。

自分の尻尾を噛もうとすることで精一杯のその目には、他人サマのことなどなかなか映りゃしない。自分の空転ぶりがひどく惨めに思える時は、またひどく残酷な気分にもなるもので、毛布をかけてやるどころか、気持よさそうに眠っている人の毛布をひっぺ返したい位の時さえある。大抵の場合、道化に対しては道化、とり乱しに対してはとり乱す以外のことはできない。といって共に道化て、共にマリアになれる訳でもない。いつまでたっても、どこまでいっても道化、道化のくり返し。

マリアと道化の出会いは、祈りの中にしかなかった。あきらめようとしても、あきらめられるハズのない、出会いへの、その祈りの中にしかないのだった。

無気力、無関心の状態が長く続いた。やらねばならないことが山積みで、しかも今はやれないこちらの事情があった。そういう状態もドン詰まりまで来て、これ以上不渡りを出したら夜逃げをするしかないと思いつめたある日、その男に今まで秘していたことの一切を話した。

「死ぬなよ」。その男のことばに、あたしは微笑む自分を感じた。あたしは生きようとしているのです。閉め切っていた部屋に初めて風を入れて、あたしは、今、生きようとしているのです。その日から、なにがなんでも喰ってやるゾと肩怒らせたあたしがいた。

マンガ週刊誌の中に、絶望しては、ラーメンライスをモリモリかっ込む男の話がでてくるが、「美津さん、ラーメンライスみたい」と、コレクティブの仲間がケラケラ笑った。どう考えても物語のヒロインという柄ではなく、精々《せいぜい》登場してマンガ週刊誌がいいところ。あたしも一緒になってケラケラ笑った。延ばし延ばしにしていたこの本を書き始めたのは、その直後であった。

四　子殺しの女とリブ

1　王様は裸だ！

いいえ、それはちがいます。
私はただ、他人《ひと》の肉を食べた者か、他人に食べられてしまった者に、裁かれたいと申上げているだけです。

（武田泰淳『ひかりごけ』より）

あれはいくつ位の時だったか、とにかく八歳以降のできごとであったことにはまちがいない。当時、隣の家は駄菓子屋をしていた一家が住んでいて、あたしより一歳位下の男の子と、三、四歳は下だったと思える女の子の、二人の兄妹が居た。いまでもうっすら顔形を憶えている。二人とも母親似の、クリクリした黒目がちの目をもっていた。

初夏の頃であった。あたしの家の中庭にあったポンプ式の井戸のまわりで、あたしたち三人は氷屋さんごっこをしていた。サイダーやラムネの瓶、欠けたお茶わんなどに、水を汲み替えて遊んでいたのだ。早目に咲き始めた朝顔をしぼって、その汁で水に色をつけていたのかもしれない。なにごともなく仲よく遊んでいた、その最中、まったく突然、あたしはある企《たくら》みを思いついた。この兄妹に、井戸水を腹いっぱい飲ませてしまおう。あした、お腹がピーピーになったらおもしろい。

最初は、フッとよぎった単なるイタズラ心だったかもしれない。しかし、幼い心にとりついた暗い情念は、みるみるうちに膨《ふく》らんで、一人の子供を悪の化身に仕立てあげた。あたしは、ことば巧みにその兄妹に水をすすめた。ホラ、もっと飲ませろ、もっと飲め、飲め、飲むんだ！　体の奥の方から、あたしをけしかける声が聞えてた。一杯でも多く飲ませてやれ、その一念以外には一切が吹き飛んだ。「もういいよ」。兄の方が弱々しい笑顔で言った。陰微な喜びがあたしの身内《みうち》を突き抜けた。さらに水を飲ませた。首ねっこをつかまえて、口をこじあけてでも飲ませたかった。お腹を指で押さえると、口から水がこぼれる位飲ませて、あたしはその兄妹を釈放した。

次の日、兄妹の母親が来て、下の方の子がひどい下痢を起こしているとあたしの母親に告げた。話しながら彼女は遠慮がちにあたしを盗み見た。言いつけられるもんなら言いつけてごらん。自分の罪が露見するなどとは、あたしは露ほども思わなかった。その親子の気の弱さを見越しての、それは悪事だった。我を忘れたような一時《いっとき》であったが、あたしの生贄《いけにえ》を選ぶ目は確かであった。遂に悪事はバレなかった。ざまあみろという想いの中でわずかに残っていた後めたさが吹き飛んだ——。

記憶に残る悪事はもう一件ある。まだ青い梅の実を誰かに食べさせた思い出である。むろん、自分は食べなかった。その結果がどうなったかは憶えていない。

むかし、「悪い種子」という映画があった。ご先祖サマが代々の悪人で、その血を受けついだ幼な子が殺人を次々と犯していく話である。しかし、それ程の大悪事に至らない、ほんのでき心程度の悪事なら、ひとつふたつその思い出を秘している人はザラだろう。しかし、本来「理由なき反抗」などというものはある訳ない。でき心にも依って来たる由縁がある。

あたしの場合は、もう言うまでもなく、「八歳の異邦人」として、心の荒野をさまよっていた、そのことに根をもつでき心に他ならない。惨めさに打ちひしがれた心は、ともすれば己れの地獄に、他人サマまでをも引きずり込みたい衝動にかられるものなのだ。大人も小人もその心理に変わりはない。幼いある日、心に宿った暗い情念の、その延長線上で、あたしは子殺しの女と出会う。

昭和四十六年四月二五日　細田洋子（母子四人、母子寮で生活）――離婚後、夫がひきとっていた子供を手元にひきとったが、なつかない長男（四歳）が部屋で小便したことでセッカンしているうちにグッタリした。

四十六年四月二五日　青木かよ子（二一歳主婦）――身体が弱くよく泣く長男（一カ月）が、近所にも迷惑がかかり、もう死んでもいいと思い、ビニール袋をかぶせて、買物に出た。

四十六年四月二七日　片岡とき子（主婦）――離婚に子供がいては、別れ話もできず、次女（二カ月）をしめ殺し、長女（一歳）は笑顔をみているうちに殺せなくなり、殺した次女を抱いて病院に行った。

女の子殺しが増えている。おととし（一九七〇年）だけでも四百件近く。昨年初めまでは、毎日の新聞をちょっと気をつけて見てれば、一週間に数回、子殺しの記事を目にすることも珍しくなかったし、この頃あまり新聞に出なくなったということは、事件が日常化したということではないのか。政府は来年から、一歳から三歳までの子を持つ若い母親に向けて、育児のためのあれこれを指導しようと、一億一千万円の予算を計上した。あのヒトたちはムダなところに金出すヒトたちじゃないから、頻発《ひんぱつ》する子殺し対策に向けてのそれであることは言うまでもない。

子殺しは、東京ならば足立、葛飾、荒川など地震や浸水の被害の多いところで多発しており、杉並や文京などの区名は見当らない。そして、そのほとんどがアパート暮しで、子殺しの頻発が、「偶然」ではありえない事実を告げている。また三〇歳前半までの女は子を殺し、自分は生き残る。それより年を重ねた女は、心中という手段をとっている。

私たちは地裁や検察庁でここ二、三年にわたるかなりの子殺しを調べてみたが、いわゆる核家族の中では子殺しが多発しており、日常的に姑、小姓、その他の血縁関係を強く意識せざるをえない位置におかれた女は心中を選んでいる。

生きたい、生きたい、生きたい女が、子供を殺させられちゃった。昨年だけでも四百件近く起きたんだ子殺しが！（それは女の闇の歴史）ヒステリー女の、遊び好き女の、残酷な「犯罪」だって？　バカ言っちゃあいけないよ。あれは打ちどころが悪かっただけさ。かわいい我が子が殺してやりたい程、憎くて、憎くてたまらなくなる瞬間が、あんた、善人面したあんたよ、インテリさんよ、わかるかい。結婚こそ女のしあわせ……子供こそ女の生きがい……呪い、女にかけられた呪いのことば。

ヒンヤリした汚い四帖半、くたびれた夫と薄い月給袋、にごった空、走る凶器、値上りの波。

生きたいんだヨォ、生きたいんだヨォ。

子殺しについて「子供の命は子供のもの、社会のもの。子供の生きる権利を親が奪ってしまうのは親権乱用です」と評論家が眉をひそめる。なに言ってんだ！　女は子供を私有化したくてしてるんじゃない。育児を唯一、女の生きがいとさせられる構造の中で、女は子と共に切り裂かれていくんじゃないか。母性の神話、母の日のウソッパチを赤裸に知っているのは、実は、妻として、母として、強固に自らを秩序化しているその本人たちだ。空しさから自らを解き放つ志向を奪われている時、その空しさに自らを徹底させるしかないではないか！　生きていない飢餓感をごまかしきれないからこそ、女は子供に全てを賭けていくのだ。

しかし、「家」が企業のための労働力再生産を奴隷（女）と奴隷頭（男）が担う場所としてある以上、子供に全てを賭けていく（賭けさせられていく）ことの果てが無でしかないことを「直感」した時、女は自らを怨念の炎と化す。自らの〈生〉を生ききらせない最も手近な矛盾物を凝視する。……女は、子供の首に手をかける！

季珍宇[1]の時も金嬉老の時も永山則夫の時もそうだった。そして子殺しの女の時も。新聞はいつも同じだ。犯罪――それは悪い環境の中で育ったヒネクレ者、精神異常者、遊び好きな奴が犯すもの。

「さあ、もう悪い人はつかまりましたからネ。安心して市民生活を営みましょう。善人のみなさん、隊列を整えて、まっすぐ前を向いてェー、オイチニー、オイチニー」

これは、子殺しの女について昨年出したビラからの抜萃だ。大分古い話になるが、リブ合宿をやった際、女の記者以外は庭先よりこちらには入れないけど、という条件付きであたしたちは各新聞社、雑誌社から一万円を没収した。

その時の、マスコミの反応は実におもしろかった。大部分は、金をとったのに取材制限をした、という怒りであった。ああ、取材というのは金で買えるものなのか。金を出せばなんでも買える世の中だもんね、なる程。その中で、『朝日新聞』だけはちょっと違った。金銭関係が間に入るようでは、公正な記事が書けない、と「取材」に来た彼女は怒った。ちゃんちゃらおかしいよ。今さら公正な取材、公正な記事だなんて。新聞は「中立」でさえ、あったためしがないじゃないか！　もっとも、この世を視るのに「中立」という概念は、もとより存在しないが。

「犯罪」にもいろいろあるから全てそうだとは言い切れないが、しかしその名で呼ばれるものの行為のほとんどは、いま痛い人間が、そのとり乱しぶりを極限の形で表現したものに他ならない。逆にいえば、この世においては、とり乱すことは悪なのだ。なぜならば、とり乱しの中にこそこの世に生きる人間存在の、その本質が秘められているから。それが視えてしまうということは、王様が裸であることを、人々が知ってしまうということ、この社会のカラクリの、そのウソッパチがむきだしになってしまうことを、それは意味する。犯罪者は、人を殺したことによって裁かれるのではない。とり乱した罪によって裁かれるのだ。

とり乱すということが、この世に生きる人間存在の本質そのものである時、「中立」の立場でそれを論じることは何人《なんぴと》もなしえない。この世において、とり乱しと無縁で生きている人間とは、権力と富を一手に収めて、ふんぞり返ってあたりを睥睨《へいげい》している人間だけだ。大邸宅に住み、妾の膝枕で憩いつつ、四帖半にもしあわせがある、などと鉄面皮《てつめんぴ》に高言できる人間だけだ。

それなのに、例えば子殺しの女を報じる新聞を見よ。遊び好き、無責任、残虐非道、ヒステリー etc. 子殺しの女の、そのとり乱しぶりに対して、新聞はこれらの常套句をおっかぶせる。

かつて「連続射殺魔」永山則夫が逮捕された時、あたしは「永山則夫はあたしだ」と直感した。新聞が、彼をどのように極悪犯人扱いしようとも、あたしは自分の「直感」こそ真実だと思った。それは金輪際ゆずれない一線であった。あたしが、人間として生きるか、獣の皮をかぶって生きるかの、それは分かれ道だった。

それまで、あたしは漠然とであるが、新聞は正義であり、中立であり、公正であると信じていた。新聞自身が、己れを讃える標語の中でそう言っていたし、「新聞に出ていた」ということと、「それは真実だ」ということは、同義語として世間サマに通用していたから、初心《うぶ》なあたしはてっきりそうなんだろうと信じていたのだ。しかし、永山則夫の「犯罪」を伝える新聞を見て、あたしは悟った。「中立」とは、敵に寝返った裏切り者の名称に他ならない、と。

四帖半ひと間の犬小屋に、犬並みに押し込められ、とり乱すべくしてとり乱していく人々、どんなに犬並に扱われても、やはり人間として生きたい心を押え切れない人々、その人々を、とり乱さないように、とり乱させない者の側から裁く新聞が、正義だなんて、公正だなんて、よくも言えたものだ。

それ以来あたしは報道の大部分を信用しなくなった。新聞だけではない。とり乱した人間を、とり乱さない己れをもって裁こうとする、すべての人々をあたしは信用しなくなった。永山則夫に対しては、あれこれ物書く評論家センセイ方が、子殺しの女に対しては沈黙を守っていらっしゃる、そのウソッパチに対する怒りこそ、あたしにとって、「なぜリブなのか」の答えの全てだ！

　むろん評論家センセイ方を問題にしているのではない。「女・子供」をどうとらえるかは、その人間の、反権力意識がどの程度ごまかしのないものであるかを視る、最も正確な物指しなのだ。希望の象徴としての子供、やさしさの象徴としての母親、というそのたてまえは、裸の王様を、人々の目から裸だとは思わせないカラクリの、その最前線を受け持つ幻想なのだから。

　男にとって、〈ここにいる女〉とは母親だけであり、その母親が、よもや自分を殺したかもしれないなどとは、男は想像すらできないでいるのだ。しかも、そういう男たちが永田洋子を嘲り、裁こうとする！

　永山則夫の「犯罪」で、あたしは光の側から闇の側の人間を裁くをもって「正義」とする、新聞のそのウソッパチを知った。そして、子殺しの女によって、その新聞が、男の視点で正義をデッチ上げる場であることを知った。

　リブ合宿の際、「朝日」は遂に値切り倒して五千円だけ払った。残りの五千円で、「朝日」は、「中立」を、「公正」を、「正義」を買い戻したという訳だ。さすが「大」の字がつく「朝日」さんだ、金の使い方を心得ているではないか！

　その時取材にきた「朝日」の婦人記者は、会場でこのような発言をした。「あたしは、他の取材に取り組んでいたのに、リブ合宿が男の記者を締め出したために、その取材から引き離されて、ここに来ねばならなかった。女の記者しか入れないということは、女の記者から、「選択権」を奪うことになる」。

選択権？　あたしは驚いた。女だから、という理由で、取り組んでいた取材から引き離されるということは、とりもなおさず、新聞社における、女の記者の絶対的不足をこそ物語る事実なのだ。その事実は、記者であってもあくまでも婦人記者としてしか存在できない、という事実につながってあるものだ。そのことを屈辱として感じずに、男の記者も入れよ、という結論を導きだすことによって、彼女は、男社会に寝返った女として、自らを卑しめる。『朝日新聞』に載ったリブ合宿の記事を見て、ある人が、あたしにたずねた。「あの記事は、男の記者が書いたんでしょ？」中立公平に記事を書くとは男も女も関係ないこと、一人の記者として書くことだというタテマエ。しかし、その「一人の記者」のモデルは男だ。

新聞社に勤める女が、全て、男に寝返った女だとは、勿論思わない。子殺しの女が、あのような書かれ方の中に葬り去られていく、その「痛み」を共有する中で、子殺しの「罪」をいまだ犯さない女たちの模索が始められねばならない。あたしの言いたいことはそのことだ。「なぜウーマン・リブなのか」という問いは、ウーマン・リブを運動としてやっているかどうかの別なく、あらゆる女の生き方を問うものとして、迫っていく。

「ウーマン・リブの敵は女じゃないですか？」そんな風に言ってくる男がいる。確かに、〈女であること〉に屈辱を感じないで生きられる女、とり乱しとは無縁に生きられる女は、女であっても、男社会に寝返った、それは敵に他ならない。子殺しの女について、沈黙を守る女は、敵だ。己れを中立の立場に置いて、「ウーマンリブの方達」となめらかに呼びかけてくる女は、敵だ。しかし、男が、その女たちを敵呼ばわりすることを、あたしは許さない。男が、永田洋子を裁くのを許さないのと同じ意味において、あたしはそれを許さない。

男社会に寝返った女とは、あくまでも味方の中の敵である。とり乱さない、のではなくとり乱させないカラクリがある以上、味方を売るような女であっても、その女を敵に売ってはならない。それが、リブ魂というものであり、女の仁義なのだ。

先日、「未婚の母と子殺しの女」をテーマにティーチ・インを開いた。問題提起者として桐島洋子さんに来ていただいた。準備の段階で彼女に会った時、強迫観念なんて持ったことないと言われ、なんにでも感嘆するあたしは、ビックリマーク三つ分位は、たっぷり感嘆した。強迫観念がない、ということは自己嫌悪したこともないということかしら。空気と共に強迫観念を吸って生きるあたしは、彼女が二本足を持って歩いていることさえ不思議な程であった。だからこの世は捨て難い。珍しい生きものと知り合える喜びで、ワクワクしてきたあたしであった。

しかし、ティーチ・インは、あまりいいカンジにならなかった。そのテーマに対する彼女の関心のあり方が、主催者側たるあたしたちと、かみ合うハズもないことは百も承知で来てもらったのだが、コミュニケートとは存在と存在がわたり合うことであり、集会を開く意味はそこにあると固く信じ込んでいるあたしたちは、ついつい彼女にいらだってしまったのだった。あたしたちが犯したないものねだりの愚かさが、そのティーチ・インの失敗を招いた主なる理由であった。これなら会う程のこともなかった、という本音を抑えようとして抑え切れなかったのだ。

桐島さんの話そのものには、別に異議はなかった。その趣旨はおおよそこんなところだったろうか。自分は未婚の母として騒がれているが、女はできるなら子供を持たない方がいい。やりがいのある仕事について、経済力を確立し、己れ一人の生活を充実させる方に自分は賛成する。子供を持つとどうしても足をひっぱられるから。魅力ある友人も子を持ったとたんつまらない女になっていった例は自分の身近にたくさんある。

問題はその充実した生活とやらだった。彼女の言う、充実した生活というのは、どうもイメージするところ、それなりにこの社会に認められ、それによって得る収入でプレタポルテを着て、マンションに住んで、気の合った友だちを招いて楽しくやる、ということに尽きるらしい。なぁーんだ、つまらない。そう想ったのがつまずきの最初であった。なぜつまらないかと言えば、彼女の言うような「充実した生活」をその昔夢見て、追っかけて、追っかけてる最中に、そんな充実じゃどうしようもないんだということがだんだんわかってきて、また再度サイコロ振り直してリブに出会ったという過程をあたしたちは皆、持っているからだ。

ウーマン・パワーになることもできず、かといって花嫁修業に徹底することもできず、何でも中途半端で、ダメだ、ダメだと言われ続け、自分でも、ダメだと思い込んできたダメな女は、女を生かせない、生かさないこの体制の中では、オロオロするしか術を知らなくて当然だったんだ。それであたり前の女じゃないか！　という思いの中で、あたしはリブを始めた。

（くらたようこ記　ビラ「あたり前の女から……」抜萃）

女が一人で生きるのを阻《はば》む、いわゆる「弱さ」と言われるものは様々である。自分の人生における重要な選択を、一人ではできぬ「弱さ」、すぐに誰か（夫や、頼りに思う男たちの）助けを求めてしまう「弱さ」、他人の非難がましい態度に自分にとっての真実を主張しきれぬ「弱さ」、生理の日には特に著しくなる感情の激しい起伏、そしてそれら情緒や意識面の「弱さ」の原因であり、結果である労働力として、社会人としての劣等、そのための経済的不利。でも私は思う。それらを簡単に〝女の弱点〟とかたづけて、一人ひとりに個人の主体性と、その質だけをもって「強く生きる女になれ！」などと言うのは間違いだ、と。男文化の基準から判断される女の劣等性はひっくり返せばそのまま、女の可能性ではないのか。男が夢中になれる出世だの、エリートコースだのに命がけになれないことも、非能率的で、非生産的であることとさえも。個人の才能とガンバリにおいて他者より強く勝ち残らねばならず、そのためには非生産的な弱者を切り捨てて進歩発展する男文化の中で、そんな風な強者になり得なかったことを、女の可能性としてみたいのだ。

だからこそ私達は、不きっちょを、はみだしを肯定したい。はみ出しても生きたい。孤独をおそれぬから一人で生きるのでもなく、男と互角に稼げるから未婚の母になるのでもなく、男に女に出会いいたいから、女の可能性をすり減らしたくないから、たいした才覚のない私達でも、一人で生きることを可能にしたいのだ。

（米津知子記ビラ「女が一人で生きてゆくために」抜萃）

男に生まれたことを肯定する男はあまた居るが、女に生まれたことを肯定しえる女は非常に少ない。むろん、男は面子の生きものだから、男に生まれて損したという本音をたとえ持っても、それを口にしないのかもしれないが、女にだって面子はあるんであって、〈女であること〉を肯定しえないというのは、いかにもモテてないようで、できれば言いたくないことなのだ。にもかかわらず、調査に依れば、三人に一人の女は、〈女であること〉をうとましく思っているのだ。

強がりや面子で〈女であること〉を肯定している女を考慮すれば、女から逃げたい女は圧倒的な数にのぼる。女は日々、「ゲルマン民族の大移動」をくり返しているのだ。むかし、「逃亡者」という題名のテレビ番組があったが、この世の女という女のほとんどは、己れからの逃亡者に他ならない。リブをやってる女だけが要領が悪い訳では決してないのだ。「逃亡者」にとって、やりがいのある仕事などあるのだろうか。

確かに、子供を持とうと持つまいと、経済的に自立していくことは大切だ。金が乏しくなると、イマジネーションさえ先細りになっていくようなかんじが、いくらナンセンスだと我が身を叱ってもあるあたしたちだもの。まして、子供は金喰い虫、未婚の母を生き方として選択するなら、経済的基盤がまずもって問題だろう。三人の子の母である桐島さんの、女はできるなら子を産まない方がいい、という主張は、未婚の母として生き抜いてきた彼女の、その苦闘が言わしめることばとして、あたしたちは受けとめる。でもやはり、しかしなのだ。なにか、どこかがおかしい。

ホステスしていた時、同じホステス仲間の中にいつも貧乏くじを引いているような女がいた。いわゆる「気のいい女」というやつで、自分の生き難さの中に、他の女の生き難さまで引き受けてしまうようなタイプで、身不相応な荷物をしょい込んでいつもオロオロしていた。やさしい心は出世のさまたげ、弱肉強食のこの世であれば、死肉でも喰らう奴だけが、いい目を見ていくのだ。桐島さんの言う「充実した生活」の影に、無数の気のいい女たちのさまよいが、傷跡が視える。血みどろの闘いをしてきたという彼女の、その血みどろぶりは、己れの血をもってか、それとも他人の寝首を掻いたその血をもってか！　要領の悪い、気のいい女は、要領のいい、スマートな女の中に、殺されてきた己れを、己れの母を視るのだ。直感するのだ。

体から涌き上がってくる、なにかおかしいの想いが、所詮ないものねだりと知りつつも、あたしたちをして彼女に迫らせた。「リブの方たちのことばは難しすぎて、よくわからない。あたしはテレビで話す時は、わかりやすく、わかりやすくを心がけています」。それが彼女の答えだった。あぁ、またわかりやすく、わかりやすくが出てきた。呪いのことば。彼女との間にことば論争が始まった。

「ことばの問題で論じなきゃならないなんてバカバカしい」。桐島さんのつぶやきが聞えてきた。そりゃそうだ、ことばの問題をことばの問題として論じるならば。しかし、テレビを見ている主婦、一般の女には、そんなことばわかりませんよ、低次元（と彼女は言ったのだ）の女たちには、教育が必要なんだから、というような視点で、あたしたちの「わかりにくいことば」を批判されても、ハァ、自己批判します、という訳にはいかないよ。そりゃもう、ことばの問題じゃなくて、人間をどうとらえるかの問題だし、生き方の問題だもの。モーニングショウに、視聴者代表として得々と発言する〝良識派〟主婦ばかり相手にしてたら、「低次元」と言いたくなる気持もわからぬでもないが、わかりやすさ、わかりやすさを強調する彼女を見ていると、どうもあたしたちもその「低次元」とやらに属しているらしいのだ。

あぁ、そうか。あたしは遅ればせながらに気がついた。自分以外の女を「低次元」だと思っている人間ならば、強迫観念に脅かされる訳もないハズだ。そして、彼女の言うやりがいのある仕事とは、テレビを通じてわかりやすく、バカな女たちに、女の生き方を教えてあげることだったのだ。なんとなくおかしいの、なんとなくに固執していたあたしの想いは、突如怒りに変わっていった。かつてあたしは、彼女みたいな「新しい女」にだまされ続けてきたのだから。あたしはこうなれました、あなたも心がけ次第で豊かに楽しく暮せますよ。そんなセリフを今までどれ程聞かされ続けてきたことか！　もしや、もしやの期待ばかりを持たされて、手に入られるハズのないものを、あたしは追いかけさせられてきたのだ。人間、選び取れるなら苦より楽で、己れ一人位は蜜なめられるのでは、の卑しい期待を持ってたが故に、テレビや週刊誌に登場する気の利いた女のことばに、その存在に幻惑され続けてきたんじゃないか！

あたしは、高度管理社会といわれるこの体制のカラクリを彼女の中に視た。人間の意識を管理していく要領は、人々に己れは光の中にいる人間だと思い込ませて、闇に目を向けさせないことだ。「痛み」を「痛い」と感じさせないことなのだ。時々、リブは「痛み」がないと闘えないんですかと喰ってかかってくる人に出会うが、「痛み」なんてあるなしの問題ではなく、この社会に存在すること自体がすでに「痛み」ではないか。己れの寝首を掻き、女の寝首を掻き、男の寝首を掻き、そして子の寝首を掻いて生きる以外いったいどう生きられるというのか。よほど鈍化してるか、よほど鉄面皮か、よほどエゴイスト以外、日々己れを騙《だま》し、他人を欺く「痛み」なしに生きていける人がいるというのか。

階級社会とは〈誰にも出会えない体制〉のことだ。「痛み」を「痛い」と感じない人は痛くない人ではなく、己れをあくまで光の中にいると思い込みたい人なのだ。「痛み」を痛いと感じないように呪文をかけ続けている人だ。王様は裸じゃない、裸じゃない、裸じゃない……。テレビは、新聞は、週刊誌は、その呪文が途切れないように人々を先導する。視たくせに、視ないと言い続けたい人々を作り出していくのだ。桐島さんは、そのお先棒かつぎを演じている。楽しく生きられます術御指南役という訳だ。一般の、低俗な女たちに夢を売る役割を彼女は担っているのだ。

　彼女の言う、わかりやすいことばとは、支配するためのことばに他ならない。己れの痛みから発することがなければ、ことばは、単なることばであり、いくらでもわかりやすくすることができるのだ。思いっきり嚙んで含めて言えばすむのだから。

　いま痛い人間のことばは、あんたにはわからない。闇を、視たものは視たとする者のことばは、あんたにはわからない。それは「痛み」が感知することば。存在と存在が語り合うことば。リブを否定しようとする者は、いつも、「言ってることがわからない」を常套句とする。しかし、あくまでも光の中にいると思い込みたい人々に対し、いったいどのように言えば、「痛み」からの叫びは通じるというのか！

　闇を教えることはできない。闇にいるにもかかわらず光の中にいると想い込みたい人に。

　イタズラされたから、アザがあるから、男に捨てられたから、エリートになれなかったから、「闇」なのではない、「痛み」なのではない。真の闇は、光の中にいるとあくまで思い込みたい人、呪文をかけ続けている人の中にこそある。もしや、もしやの期待のうちに、おかめから般若に変身していく人の心にこそ胎まれる。般若は呪文の破れた女の顔、王様は裸だと知った女の顔、とり返しのつかない誤りを犯した女の顔だ。

桐島さんの、「充実した生活」の裏に、寝首を掻かれた女の血がこびりついている。それを直感したのは、あの人の、わかりやすいことばの行く手に、荒涼とした般若の世界を視たからだ。「痛み」を「痛い」と感じずに、己れを裏切り、他人を欺むいてきた女の、それは行きつく死の世界。本当の闇はその地獄。己れの寝首を掻き、他人の寝首を掻いてきた女は、その血の海でのたうち回る定めなのだ。

　桐島洋子はその地獄の使者に他ならない。しかし、彼女自身も、光の中にいると思い込んでいるだけの、一般の、低俗な、女の一人なのかもしれない。その自己暗示の強さを買われて、ただ操られてるだけの者なのかもしれない。耳もとで、面と向かって嘲笑されない限り、絶望を、蔑視を感じないですむ人間は、なんといっても希有《けう》の存在なのだから。楽に生きようとしたら、鉄面皮に生きること、彼女はそれを、鈍化し切った己れの存在をもって教えてくれる。

　あたしは今まで、自分は汚辱《おじょく》と共に生きてきたと思い続けてきたが、それはまちがいであった。己れの「痛み」を通じて闇を視た者の、その闇とは光への道に通じる、その入り口に他ならない。「己れは己れ」といった場合の、その前者の己れとは存在が感知する「痛み」のことであり、後者の己れはその「痛み」を通じて甦った生命の輝きに他ならない。人は、「生命」のもつ可能性を卑しめられるその「痛み」を、その「怒り」を原点に、己れを支配／被支配のない世界へと飛翔させていくのだ。

　いまだ、光の中にいると思い込みたがっている女たちが、「誰のために愛するか」をベストセラーに仕立て上げ、桐島洋子の話に生きる糸口を見出そうと群がる。

しかし、闇を光と言いくるめる女こそ、敵に寝返った汚辱の女に他ならない。あたしたちは耳をすまし、子殺しの女の、声にならない声を聞かねばならないだろう。

そんな馬鹿なこと。もしそうなら、恐ろしいことですよ。そんな筈はありません。もっと近くに寄って、私をよく見なくてはいけませんよ。きっと見える筈ですから、いいかげんにすませることはできませんよ。もっと真剣に、見えるようになるまで、見なくちゃいけませんよ。

（武田泰淳『ひかりごけ』より）

「「二九にもなって、すまないと思っているよ」と母に言われて、その時、改めて指を折ってみたわ」。仲の悪い両親の間に生まれたある人が、子殺しの女から何を思う？　と聞いたあたしに答えてそう言った。その人は、石を抱いたり、水ごおりをして彼女を堕《お》ろそうとやっきになった母親から、それでも生まれてしまった子だそうな。彼女は、長女であった。初めてできたお腹の子を、そのようにして堕ろそうとした女の、その気持を想うと、我知らず胸に迫ってくるものがある。この世で、まっとうにその生まれ出ずる生命を祝福された子は、いったいどれ程の数なのだろうか。あたし自身はいまだかつて子を胎んだことはもとより、堕ろしたこともない。しかし、まわりを見回したところ、光を胎んだと思う女は産み、闇を胎んだと思う女は堕胎しているようだ。経済的事情にプラスαするものが、産むか堕胎かを決めていく。

ヒューマニズムの観点から堕胎を悪とする人々が、子を堕ろしておきながら車を買ったり、遊興費を派手に使ったりすると憤慨なさるが、その女は、子を産むことより車を買うことの方に、より未来を感じたという訳だ。子を産み捨てて、浮いた出産費用で整形手術をしようと謀った女さえいたそうじゃありませんか。その事実が教えるものは、この世がそれ程闇だということ。子供の命よりか、車の生産量を重視するこの世の価値観が、その女の中に反映してるだけの話で、女の残酷以上に、この世が残酷なだけだ。

そんな中で子供を産むことにいくばくかの光を見出そうとする女は、いってみればドジな女であって、いまだに出会いの中の可能性を信じようとしてるのだ。しかもその願いは、子を産むことによってのみ肯定されてきた女の生の歴史性と混沌と混じり合って、子供と出会いたいのか、所有したいのか、その分け目は己れ自身にさえ判然としない。もとより〈ここにいる女〉は常に相反する本音をふたつながら抱え、その間でとり乱すを必然化された存在なのだ。この世が女をメスとして、つまり生殖商品として生かしている以上、結婚退職制は生まれるべくして生まれ、家事の無償労働化は言うまでもないことで、育児を唯一の生きがいとなすべく、女は追いつめられていくのだ。出会いへの願望は、いつでも憎悪と紙一重で、女の中にある情念を形づくっていく。

今、コレクティブメンバーの一部は沖縄の方に行っている。沖縄の娼婦の子たち、黒、白、黄色の子供たちが一緒に通っている保育園に、自分の子を叩き込んで育ててみたいの「野心」を抱いて旅立ったのだ。そのような母子とコレクティブで一緒に暮していた頃のこと。母親が、子供をコレクティブに残して三日間位居なかったことがあった。おむつの取り変えや、授乳のたびごとに替る手の、その落ちつかない感触にいらだって、零《れい》（子供の名前）は夜泣きという手段をもって「異議申し立て」

を謀ってきた。

子供と母親との、私有関係は一朝一夕にどうにかできるようなものではなく、それを理屈をこねて、むりやりに「共有」へと持っていくのは利口な方法じゃない。あたしたち自身が己れを解き放っていく過程と、親子が相互に縛り合っている関係を解いていく過程は同じなんだから、と思うあたしたちのコレクティブでは、親子の「私有的関係」を、否定でも肯定でもない意味で認めていたので、零の夜泣きという突然の事態はまさしく寝耳に水のかんじであった。むろんそれまでにも、タケ（母親の名）がいない間零の世話をしたことは数限りなくあったが、三日間連続でタケが留守をしたのはその時が初めてだった。

さて、育児学の大家、スポック博士が、子供は泣かせっぱなしにするべし、などと御託宣《ごたくせん》を垂れても、借りてきた猫より小さくなって暮す間貸りの身、泣かせっぱなしになんぞできる訳もない。真夜中、ぐずり始めた零を抱えて、玄関の開け閉めもはばかる気持で、窓からヒラリと飛び降りて、あやすこと三〇分、一時間。何人かいる女の中で、どういうものかあたしともう一人の女だけが目ざとくて、放っておけば一晩中泣き続けかねない零を交代であやすハメに陥った。そうこうしているうちに、寝起きを共にするメンバーの、あくまで寝続けるその神経の太さに改めて気づく思いで、泣く子も憎いが、仲間の女たちも憎いの一念、夜の闇の中に赤黒く「殺意」という火を放つ。

姉が言った。「子殺しをする女の気持わかるわ……」。結婚当初からシックリいかない亭主との仲が、子供を産むことでいくらかでも変化の兆しが見えるかと、現実が闇だから、まだ見ぬ腹の子に光を見出して、姉は子を産んだ。その結果については、第一章の所で語ったが、くすぶりつづける己れの生命へのいらだちといとおしみが、寄せては返す波のくり返しにも似て、あるときはささいな理由で逆上し、またある時は過度に抱きしめるという、一般の、低俗な主婦の一人として姉は、その子と共にこれまで生きてきた。その姉が言うのだ。新聞はまちがっている、と。女は、誰でも子殺しの女を背に貼りつけて生きている、と。

例の、浅間山荘に立てこもった連合赤軍の模様をテレビで見ていたら、NHKのアナウンサーが、くり返し言うのだ。「このような異常な事態を、テレビを通じてお茶の間に送るということの異常さを、わたくしは考えずにはいられません」。あたしは思わず吹き出した。そして、彼はわかってるなと思った。桐島さんの言う、わかりやすい啓蒙《ケイモウ》のことばが人々を目覚めさせるのでは決してなく、事実に秘められた本質を感知することによって、人々は、己れを知り、世界を知っていくのだ。光の中にあたかもいるような幻想を人々に送るのを役割とするテレビが、その逆の役割を果たしてしまうかもしれないと直感して、アナウンサーはその己れの直感に恐れおののいたのだった。

人々は、己れのとり乱しを通じて、「犯罪」という名で呼ばれるとり乱しの中に秘められた、この世における人間存在の、その本質を知っていく。ぶざまにしか生きられない「庶民」という名の人々が、その日常に反権力意識を内包して生きるのは、とり乱しを悪とする世の中において、とり乱さざるをえない生を押しつけられている、その「亀裂」が、その「痛み」が彼等にものごとの本質を直感させるからなのだ。

「子殺しの女」とは、王様は裸だと叫んだ者のことであり、リブとは、それを運動としてやっていこうとする者の集団に他ならない。

2　エロス試論へ向けて

日本の思想史を切って、その層をみると、一番下の層に縄文的シャーマニズムがあり、その上に仏教の層があり、その上に儒教の層があり、更にその上にフェビアン協会とか社会主義とかいった近代的な層がある。（中略）日本は多重構造社会で、それに応じ自我自身も多重構造的であり、非常に深層な部分に縄文式シャーマニズムがある。そしていざという時には、その一番下のものがいつもでてくる。それが日本人の弱みであるが、やはり強みでもある。（後略）

（『読売新聞』一九七二年三月二三日「風知草」より）

逗子の、例のヒッピーまがいの連中が集まった集会で、「おかまの痛くない掘り方」を聞いた奴に怒ったことは、前に話した。その時、怒ったあたしたちに対して、「きみたちは、なんでそこだけを問題にするのか。彼はさらに言いたいことがあって、その質問をしたのかもしれないじゃないか」、と援護射撃をかってでた男がいた。なにをどう言いたいことがあったのか、は不問にして、とにかくみんな彼のことをわかってあげようというその論調のあたたかさは、肩を寄せ合ってクク……という、その場の雰囲気の延長線上であった。それだけでいいじゃないの、それだけで……。必死になって自分たちの小宇宙を守ろうとするそのありさまに、あたしは胸をつかれた。誰かの発言の中に「敵」ということばが使われたら、あたしの隣に座っていた、モジャモジャ髭の男がボソッとつぶやいたっけ。

「敵なんてどこにもいないんだよ」。

男も生き難いんだなぁ……。競走馬としての男は、鼻面競い合うことに疲れている。思えば当然のことだ。社会の矛盾が加速度的に深まるに比例して、もっと早く、もっと強くの生産性の論理が、男の尻を容赦なく打ち叩き、これで息切れしない方がどうかしている。一時流行《はや》った「モーレツ社員」ということばも、最近はバッタリ聞かなくなった。早《はや》アワを吹いて倒れたに違いない。

想えば、ヒッピーもどきの男たちが「恐怖」に対して恐怖するのもわからぬ話ではない。この世の生産性の論理は、絶えず他の競走馬と争って、あれより早く、あれより強くと自らを叱咤激励してきた男たちの、その努力の賜物《たまもの》なのだから。彼らは、自然さえも敵と見たて征服することで、〈男らしさ〉を証明してきたのだ。その〈男らしさ〉はいま、男たちにとって恐怖であり重圧なのだ。おかま掘る時でさえ、痛みを〈男らしく〉耐えたくない程にまで彼らはそれを嫌悪している。「だって恐怖があるじゃないか」という男達の叫びは、〈男らしさ〉の抑圧に、とり乱さざるをえない者の、それは本音なのだろう。つまり、本来、男をとり乱させない〈男らしさ〉の抑圧が、男たちのとり乱しの原因になっているところに、〈ここにいる男〉の現在があるのだ。〈男らしさ〉に守られて、保護という名の抑圧、抑圧という名の保護を受けてきた女との違いがここにある。

企業の大義、その生産性の論理を奉る方向で、自己凝固を強制されてきた男と、家事育児という、拡散していくしかない役割を押しつけられてきた女の、その歴史性の違いが、あの集会で彼らとあたしたちを対立させたその根源なのだ。共にアンチ〈女らしさ〉、〈男らしさ〉の旗掲げつつも、必ずしも歩調が合うとは言い難いその原因なのだ。つまり、〈男らしさ〉は自己凝固を男に宿命づける抑圧であり、〈女らしさ〉は、自己拡散を女に宿命づける抑圧なのだ。自己凝固、自己拡散ということばはわかりにくいかもしれないが、男は物を創る性であり、女はそのための下働きとしての性である、ということを言いたいのだ。

よく女たちは、洗濯掃除料理育児etc.に追われていると、こまぎれ思考しかできなくなると嘆く。そういう日常の雑事を全て女に押しつけたところで、男は、企業の（又は闘いの）生産性が要求する自己凝固の方法論を修得してきたのだ。その方法論とは、たてまえと本音を分けて己れの中の引き出しに整理していくそのやり方だ。「日常」と「非日常」、「個」と「組織」、「男として」と「人間として」という風に、それはスッキリ分けられていて、その引き出し故に、男はとり乱さない〈男らしさ〉を維持してきたのだし、また、企業の、闘いの生産性が支えられてきたのだ。

先日、ある人から手紙をもらった。「女は、おまんこしすぎると頭が悪くなるのではないでしょうか」とその中に書かれていた。あたしは、一カ月間だけの同棲であったが、その時同様の思いを抱いたことがあったので、ウン、ウンとうなずきながら読んだ。なぜ、おまんこしすぎると頭が悪くなるのか？　それにはちゃんと理由がある。

男に向かって存在証明すべく作られた女は、己れが確かにここに居る、というその実感の頂点をオルガスムスに求める。オルガスムスはイマジネーションの産物であり、それは自己凝固力を通じてもたらされる。つまり、己れにものごとを引きつけてとらえていく、その志向の中でイマジネーションは生み出されてゆく。女は、男の腕の中に、生きる意味の全てを見出すべく作られているのだ。

家事を押しつけられることで女は社会的生産活動から遠ざけられ、家付き女中の地位に陥《おと》し込められ、こまめに安い買物をして低賃金をカバーして資本家の利潤に間接的に奉仕し、又生存競争にすり切れた男を身の回りの世話やくつろげる家庭のムードの中でいやし、リフレッシュして再び労働力商品として市場に送り出す奴隷商人の役割を果たしている。

しかし、頭の中で家事のくだらなさと、その犯罪的？　な役割に対しバッチリ理論として持っている女が、好きな男ができ子供を持ったりすると何故、ああもふがいなく自らが批判していたその日常性に埋没してしまうのか。そこには単に惰性に負けた、という理由だけでは片づかないなにかがある。社会的生産活動に従事すれば、家事から解放されるというお念仏はそこではなんの役にも立たない。

（パンフレット「便所からの解放」より）

家事という、拡散していくしかない仕事を、女が担い続けてきた裏には、女の「夜」が介在してのことなのだ。女の自己凝固を、唯一オルガスムスに保障することによってこの体制は、その支配秩序を維持してきたのだ。

女の性と生殖そのものには価値がなく（つまりその存在そのものは無価値だということ）、一人の男から、オルガスムスと精液を授けられることによって、女は価値を付加されるという一夫一妻制度の性イデオロギーは、女の価値を生殖に集約し、男を月給鳥に卑しめ、家事の無償労働化を保障し、育児を唯一の女の生きがいとさせ……、すなわち家を構造化し、体制の最も小さなユニットとして、支配体制の経済的、イデオロギー的基盤となしたのだ。

不感症の女が、往々にして男から男へさまよい歩くのは、まだ視《み》ぬ己れを求めてのことであり、女の自己肯定を男を通じて得ようとするがためなのだ。そして又、不感症の女の昼間が、過度に、マゾヒスティックに家事に励むか、まったく家事に熱意を示さないかのどちらかに分かれるのも、その根はひとつ、自己凝固をものにしえない女のいらだちがそのような「昼間」を現出させていくのだ。

おまんこしすぎると頭が悪くなる、のではない。それは創造性を、自己凝固力を、他の方面へ求めていく意欲が減退するということなのだ。女に向けてと、社会に向けての、二通りの存在証明を器用にこなすべく作られた男の歴史性と、唯一男に向けて存在証明すべく作られた女の歴史性の違いがここにある。

一夫一妻制度がもつ女を保護する側面も見逃してはならない、などともっともらしくいう人がいる。とんでもない話だ。一夫一妻制度とは、一人の奴隷頭から餌とオルガスムスを授けられることによって、生命の可能性を売り渡していく奴隷を作りだすための制度に、それは他ならない。そして又、結婚ではなく「共同生活」、すなわち子供も作らず、籍にも入らず、苗字も変えず、または未婚の母として、新しい女の生き方を模索しようとも、相も変わらず唯一、男の腕の中だけで、生きてる実感を確かめてるようじゃ、男の影として生きる今までと、所謂五十歩百歩の生なのだ。

あたしの母はよく、四百四病の病《やまい》より、貧よりつらいものはない、を口ぐせにする。しかしお母さん、貧がつらいのは、生命の輝きを売り渡して生きねばならぬせいなのです。いま、GNP第三位のおこぼれと引きかえに、あたしたちの生命を、さらに効率よく企業の側に吸い上げようとする企みが、桐島洋子さんや影山裕子[2]さんみたいな、支配の側に寝返った女を、目玉商品として進められている。

影山裕子にも桐島洋子にもなれそうもない要領の悪い女たちが、なんとかバスに乗り遅れまいとして、もしやの期待貼りつかせて、リブの集会に参加してくる。しかし、彼女たちがとかく期待しがちなものは、男のようにスッキリ整理できないひきだしの、そのうまい片し方、あくまで光の中に居ると思い込ませてくれるもの……。しかし男の、生産性第一のひきだしから創り出された文明という名の現実がどのようなものか、そして男のひきだしに似せて、己れのひきだしを片づけた要領のいい女が、所詮《しょせん》どんなにあがいても男の二流に留まるしかない事実。結論は、急がば廻れ、だ。あたしたちはその劣等性故の可能性、非生産性をもってあたしたちの生産性を追求する、そこんとこに性根をすえてみることが、いまこそ、一般の、低俗な女に問われているのだ。

第一章の所で述べたように、この社会の文明とか申すものが、唯一征服しえなかったものが、女の子宮が胎む自然、その恐怖であった。しかし、子産み機械として物《もの》化させられてしまった子宮に於ては、物がもの想う訳はなく、生命を持たないその闇は、ただ闇として打ち捨てられて存在してきた。子殺しの女の登場こそ、物としての子宮から、もの想う子宮への、我が子の血に印した復権の叫びであり、リブと子殺しの女とは、ひとつの根を分け合う、枝の両極に他ならない。そして又、「未婚の母」はリブの枝葉のひとつなのだ。

女は、「自然」に近い存在だと言われる。それは、女の思考が、ひきだしの中味を全てぶちまけて、一切合財一緒くたにしたところから始まることと深くかかわってある。男の、よく整理のゆきとどいたひきだしは、実は生産性の論理と結びついた近代合理主義的な物の見方、考え方を足がかりにして作られてきたものだ。が、もとより、人間存在は非合理であり、矛盾そのものとしてある。

無理が通れば道理が引っ込む。近代合理主義的思考は矛盾の複合体としてある人間を、ひとつの枠の中に押し込めることによって抑圧し続けてきた。ベトナム反戦運動、全共闘運動の中から、人間が生きるとは何かという、企業の歯車のひとつとして、その生産性の論理に搦めとられてゆく己れへの問い返しが発せられ、長髪ヒゲ族が生み出され、そして狂気の復権が云々されたが、そのつながりは近代合理主義否定の共通項のもとに起こってきたものであった。しかし〈男であること〉の根底が問われない以上、男の反近代合理主義は常にアンチに留まる。

女がより自然に近いという根拠は、女の、非生産的な物の見方、考え方が、文明というものの毒をより受けなかったが故の結果であることと深く結びついている。女の、非生産性とは、その存在そのものが総体的であって、男のように機械的に思考が分離されていないがためなのだ。男は、理論（ことば）で総体性を勝ちとろうとするが、女はその存在そのものが総体性をもって存在するのだ。そのむかし、あたしはこんな風に記したことがあった。

男と女の絶対的な違いは〈産む〉か、〈産まない〉かにある。この違いをつきつめていくと女は生殖という生理機能を通じて自分を縦の関係に、つまり自分を歴史的にとらえることが本質的に可能な存在としてあり、女と子供にとって男とは所詮消えていく存在でしかない事実に突き当る。（自分の子との血のつながりを確認できるのは母親だけだ）男は自分を歴史的にとらえるのにあっちこっちから引っ張りだした論理を必要とするが、女は存在そのものが歴史的なのである。

男が論理的で女が直感的であるのは、男が社会的生産活動に従事してきた関係から自分を客観視する外的対象を持ってきたという歴史的、社会的要因にその大部分が帰する。が、本来的には男と女の生理構造の違いに規定されて生じるのである。

男がより権威主義チックなのは、なによりもその存在の頼りなさからきているのだ。レーニンだって言っている。「疑いもなく婦人労働者と農村婦人の中には、我々の知っている以上に何倍もの多くの組織的才能の持ち主が存在しており、彼女たちは法外にうぬぼれの強い『インテリゲンチャ』や、なまかじりの『共産主義者』のかかりやすい計画や体系などについてのあの仰山な空文や、空さわぎや口論やおしゃべりを抜きにして、多数の労働者とさらに多数の消費者とを参加させて実践的な事業推進させる力を持っている。しかし我々はこの新しいものの芽をしかるべくいたわり育てていない」――(「偉大な創意」より)

女中心に営まれた原始共産制のむかしも、アポロ時代の今も、女の安定度に変わりはない。昨日、今日の軽薄な女上位などとは無関係に女は、言うならば本来的に女上位で生きてきたのだ。〈三界に家なし〉と言われた時代においてさえ、案外そのドン詰まりで居直って女はチョコチョコと小賢しい? オトコ共をふところに抱きかかえて生き続けたのではないか、我々女は！

さて俗に女が変われば世の中変わると言われる。体制と反体制の接点、もしくはそれを超える存在としてある女をどちら側に組み込みえたかで世の中は決まるということなのだ。その安定性は、ラディカルな力にも、支配体制の基盤にもなる。しかし強さも安定性もホンのわずかなきっ

かけ、状況で相互に反転するようなそんな近い距離でとなり合っているようだ。ファシズムも革命も〈女〉で決まる‼

存在そのものが歴史的である女は、闘いを通じて自分を横の関係、つまり社会的に位置づけることができる。例えば忍草や、三里塚の、女でもっている闘い。初めは、長い歴史性を持つ土地と、自分とのかかわりしか見えなかったものが、権力との激しい執拗な衝突の中で、農民は次第にアンポ体制の本質に迫る認識をもつ闘いへと成長させていったのだ。縦（歴史性）、横（社会性）の格子構造の中で自分をガッチリとらえることのできた強さ、そして女に加えられた長い抑圧の歴史に対する女の怨念が忍草、三里塚のおかあちゃんたちを強い上にもより強くしていくのだ。性と生殖を通じて男を体制に組み込んでいく役割も果たせば、同じ生理構造が反体制の闘いを最もラディカル（根底的）に支える力にもなりえる女、われら女。

（パンフレット「便所からの解放」より）

女の生理が、女の強さ、女の総体性の源泉としてあるというあたしの「直感」は、ただし、創造活動に結びついたその生を、前提にしている。男の腕の中以外に己れを確認しえる場を持ちえるかどうか、にそれはかかっている。つまり、男に向けて、存在証明していく欲求しか持ちえない以上は、女は、どのような職業につこうが、どのようにラディカルを装おうが、その子宮は子産み機械としてのそれであり、物と化した子宮なのだ。しかも、創造活動に向けて、己れを求めていく自己凝固のそのあり方が、男のようにひき出しをとり片づけてしまうことを通じてではなく、己れの、そのとり散らかしたひきだしに固執し続けながら、自己凝固を図っていけるかどうかがさらなる問題なのだ。女の総体性は、拡散に固執し続けるなかで甦る。

つまり、ひきだしの中味を全部ひっくり返した状態に固執し続けるなかで、女は己れをもって総体的存在として、自然の一部となすことができるのだ。

木と草と獣との、この自然に四季がめぐり、花は咲き散りまた咲く。自然の生命力が、謂わば間断なき繰り返しのかたちで常に新鮮であることを看取《み》るのはいかにも容易《たやす》い。自然の営みでは〈繰り返す〉ということが却《かえ》って陳腐でない新鮮と、新鮮なるが故の永遠とを約束する。（中略）さて日本の自然の生命力について言ったのだが、生命力とは魂であり、自然の霊性に内在するエネルギーということになろう。人間にとって、眼に見えぬもの＝隠国《こもりく》の隠《こも》れるもの＝祖霊のちからとは、この日本の山々に籠れる生命力と根を一つにした、むしろ全く同じものであった。自然の他に神が存るのでなく、実にしばしば神は山であり樹木であり一枚の木の葉でさえあった。この隠《こも》れる魂に感応するために男と女とどちらがより勝れているかと言えば、明らかに事実の証すように女であったが、何故なら女の心理にでなくて〈生理〉の根源には、自然の生命力の理法と顕著《けんちょ》に等しい〈繰り返し〉が認められるからである。月経がそれである。

（『婦人公論』七二年一月号「長女論」泰恒平）

これは、柳田国男の「妹《いも》の力」「稗田阿礼《ひえだのあれ》」を基調に、女のこわさについて論じた文章である。その柳田の本を、あたしはいまだ怠けていて二冊とも読んでいない。だから、まったくいいかげんの上に、さらにいいかげんを継ぎ木していくような按配だが、子殺しの女が告げるもの想う子宮のその復権とは、エロスの解放に他ならないという直感を、他人サマの文章を足がかりに、思いつき程度のものながら記しておきたい。

そのむかし、人の目を恐れてうつむいてばかりいた日々、あたしが唯一思いっきり心を広げられる相手は「自然」だった。祖母から、自然には隠れる生命があること、その生命を慈しむことを教えられたあたしにとって、海や花や木々、雲、虫、あらゆるものが、コミュニケートの対象としてあった。

それらに向かって生命かぎりの想いを、祈りを凝固させる時、あたしは危い目くるめくような緊張感と共に、エクスタシーにも似た感じが、足元から涌き立ってくるのを知った。他の物は一切念頭から離れ、ふたつの魂だけが、己れは己れをもって対峙した。呼応し合った。なつかしいような、哀しいような、透きとおって来るような、それら様々な想いの中で、あたしは花であり、木であり、風そのものであった。

己れにものごとを引きつけてコミュニケートする方法を、あたしは屈折した日々の中で知ったのだった。あたし以外には慈しむ者もない、打ち捨てられた生命への、心かぎりの愛着が、あたしにそのような方法を体得させたのだった。あたしの「原風景」はそのような方法論の中でイメージを形づくってきた。

さらに言えば、あたしにはむかしから出会いは全て一期一会という想いがあって、その瞬間瞬間に生ききっていきたい願望が強くあった。惨めであればある程、明日にはなにか良いことがあるのではないかと期待をかけがちだが、それがいやだった。そんな期待は、より惨めったらしい結果を残すだけなのを、体験的に知っていたから。今日限りの生命《いのち》と想えば、それは何者にも替えがたいいとおしさをもって輝くのであった。

その一期一会という想いが、花や木に真向かった時の、あたしの自己凝固力に力を添えたのかもしれない。そして又、あたしのオルガスムス願望が、過去・現在・未来をひとつ宇宙として己れの中に胎み、そこに於て、ギリギリにその生命を燃焼しきるイメージとしてあったのは、出会いというものを一期一会ととらえて、心かぎりにいとおしみたいという、その想いあってのことに他ならなかった。

女の総体性が、拡散に、つまり己れの中の自然に固執し続ける、そのような自己凝固を伴ってあるというあたしの「直感」は、もの想う子宮の復権とは、自然の生命力と己れをひとつにしていくこと、という「直感」と結びついてある。〈繰り返し〉、つまり人間との、自然との数多くの出会いの中で女は常に、新鮮であり、常に甦る可能性をもって存在してるのだ。その源泉は、女の子宮の自然、その恐怖、その生命力にある。人間、恐怖があるからこれで少しはまともなんだ、という想いはここから導き出されてある。つまりあたしの言う恐怖とは交通事故や痴漢のそれではなく、己れの子宮の自然を指している。だからこそ、おかま掘るのに痛くないやり方を聞くような、いいかげんさがいやなのだ。中絶、出産、毎度の生理のたびごとに、己れの子宮と、その恐怖を、その自然を、その生命力を共有していかねばならない女は、その都度、今までいかに生き、これからいかに生きたいかを、自然から問われる存在としてある。女は、自然と呼応して生きているのだ。

然らば私の希ふ真の自由解放とは何だろう。云う迄もなく潜める天才を、偉大なる潜在能力を十二分に発揮させることに他ならぬ。それには発展の妨害となるものの総てをまず取除かねばならない。それは外的の圧迫だろうか、はたまた知識の不足だろうか、否、それらも全くなくはあるまい。併し基主なるものは矢張り我そのもの、天才の所有者、天才の宿れる宮なる我そのものである。我れ我れを浮遊する時、潜める天才は発現する。我共は我がうちなる潜める天才の為に我を犠牲にせねばならない。

（平塚らいてう『元始、女性は太陽であった』）

リブは、婦人解放運動の潮流からいえば青鞜運動の流れをくむものとして、位置づけられ、その良さも悪さも引き継いでいると思うが、あたしが共感を覚えるのは、最初の頃の青鞜である。この「元始、女性は太陽であった」という詩は、その全体が祈禱めいており、国を司っていた頃の女が、その身に宿していただろうエロスを、それは豊饒に暗示させる。平塚らいてうは、天才ということばを次のように説明する。

人間の偉さ、他の動物と区別される偉さは集注力をもっていることだと思います。このすばらしい心の集注力で、人間は生命の本源を究め、宇宙と一体となり、大きな充実感のなかから無限の能力をいくらでも引き出すことができるのです。

（平塚らいてう『元始、女性は太陽であった』）

あたしは、平塚らいてうも又、女の性のもつ可能性とその神秘を直感していたのではないか、と確信する。しかし、彼女の自伝を読むと同性を見る目の冷ややかさにゾッとすると共に、であるが故に、彼女がこの直感を真に己れのものとなしえなかったであろう理由もそこに視るのだ。

もの想う子宮の復権とは、男をはさんで反目し合い、互いに寝首を掻きあってきた、女のその歴史性を、〈女から女たちへ〉と己れを求めていく中で超えていくことをそれは、意味している。子殺しの女は、その方向をこそ我が子の血に印して教えてくれている。リブとは、女の生き難さを力を合わせて打ち破っていくと共に、最も反目し合ってきた女と女との関係性のなかにエロスを甦らすことを通じて、主体を確立することを目指す運動だとあたしは思う。つまり、女にとってエロスとは、己れの子宮と、つまり自然と、語り合う中から生みだされていくのだ。それは、まず〈女であること〉の痛みと語り合うことから始められねばならないだろう。

〈女から女たちへ〉の道は、まずもって己れの子宮との出会いから始まるのだ。その己れとの出会いこそ、競争者を得る中でしか己れを鮮明にしえなくされている男の、その文化を超えていくための、第一の前提に他ならない。己れの子宮の胎む、その自然、その生命力と己れをひとつにするとは、一本の草と真向かった古人のそのありようを、己れの中に写し取っていくことだ。己れのかかえもつ全てをもって、つまり、ひきだしを開け放したままで、状況と自然と対峙していくことだ。その中で己れを鮮明にしていくことだ。

リブって「痛み」がないとできないんですか、という問いは、まず己れの子宮に向けて発され、そして否定されるべくして否定されていく問に他ならない。子殺しの女の中に何を視るか。あたしたちの可能性がそこにかかっている。

「河」
そこが河口
そこが河の終り
そこからが海となる
そのひとところを
たしかめてから
河はあふれて
それを越えた
のりこえて、さらに
ゆたかな河床を生んだ
海へはついに
まぎれない
ふたすじの意志で
岸をかぎり
海よりもさらにとおく
海よりもさらにゆるやかに

河は
海を流れつづけた
（『石原吉郎詩集』より）

五　新左翼とリブ

1　腹切りと殉死

連合赤軍の連続リンチ殺人事件を知ったのは、この本の第一章を書き始めてからすぐだった。どうやらエンジンがかかり始めたかな、というような時に、グヮンとやられた訳で、原稿用紙を広げるどころの話ではなかった。「こんな時にスラスラ書ける奴なんてそれこそ異常ですよ」。あたしは編集者に喰ってかかった。折悪しく生理が重なっていた。精神的ショックからか、腹部の痛みが特別ひどく、明日が〆切りなのに、とてもじゃないが原稿用紙のマス目を埋めていく気分ではなかった。

書かねばならないという強迫が息苦しい程のしかかってきて、その重圧の下で、あッ、殺られる、とあたしは想った。八カ月の身重の女の惨殺死体が蛍光灯の向うから浮び上がってきた。怖かった。革命の生産性の論理も、企業の生産性の論理も、女の生理を忌《い》むことでは変わりがない。連合赤軍が怖いのではなく、この社会に生きてるという現実が、あたしには怖かった――。

三島由紀夫が切腹し果てた時、知り合いの「革命家」らしき男たちは、みな、先を越された想いで羨望《せんぼう》的に事件を受けとっていた。その一人からどう思う？　と聞かれて、ム……と答えたあたし。若干の侮蔑《ぶべつ》が返ってきた記憶がある。フン！　今から思えば、その時のあたしのム……は、左翼の女の歴史的な重さをひきずったム……であったのだ。

会議や討論会で女が壁の花、もしくはわき目もふらずにメモ魔と化している風景はかなりおなじみのものだ。それは多くの男たちにとっては自らの日常生活と協和音をかなでる「自然」な風景としてあるだろう。たまたま「主体性」が論議の焦点になるような場合には、このような「風景」も一応マナイタの上にのせられはしたものの、そこでは一方的に「女の主体性の欠如」が嘆かれ、そういった女の存在様式を歴史的、社会構造的に明らかにする方向で論議が深められるということはまれであったし、したがってその止揚の方向性は言うに及ばぬことであった。

女自身もなにかこう、人間解放の中に吹きすさぶ白々しい風を感じてはいたものの、プチブル主体としての自己否定も「人間として」という視点に止めて、「女であること」と「革命」の間に横たわる亀裂に目を注ごうとはしなかった。たまにこぼれるぐちやつぶやきなど闘いの生産性の前には一枚の枯葉ほどの重さもなかった。

女はカッティング、スッティングに始まり「革命家」ぶった男の活動資金稼ぎに、さらには家事、育児、洗濯など氷山の見えない部分にあたる重い日常性のほとんどを、暗黙の暴力性をもって押しつけられてきた。女のそのブルジョア的犠牲形態の上に、男の闘いが、男の論理が、氷山の見える部分を舞台にくりひろげられてきたのだ。

男が、労学市民大集会の晴舞台でなめらかに国際プロレタリア主義について、朝鮮人への連帯について、アジるその姿のどこかに「ギマン」の匂いをかぎつけたが故に、女は壁の花の沈黙で応えたのではなかったか？　女の主体性の欠如とは、女が男中心のブルジョア体制の中でコトバを、思考を奪われ続けてきたことの結果に他ならない。未来図を先どりして実体化させてる場においても〈抱かれる女〉として自らを存在させられてきた女の、一寸の虫にも五分の魂的表現が「沈黙」だったのだ。

（パンフレット「便所からの解放」より抜萃）

男に対する女の沈黙とは、体で語る異議申し立てに他ならない。リブの最初の頃のビラにこんな風に書いたことがある。

アメリカの闘う黒人は白人警官をピッグと呼び、白人中心社会と自分との距離を日常的に確認することによって、主体形成の糸口となしたが、さて、女は何をピッグとし、奪われ続けてきた言葉を、思考を、主体をとり戻していったらいいのだろうか。

我々は、自らの存在に鈍化した意識しか持ってない「革命家」ぶった男を、まずなぐらねばならない。最も手近な、直接の抑圧者をなぐらずして、「日帝打倒」などありえないことを知らねばならない。「共に闘っているから同志なのだ」という安易な考えこそ、我々の内なるピッグなのだ！　さらにいうなら、ピッグは「女の解放」をそれなりに理解する男、女の払拭《ふっしょく》しきれない「革命家」「男らしさ」幻想をかきたてる男なのだ。

その男共は、女がことばにならないことばで、「ここの家だ、ここの家だ」と叫んでいるのに、三軒違いの家に入って「ああ、この家だったのか」などと合点し、そこに座り始めようとしている。男を座らせてはならない！　女は、男の「アンクルトム」になってはならない！

（当時のビラより）

三島の死に際して、あたしがムムム…の沈黙の中に語ろうとしたものはなんであったか。どこの家に向かって、あたしは指をさし示そうとしていたのか。

その問いを改めて己れに発する時、なぜあの時、もっと明確に問題を把握しえなかったのだろうかと、今さらながら臍《ほぞ》を噛む想いで暗澹《あんたん》としてくる。三島の死を、してやられたりと受け止めた、あの男共のあやまちと、それに対し沈黙でしか抗議しえなかった己れのふがいなさを、今しみじみと想い出す。なぜあの時あたしは、テメェら勝手に死ね！　といい切れなかったのだろうか――。

男は面子の生きものだといわれる。すなわち男の歴史性とは、たてまえに固執することをもって本分となしてきた。そのたてまえとは、「大義のために私を殺す」ことをもって良しとするそれである。社会に向けて存在証明していく際の、男のその身の処し方、すなわち男らしさのあり方は、この論理にもとづいて、試行錯誤が重ねられてきた。そうなのだ。「大義のために私を殺す」は男の踏絵として機能してきたのだ。

さて、三島の例を想い起こすまでもなく、大義は常に、非日常の空間で己れを鮮明になすことを欲してきた。男らしさの極地である腹切りは、また「女・子供」を寄せつけない非日常の極地でもあったのだ。夫と子供とのかかわりの中でしか、「世界」も「社会」も存在してこなかった、そのような歴史性を持たされてきた女にとって、大義はまばゆい光であった。それは絶対的な価値観として存在してきた。家父長制のもとでは男を奉ることは大義を奉ることで、それ故殉死は、男の腹切りにも匹敵する婦道の極みとして称賛されてきたのだ。

しかし、男にとってもたてまえであるものならば、それは、女にとってさらに遠いたてまえでしかない。もとより面子の生きものであれば男は腹切りで果てるもいいだろう。腹を切ってもおつりがくる程男らしさを称賛されれば、そろばん勘定は合う。たてまえに殉じることをもって、男は、〈男らしさ〉の花実を咲かせようとしているのであって、それは身を捨てて浮ぶ瀬を狙ってのことなのだ。その男の野心の巻き添えを喰らう生、殉死の生こそ、「殺す私」、いや「殺される私」に他ならない。

三島の「春の雪」を読むまでもなく、腹切りに殉死がつきものなのは、なにを隠そう、男の大義は、「殺される私」があって始めて、万人の胸を締めつける千両役者の要素を持ちえるからだ。「光」は「影」を持つことによって「光」なのだ。すなわち腹切る男が千両役者なら、殉死の女は黒子《くろこ》という訳だ。奴隷が己れを解き放つのは喜びであるが、奴隷頭にとってそれは恐怖以外のものではないという、女と男のすれ違いの論理がここから生じる。つまり奴隷頭たる男にとって、奴隷たる女を失うということは、千両役者が黒子を失うことに等しい。つまり「殺される私」を失うことによって、男は大義に殉じる男らしさを、己れのものになしえなくなることを恐れているのだ。

社会が認めてくれるかどうかが男の生命線である時、「殺される私」を失うことは、男としての存在そのものの喪失につながる。つまり社会という檜舞台に向けて、男があくまで千両役者を気取りたい限り、女は、黒子として果てるを宿命とされるのだ。光と影は、交わらないことによって光と影であり続ける。千両役者と黒子は、奴隷頭と奴隷は、出会える道理もない話。社会を檜舞台とする男にとって、関係性とは常に支配と被支配の形でしかありえず、そういう意味では、男は、孤独な権力者として生きるを宿命とされた生なのだ。

人間一人の命は地球より重い、とはよく聞くことばである。しかしそれは、男の命に限っての話だ。死の間際まで千両役者として己れを演出する、できる男と、その男の影として果てる女とが、死後急にその命の重さを分かち合うハズもないではないか。そうなのだ。男を光と奉って生きる女の生とは、生前も死後も、花実の咲かない生なのだ。「三界に家なし」といわれてきたその昔のうらみをいっているのではない。

連合赤軍に対して様々に非難中傷が飛び交っている。その内容について、ここに改めて述べる必要もないだろう。光の中から闇を裁いたところで、その闇はそこにあり、そしてあたし自身の闇に、それはつながる。

あたしがリブ大会の、呼びかけビラの原案を書き上げたのは、連続リンチ殺人が世に知られる、そのちょうど一カ月半程前のことであった。こんな事態が起きるとはつゆ知らず第一章の部分にそのビラを挿入してしまったが、今再び、あの群馬山中の惨事と重複する部分をとり上げて論じていきたいと思う。

女をメスとしてしか生かさない社会は男をも又競馬ウマ並みにしか生かさない。しかしそれを知った上で、なおかつあたしたちは男社会、男文化に対する告発のことばをゆるめない。

女がメスとして〈女らしさ〉を男に向けるなら、男はオスとして〈男らしさ〉を社会に向ける。その男らしさの論理が、むかしも今も、「大義のために〈私〉を殺す」、というたてまえによって成り立つ時、男は企業の大義——利潤追求にたやすくからめとられて、〈男らしさ〉を充分に表現しえない挫折、絶望は持ちえても、オスとして企業の生産性の論理に組み敷かれている惨めさとまっ向から真向おうとはしない。

男は真向わずにすむのだ。なぜなら男が殉じる企業の大義、その生産性の論理に殺されていく〈私〉とは、男に対しては女、大人に対しては子供、若者に対しては老人、一般人に対しては被差別部落民、大和人《ヤマトンチュ》に対しては沖縄人《ウチナンチュ》、そして五体満足な者に対しては身体障害者、被爆者であり、日本人に対しては在日朝鮮人、中国人であり、また同性愛者でもある。

男＝人間という体裁で成り立つ社会が、人間として認めるオスとは、企業の生産性を裏切らない働き盛りの男であり、しかも被差別部落民でも、沖縄人でも在日朝鮮人でもない男に限るのだ。〈選ばれた男〉が、選んでくれた社会に忠誠を誓う時、弱い者、役立たない者、切り捨てご免の生産性の論理が様々な形で物質化され、病人、子供、老人を無視した歩道橋ができる一方で、大気汚染が、公害が、交通戦争が、文明の名のもとに殺人を正当化していくのだ。

連赤事件の衝撃が余震のように続く中で、しかし、書き出しで述べたように、あたしの恐怖は、この社会そのものに向けられるべくして向けられていった。悪虐非道だって?、凄惨だって？　今の社会の裏返しじゃないか！　子供を置いて逃げた女は、子殺しの女とどこが違うのか。

生理の鈍痛が、ハッキリあたしに教えてくれた。この社会の生産性の論理は、女の生理を忌み嫌い、必要なら女の存在そのものを抹殺しかねないものであると——。その恐怖、その怒りの延長線上に、新左翼の政治が、闘いがある。

女にとって新左翼の闘いとは、千両役者と黒子、切腹と殉死のそれであった。物心つくと同時に自分より偉い者と思い込まされ、意識・無意識下に絶対化してきた男に対する幻想は、新左翼内部にあっても、女を黒子として存在づけたのだ。日帝打倒のまえに男も女もない、「人間として」「プロレタリアとして」「革命的共産主義者として」、共に主体的に闘うのだ、というような一見異議のつけようがない革命の論理の前にひれ伏して、女は、新左翼の「いわゆる政治」と「いわゆる哲学」の支配する「政治的非日常性」と、女であることの歴史性に規定された「日常性」との間で切り裂かれてきたのだ。そしてその矛盾を一身に背負わされ、しかもその痛みに意識的に不感症になることで女は、新左翼内部の市民権を得てきたのだった。

六〇年代の闘い――それは非日常的政治空間の中で己れを普遍的に対象化しようとした闘いとしてあった。しかし、これは表向きのいい方であって、一年三六五日のうちの何日間か〇・〇日闘争して作りあげた非日常空間をもって、惨めな日常性を昇華しようとする闘いとして、それはあった。

あたしたちの誤りの第一歩は、本来総体的である権力の、その総体性は日常性として現出してるにもかかわらず、頭の中だけで抑圧を解明していく中で、問題を政治課題へと集約し、政治権力を物理的に粉砕する中で、勝利と解放への最短距離を突っぱしろうと逸《はや》ったことだ。闘いは常にそれを担う主体に胎まれたものの外化としてある。ストレートに政治権力を導きだしたその思考は、どのような主体あってのことだったのだろうか。それは、大義のために私を殺す、という日本の伝統的精神風土と、近代合理主義思考の中からうみだされたものである。

〈精神は概念によって支配され、生活は概念からもれてしまうものによって支配される〉。これは、先日、なんの気なしにかけていたラジオの受験講座で聞いたことばだが、あたしの乏しい知識に依れば、近代合理主義というのは、概念に人間を組み伏せるための思考方法としてある。矛盾の複合体である生身の人間にとって、はなはだしく不自然なその思考方法は、概念からはみでる部分を切り捨てることをもって、進歩と調和を図ってきた。いってみれば、ムリが通れば道理がひっ込む的な事態を、その思考は必然的にまき起こすものであった。が、もとより道理より生産性第一の世であればめんどうなこと、わけのわからないもの、やっかいごとを切り捨てて企業の大義を全《まっと》うしようとする人々から熱狂的に迎え入れられたことは想像にかたくない。

通称インテリといわれてる人々の頭の中は、この思考方法が支配しており、それも女よりか男に圧倒的にこの思考がとり付いている。それは、大学進学者は男が多い、というような理由からではむろんない。企業の生産性が男にこの思考方法の修得を要求したからだ。すでに何回も書いている、男の、よく整理のゆきとどいた、たてまえばかりを詰め込んだひきだしこそ、企業の要請のもとに男が己れの中に血肉化していった近代合理主義思考そのものなのだ。

さて、新左翼の男と、男並みにガンバロウとした一部の女たちも、この思考方法を採用していた。闘いの生産性にとって近代合理主義思考は、またとない友であった。その思考でいけば、権力は常にスッキリした姿で見渡せた。すなわち政治権力として——。

悪いのは全てソイツであった。政治権力の非人間的暴力性は機動隊、自衛隊に依って体現されており、「直接民主々義」の名のもとに、機動隊殲滅の闘いが叫ばれ、具体化していった。武装カンパニア(1)は非日常政治空間の主役となり、それに向けて闘いの効率化が求められた。故に街頭闘争が活発になればなる程、必然的に非生産的な女は後方へ退くことを余儀なくされ、その一方で男並みをもって自らの解放を克ちとろうとする女がゲバ棒、火炎ビン部隊に志願していったのだった。

さて、新左翼の若者が大人たちの戦争責任を問いつめる模様を、以前テレビで見たことがある。問いつめられる大人たちの顔は、月に一度の「戦友会」に出かけるのを楽しみにしている、あたしの父に似ていた。敗戦を機に、一億丸坊主総ざんげ式に誤りを悔いて、引きかえに「たてまえ民主々義」を手に入れたその過去の収支決算故に、さすが戦争体験を無条件に肯定する大人は数少ない。しかし、往時の己れを想い返す大人たちのその目は、隠された本音を物語る。それは、悪名高き侵略戦争のそのまっただ中に、己れの生の躍動をまぎれもなく実感した者の、理屈では否定できない、そのオルガスムスへの郷愁を示している。「戦争を知らない子供たち」が、いくら論理的に日本帝国主義の犯罪、民族的なその責任について問いつめようと、心中深く隠された、あの時の、あの生の躍動とは、所詮かみ合わぬ話なのだ。

テレビで論じられたコトの内容については覚えていないが、しかし、今想い返せば、あの男たちが相争って論じる理由はまったくなかったのだ。

いまだ「予科練の歌」に忘れえぬあの時をまさぐっている大人たちと、日帝打倒を旗印に、ゲバ棒、火炎ビン……爆弾と、その武器をエスカレートさせていった若者とは、片や大東亜共栄圏を信奉し、片や世界共産主義を信奉してるだけの違いでしかなかったのだから。

侵略戦争への従軍も、○・○日闘争への参加も、いってみればひとつ穴のむじな。大義（たてまえ）に向けて男らしさをもって存在証明を図ろうとした、その欲望に変わりがない以上は――。

「お前ら、あの時闘ったのか!」新左翼の男共は、よくこんなセリフを投げつけ合う。今はどうかしらないが、あたしが「新左翼」だったありし頃、このセリフは、仲間うちで争う時の、いわば常套句であった。

あの時とは、〇・〇日の非日常空間を指していた。あの時、革命の大義に向けて充分男らしかったかどうか、あの時、やり切ったかどうか——その問いに答えられない男は、セクトは、「非国民」であった。だから、その問いが一度発せられるやいなや、あとはドロ仕合い——。お互いに「非国民」のレッテルを貼り合うことに終始するのが常だった。

W・ライヒはその著、「ファシズムの大衆心理」の中でこのような意味のことを述べている。——個的なオルガスムスを、大衆的規模でのオルガスムス願望にすりかえる操作の中で、ファシズムの土台が作り出される、と。

大衆的規模でのオルガスムス願望とは、社会の大義に殉じる共通項のもとに、集団で存在証明を図ろうとするそれである。いってみれば、それは集団腹切りに他ならない。

さて存在証明とは、確かにここに己れがいるという存在の震えをもって感受するエクスタシーだ。そのむかし、『週刊読書人』で、あたしはこんなコトを記したことがある。


自己表現とは、「存在証明」のことであり、それは常に零からものごとを創り上げていく過程としてある。その過程をグラフに写し取れば、必ずや川あり、谷あり、草原ありの曲線を描いて、それはエクスタシーへの確かな予感、おののきを表現していくに他ならない。その曲線を仮にオルガスムス曲線として名づけ考えるに、遊び、労働、闘い、そして、女と男の関係性等、手づくりで創りあげていくものは、全てその過程はオルガスムス曲線を描いていくのではないか。

零から創りあげる過程とは、精神と肉体が合一していく過程であり、存在の震えをもってエクスタシーを受けとることができるかどうかは、まずもって己れとの緊張関係の度合で決まる。子供が、より危険な場所へと己れを求めていく気持、よくわかるな。己れの中に天国／地獄を胎んでいく中で、自分の鼓動を、血のうねりを感じつつ、情況や人と対峙していきたいのだ。

階級社会である以上、自己表現とは、奪われた自己の奪還を原則とする。権力と三途の川をはさんでわたり合う闘いの中で、自分の存在証明を行うこと――「革命」とは最高のオルガスムスだ！　それを確認した上で、しかし権力とは総体的なものであり、権力の総体性は日常性として現出する以上、あたしたちは日常的に自己を奪還する、つまりオルガスムスを奪還していくことが必要なのだ。逆にいうならば、総体的に自己表現を獲得していく中で、その総和としてのオルガスムスをもって、権力闘争へと自己を開花せしめていくこととしてしか、あたしたちは勝利も解放も語れないのではないか。（後略）

革命とファシズムは紙一重だ。非日常空間の中で、その生命の可能性を極限まで燃焼し切りたい願望が生みだすその両極のものとしてそれはあるが、共にツマラナイ日常――オルガスムス不在の日常を前提としている。

東大闘争の頃、本郷近くを歩きながら、この顔色のさえない、輝きのない目を持った人々は、いったいなにを自己否定するつもりなのだろうかといぶかしく思った記憶がある。

あたし自身いくら考えても何を自己否定したらいいのかわからなかったから、他人サマのことが気にかかった。その日常、ともすれば生きてない実感で暗い穴の中に陥《お》ち込んでいくような想いで生きていたあたし。もっと伸びるハズなのに、どういう訳かいつもギクシャクとぎごちないその手足。「抑圧民族」とか「プチブル」とかいうことばは頭の中ではわかった。しかし体の語る本音こそ、あたしの「現在」を最も的確に表わしていた。その手足に、その生命に鎖をかけられて、あたしはとにかく生き難かった。奴隷にとってまず必要なのは自己否定ではない。なんとか自己肯定を見出していく道だった。

奴隷にとって自己肯定なき自己否定は、「死」以外のものではない。これ以上己れを否定してしまったら、残るは存在の否定以外のものではないのだから。

理屈ではわかる「日帝（日本帝国主義）のベトナム加担」も、日常の、生きてない実感の前には遠かった。デモがあると聞けば、取るものも取り合えず駆けつけていった裏には、スクラムを組み、インターを歌う中で、確かにここに己れがいる、というその実感があったからで、機動隊との衝突を心ひそかに期待したのも、より強くそれを実感したいがためであった。

むろん、反戦、反権力の意識も確かにあった。しかし、それは「日本帝国主義」打倒のためにガンバル、といった類《たぐ》いの、スッキリしたものでは決してなかった。「日本帝国主義」打倒のたてまえはどうでもよかった。問題は、生きてないあたしだ。デモから帰って一人己れをとり戻す時、サラサラした空虚感があたしを包んだ。こんなもんサ、といい聞かせつつ、しかしどこか他人サマはごまかせても、自分をごまかせない「あたし」がいた。その「あたし」が、非日常空間と、日常空間の狭間でリブを育てていったのだった。

百姓の闘いが怨と忍の歴史を我が身に引き受けた、百姓の生きざまとして展開される時、己れの三里塚は己れの生きざまの中に胎まれねばなるまいぞ。もし、あたしたちコレクティブの女が、しょせん中産階級の女にすぎない、のならば、あたしたちにとってベトナムはしょせんベトナムだし、三里塚もしょせん三里塚以外のものではない。

三里塚に対するあたしたちの気持の中には「位置づけ」とやら称して連帯を乞う、そんなみっともない真似ができるか――という想いが長くあった。そして今も。

三里塚だけには限らないが、自らの行動の中に、自らの魂がいかように胎まれているかをごまかしなくみる視点なしに、政治情況の中にしかるべく位置づけ、一寸のすきもない程論理で目ばりして「やらねばならないもの」として、闘争と自己を対置する人、できる人に対し、あたしたちは空虚さを隠せない。体験主義に盲従することは、いうまでもなくナンセンスとしても、かといって「なぜ三里塚なのか」を、日帝のアジア侵略云々から説き明かしていくその口裏はずいぶんと白々しい。

闘争が、それを担う主体に胎まれたものの外化としてある以上、闘争とは主体の「生きる」そのものであり、三里塚の百姓の壮絶な生きざまに対し、あたしたちはどのような自己を対峙させていこうとするのか。――答えの欄は空白のまま、「援農」が、「援農」でしかないような三里塚とのかかわり――その空虚を「支援」ということばですりかえたくない、という想いの中で「三里塚」は遠かった。

　ゴーマンさは百も承知で、しかし、百姓の生きざまのツメの垢でも我が身に胎むことを抜きに、百姓の生きざまの凄さのまえに、尾を振るのも、巻くのもイヤだった。そういうゴーマンさを持たねば、何がしかの宿泊代を払って、「援農」させてもらって、そして取れる農作物は百姓の倉へ、という支援闘争の構造の中で、おそらく空転していく自分しか見出せやしないと、「直感」したんだ。その軍門に下ることを最初から了承して行くような、そんなお人好しな行き方、そんないいかげんな、「三里塚」との出会いは、どうしてもイヤだった。

　しかし、不幸にも、生かされもせず殺されもせず、「今日」と「明日」の境目も定かならないお仕着せの生を、すりイモのように生き続けてきた者が、世界革命戦略！　の中にもっともらしく三里塚を位置づけてみても、また、行けばなんか視えてくる式の、没主体的願望主義に殉じようとも、はたまた「そうじゃない、そうじゃない。〈あたしの三里塚〉をあたしの中に胎まねば」という焦燥を抱くにしろ、そんなこととは無関係に三里塚は在る、どの道三里塚との関係性は、今までどのように生きてきたのか、そしてこれからどのように生きるのか、という自己に対する問いつめの中でしか意味をなさないとするならば、三里塚とどのようにかかわるかの、その門口《かどぐち》はしょせん五十歩百歩。てんで勝手な想いの中に、てんで勝手な「三里塚」がある。あっていいのかもしれない。ウン。

（三里塚への固執と戦い『現代の眼』七一年一一月号）

コレクティブの女たちが、三里塚へ発ったあと、以上の原稿が書けずに、胎み女と共に取り残されたあたしは、現地で、リブの女たちが「ウーマン・ブー」と嘲られていると風の便りに聞いたのだった。女たちが何故そのような屈辱に耐えているのか、いられるのか、あたしにはわからなかった。そのような嘲笑を投げつけてくる男共に対する怒りと、帰ってこない女たちに対するいらだちで、あたしは、その煮えくり返るような想いを、新左翼批判の筆にこめたのだった。

——しかし、いま読み返すと、どのように三里塚にかかわろうと、結局「過程」の問題でしかなかろうと論じた、そのあたしの新左翼批判は、あまりにも楽天的であった。あまりにも寛容であった。「人間の未来は、人間である」、ということばを信じることなしに、運動なんてできない相談ではあったが……。

2　「チョウからアオムシへ」の誤り

あたしがこの目で「赤軍」なるものと初めて対面したのは、あれは確か一九六九年九月十日、日比谷野外音楽堂に於ける集会でだったと思う。なんの集会であったかは覚えていない。個人史のところで述べたが、その頃、あたしはある革マルくずれの男と同棲していた。手に手をとってその集会に参加したあたしたちは、野音の塀の上に腰かけて、集会見物とシャレ込んでいた。マイクから流れてくる声を聞くでもなく（もっとも聞いたところで意味不明であったが）、男の肩にもたれてボンヤリと、木《こ》洩日《もれび》を見ていた。その頃、挫折とまではいかなかったが、いままでやってきた闘いとか運動とかいうものが、妙に白々しく思えて、いつもスウスウ風が吹き渡るような想いを貼りつかせて、あたしはいた。

その時も全然気がのらず、だけど少しは気にかかるといった、宙ブラリンの気持で集会に来ていたのだった。書いているうちに思い出したが、その集会は確か全国全共闘の結成大会だったと思う。さて集会の最中に突然内ゲバ騒ぎが起きた。赤ヘル[2]同士のケンカであった。彼等は、あたしたちが座っている塀の、その真下でタケ槍や棒を構え合った。中にはコーラの瓶を持っているのもいて、それが九月の陽光に一瞬キラリと光った。

生まれて初めて見る内ゲバ。怖いもの見たさの一心で、あたしはいまかいまかと男の肩ごしに合戦のその時を待った。「赤軍」と書かれたヘルメットは、相手のヘルメットの約二分の一の数。どちらが勝っても負けても、どうということのないあたしだったが、なんとなく「赤軍」に勝ってもらいたかった。判官びいきは人の世の常——傍観者は気楽なもんである。コーラ瓶がひとつヒューと飛んで幕が切っておとされた。あっと言う間に竹槍が、棒が叩き合いを始め、コーラ瓶がせわしなく飛び交い始めた。目をつぶっては開き開いてはつぶり、あたしは息をつまらせて荒れ狂う下界をのぞき見た。十五分後、勝負はついた。「赤軍」が勝った。どういう訳か、彼等は皆、白いワイシャツに黒っぽいズボンをはいていて、ひどくストイックに見えた。しかも上から見たせいか、その姿は小柄だった。ヘェー、やるじゃない。男が興奮して言った。真下の男たちと、自分のとなりにチンマリ腰かけてる男とを、あたしは無意識に較べた。そしてなぜか急にその男がうとましく思えた。——男の肩から手を離した。

　女らしさ願望は、常に男らしさ幻想をひきつれている。そしてむろん、男らしさ願望は、常に女らしさ幻想を伴ってある。少人数の男たちに勝たせたいと思うのも、勝った男と自分の男を較べて、自分の男に興ざめの気持を抱くのも、あたしの中にある女らしさ願望と、男らしさ幻想の故であった。

　おじいさんは山へ、おばあさんは川へ行かねばならない、という強制は、山へ川へ、行ってしまうおじいさん、おばあさんによって支えられ、しかもおじいさんとおばあさんは互いに相手を呪縛し合う。川へ洗濯に行くおばあさんは、己れの中の〈川へ洗濯に行ってしまう女〉を意識化できない。むろんおじいさんの方もそうだ。人が、意識してものごとを選択するのは、ホンの限られた部分であり、日常性とはまさしく無意識の連続に他ならない。支配体制の日常性とは、川へ山へ行ってしまう自分に気づかない女と男の、その日常性に支えられているのだ。そして今日までの新左翼も又――。

日帝打倒云々かんぬんと、頭の中で反権力への志を固く決めようとも、しばし美人の膝枕、無意識の部分は日常性の中で惰眠をむさぼることはいくらでも可能なのだ。目的意識的に闘いを追求するためには、無意識の部分を意識化せねばならない。近代合理主義思考は、無意識を切り捨てさせることによって、闘いの中に「反革命」を絶えず培養していく。

さて、腹切りは殉死あってのもの、殉死は腹切りあってのもの、といってもそれは同一線上においてではない。腹切りは殿様次第であり、殉死はその腹切りあってのものだ。女の殉死はまずもって男の腹切りあってのもの。つまり、マルクスを知ることで世間的な価値観は無視しえても、好きな男の価値観は無視しえない。イソイソと殉死の美学に行《ぎょう》じてしまうところに、女の生き難さがあるのだ。一夫一妻制度解体！　のスローガンを自ら裏切って、家事にいそしむ「元左翼」女性があまたいるのはこのせいで、殉死は、今に生きている。

この頃はあまり耳にしないが、一時「共稼ぎ」という形態が、あたかも新しい女の生き方であるかのように云々された時期があった。経済的自立をもって女の夜明けを推しはかろうとする意見は、女性解放運動の言わば伝統的潮流であり、「共稼ぎ」をもてはやす者の根拠もそこにあった。

共稼ぎ――それは女にとって、日曜日に山のような洗濯物ととり組む理由であり、閉店間際に百貨店に駆け込む理由であり、コンドーム使用の理由であり、そして経済力を持っている理由である。「共稼ぎ」の女にとって、「共稼ぎ」という事実は、その日常のすみずみにまでかかわるものとしてある。しかし、男にとってはどうであろうか。その答えは「ウチの主人は共稼ぎだけれど、協力的なんです」という、女自身のことばの中に問わず語りに語られている。

　ひとつ屋根の下で、「共稼ぎ」の日常を共有していながら、夫を協力者とし、己れを主体者となす考えは、女の中に血肉化されている女らしさ願望故であり、つまりは男らしさ幻想故である。協力的な夫、に喜びを感じる「共稼ぎ」の女とは、「共稼ぎ」させてもらっている殉死の女に他ならない。大義に向けて生きる男、千両役者たる男を、ツマラナイ日常の雑務にわずらわしていることの負い目が「共稼ぎ」の女を、グチも言わない女房の小春に仕立てあげる。

　女らしさ願望は、常に男らしさ幻想に規定されてある。男は、己れを特に男だと意識しないというが、それは、腹切りがあくまでも殉死を規定しているからで、しかも、内実は殉死あっての腹切りであるところに、男と女のかかわりの、その解き放ち難さがあるのだ。

　さて、日常のその雑務に於いては協力者たる男も、非日常に於てはその立場を逆転する。非日常こそ、男の大義の花道に他ならない。想うに、世が安定すればする程、強悪な犯罪が増えるというのは、非日常に於て己れを鮮明にする機会を持ちえないままに、男の情念が、暗く屈折していく、その結果としてのことかもしれぬ。なにしろ協力者とは、生命の不完全燃焼を宿命づけられた生なのだから。そうなのだ。なぜ新左翼からリブが生まれるべくして生まれてきたかの理由もそこにある。

　あたしのかすかな記憶に依れば、赤軍がうみだされた、その直接のきっかけは一九六九年四月二八日の沖縄反戦デー、あの時の敗北の総括からだった。その年の一月一八、一九日には例の東大安田砦の攻防がドラマチックに展開され、それまで快調に歩を進ませてきた新左翼に、落日の時が近いことを予感させた。そして、四月二八日当日は圧倒的な敵の物量のまえに、新左翼は、コテンパに打ちのめされたのだった。

「六九・四・二八沖縄デーに於て、大衆的実力闘争が破れるべくして破れた時、自然発生的に到達できる「軍事」の限界性を明らかにしたと共に、闘争主体のプチブル的限界性をもはっきり白日の下にさらした。男の、男による、男のための闘いの弱さが暴露され、革命が「男らしさ」を象徴する時代は終わりを告げた」

これは、あたしが書いたあるビラの書きだしの部分だが、思えば、六九年四月二八日という日は、新左翼がそれまでの一切の手がかりを失って、豊富な零からの出発を余儀なくされた日であり、赤軍とリブは、落ちゆく夕日を浴びつつ胎まれ、生みだされた赤子としてあった。

すなわち軍事の限界性に固執する中から赤軍がうみだされ、闘争主体の限界性に固執する中からリブがうみだされた訳だ。紐の両端を引っぱりあう按配で進んできた両者であったが、腹切りは、常に殉死を規定する——払拭《ふっしょく》し切れぬその〈女らしさ〉願望の分だけ、あたしたちは〈男らしさ〉幻想、革命家幻想の網の目にひっかかる危さを胎ませつつ、リブを模索してきたのだった。

その幻想とは、日常の惨めさは非日常の中で、すなわち権力闘争の中で解き放つことができるという「革命的非日常信仰」に他ならなかった。あたしたちがこの幻想と決別しえたのは、リブ合宿の時であり、あれを開催した秘めた目的のひとつは、新左翼と明確に袂《たもと》を分かつことにあった。それは、まずもって己れの内なる男らしさ幻想、革命家幻想に対する決別を意味していた。しかし、女の肩に重くしわよせすることで、かろうじてその生産性の論理を保ってきた新左翼の、その非日常優先の運動総体を否定的に総括する中から始めたリブであるのに、今さらながらのその網の目に、ウロコをひっかけられるあたしがいた。……いや、はたしてそれはあたしだけだったのか。

自分へのいらだちを、女はバカだと普遍化？　する時、その分だけ女らしさ願望が、男らしさ幻想が、まぼろしの革命的非日常信仰が甦る。

ホステスに対する最大のお世辞が「キミはホステスらしくない」ということであることは前に述べた。共におまんこさらして稼いでいるのに、娼婦よりか堅気《かたぎ》にみられたいという願望故に、水商売の女はだまされる。

堅気に見られたい願望とは、自分に価値ある殉死を、男には価値ある腹切りを求めようとするそれである。「ホステスらしくない」ということは、女らしさ願望、すなわち価値ある殉死を欲望させる。すべての男が大久保清[3]なら、自ら川へ行ってしまう女の、その歴史性をひきずって生きるこの世の女という女は、大久保清の被害者に他ならない。男の目に映る己れをアテにして自分を肯定しようとする者は――。

かつてベトナム反戦運動と学園闘争が相乗的に盛り上がったその最中、「加害者の論理」というのが「自己否定の論理」と対になった形で登場してきた。議会民主主義の幻想にあくまでしがみつき、ベトナムに対しても、平和を祈ります式の運動しか展開しない日共に対し、新左翼の若者たちは、日本のベトナム戦争加担を己れの問題として真摯に問いつめる中で、反戦運動を模索していった。「加害者の論理」とは、自分の日常そのものがベトナムに対する加害者としてある、その事実、その痛みから出発しようとするものであった。

さてあたしが生まれて初めて自分の尻尾以外のものをハッキリとらえることができたのは、その「加害者の論理」に依ってであった。なぜあたしだけが石に蹴つまづいてしまったのか、なぜあたしだけが、の想いで凝り固まってきたあたしだったから、そんな自分が実はベトナムに対する加害者としていたのだ、という認識を得た時、目の前をパッを照らし出された想いであった。今までとは全然別の視点で自分をとらえることができた時、泣いてるベトナムの子はあたしだ！　というそれまであたしの救援活動を支えていた被害者の論理は、止揚されるべくしてされていった。

　抑圧者としてという視点は、ベトナム反戦運動に、ある種の使命感をもたらした。その使命感が、やらねばならないの、ねばならぬのムリを正当化していった。とにかく抑圧民族なんだから、四の五の言わずに日帝打倒に取組まねばならぬ、という訳だ。セクトのアジテーションは、常に「抑圧民族としてのォ、我々はァ」で始まり、「抑圧者」としているという共通項のもとに、新左翼は一丸となって革命の大義を掲げ、「決戦」へ、「決戦」へとひた走って行ったのだった。つまりは政治権力へ、政治権力へと――。

　もとはと言えば、その「加害者の論理」というやつは、体制的日常こそを問題にしようとしていたのだと記憶する。とにかく日本の高度成長はベトナム人の血で贖《あが》なわれたようなもの。だから、企業という企業の、そのほとんどがなんらかの形でベトナム戦争に加担をしていたし、そう意味ではまず日本人としての己れ自身の日常こそが問われたし、さらには沖縄を基地として連日飛び立つ爆撃機や、本土の基地、弾薬庫、軍需産業と、日常的に反戦の闘いを展開しなければならない対象は、数かぎりなくあった。

　つまり、中央権力闘争と称される革命的非日常に対するアンチの意味あいを含むものとして「加害者の論理」はあったのだ。しかし、今だから言えることではあるが、抑圧と被抑圧をスッキリと二分する考え方は、所詮理屈の範疇《はんちゅう》であった。というのは、加害者としてのあたしらの日常とは、抑圧と被抑圧の重層的なかかわりの中で営まれている。まずもってあたしがそうであった。例えば、言葉を持たない女に対して、持つあたしは光として存在するが、しかし、目鼻だち不揃いな故に、あたしは闇でもある訳で、そんなかかわりが、日々のあらゆる人間関係の中で反復されていく。それがあたしの「日常」なのだ。そして、そのかかわりは、社会的な力関係を背景に、あたしたちの上にも反復されていく。

沖縄人《ウチナンチュ》に対し、日本人《ヤマトンチュ》たるあたしたちは、光として存在するが、だからといって「皇后美智子を娼婦にさせちまェ」という沖縄の男のことばを寛容をもって受け入れる訳にはいかない、といった具合に、被抑圧者同士の抑圧／被抑圧は、社会という布地に解き難く縫い込まれているのだ。それをさして、階級社会とは〈誰にも出会えない体制〉だという風にあたしは思ってきたが、とにかく、被抑圧者にとって、抑圧／被抑圧とは一体となってその存在に胎まれるものとしてあるのだ。

どこからか、権力とのかかわり、すなわち階級的視点というやつが抜けてるじゃないか、という声が聞えてくる。しかし、ことさら権力、権力と騒がなくても、あたしたちは日常的に権力に包囲されて生活しているよ。「権力ブルジョワジー」というスッキリした言い方からはもれてしまう権力。最も身近で、直接的な抑圧は、表面は決して「政治的」な趣きを呈していない。権力のその意思は人間関係を通じて伝達されていく。人々に、手はこれ以上伸びないものだと思い込ませていく。

例えば、リブは、傷ものの女——中絶とか強姦とか、その個人史に暗い過去を持っている女がやっている運動だと固く信じている人々が、反体制を生きてる（つもりの）男たちの中にもあまたいる。

バカバカしさも度がすぎると、空恐ろしくなるものだ。惨めさとか痛みというものをそんな風にしかとらえられない人々によって、この体制は、その支配を安定させているのだから。

すなわち「女は純潔」をもって良しとする支配の論理そのままに、中絶・強姦イコール汚れた女という考え方をもって彼らは惨めさを理解する。そして彼らはまた、そのような考え方の延長線上に、在日朝鮮人、沖縄人等を「被抑圧者」としておくのだ。

リブをそのように見ていることが問題なのではない。そういう男と関係性を結んでいく女たちが、権力の意思を体現しているその男の前で、自分でない自分を意識・無意識に装ってしまうことこそが問題なのだ。前の男とのことを、胸中深く秘めて、それでもいつかバレるんじゃないかと萎縮しつづける女の、その惨めさこそが、問題なのだ。

階級対立といったところで、ブルジョワジーが直接抑圧してくる訳ではない。佐藤首相が手を伸ばして女の生命の輝きを奪っていく訳では決してないのだ。「男のヒトが訪ねてくるのは好ましくない」との大家のひとことが、就職組を差別する教師が、結婚退職制をほのめかす係長が、日々の生き難さを作っていく。そして桐島洋子の言うような「充実した生活」が自分にもできるんではなかろうかという、女自身の幻想が、その生き難さの中心にある。己れの中に可能性を見るのでなしに、やりがいのある仕事、すてきなマンション、理解ある夫の中に可能性を見ていこうとするような、もしかしたら己れ一人位は蜜なめられるのでは、のいじ汚い願望によって、女は、権力の網の目に引っかかっていくのだ。どこにもない幸せ、どこにもない男を夢見つつ、女は、代々おかめから般若へのさすらいを続けてきたのだ。

〈女とは何か、はたして我々は女なのか〉というリブのうぶ声は、この〈誰にも出会えない体制〉のもとに切り裂かれていく被抑圧者としてのその自らの惨めさ、痛みに気づいた女の叫び、すなわち、解放の原点、自らの主体を確立する根底の視点に気づいた女の叫びに他ならない。それは人間解放の闘い——未来的な人間関係の萌芽を「主体的」に創りあげていく場における、「没主体的」な自らに気づいた女の叫び、誰とも本質的な人間関係を創れない——〈誰にも出会えない体制〉のもとに内側から侵蝕される自らの痛みに気づいた奴隷の叫びに他ならなかった。

階級社会がこの〈誰にも出会えない体制〉としてあるからこそ、我々は革命への希求を内的必然性として持つのだ。すなわち我々は、闘いを通じて自らを普遍化させる中で全ての人々との出会いを追求していく者としてある。

男にも、女にも、子供にも出会えない痛み↓〈おんなであること〉の痛みは共通の思いを持っている者同士——すなわち類の女へと我々を飛翔させる原点であり、その飛翔は唯一、世界革命戦争の中で対象化される。自らの「生」を生きる中で、他の「生」と交錯しようとする希求、疎外され、断片化された人間が、普遍的な人間関係を模索する中で、自らの全体性をとり戻そうとする最も本質的な希求が、我々に世界革命戦争を夢見させるのだ。支援闘争とはその希求、すなわち〈出会えない体制〉の中で最大限の出会いを追求しようとするものに他ならない。我々は支援闘争を通じて自らをとりもどし、女から女たちへの萌芽を自らの中に模索するのだ。自分自身の主体を「人間として」ではなく、「女として」確立していく中でしか抑圧者としての自己の血まみれた歴史を、我々は清算しえないのだから。

（ビラ　なぜリブは入管を闘うか）

このビラに限らず、かつてあたしの書いたビラの中には、しばしば唐突《とうとつ》に「世界革命戦争」が登場してくる。物ごとを自分に引きつけて考えない男たちがよく、田中さんはブント[4]の何派だったんですか、などと唯一それだけが関心事、といった面もちで聞いてきたものだが、なにを隠そう、革命的非日常幻想への憧れがこのことばを吐かせたのであり、しかもそれは「政治」の問題ではなく「エロス」の問題としてあった。つまり情念の中に誕生した世界革命戦争であった。出会いへの希求、生ききりたい希求が、そのようなことばを選択させたのだ。

つまり、○・○日闘争をもって未来を遠望してきたそのような志向性の行きついた果てに、あたしの内なる世界革命戦争が誕生するべくして誕生した。さらに言えば、「女として」の己れを根底にすえないままに「人間として」闘ってきたそのムリを、非日常をもって清算したい願望がその誕生を必然化したのだ。重ねてくどくどしく言えば、意図に反してとかく弁解じみてくるもの。その時のあたしが、そんなまちがいを必要としたということだけ、今は伝えるに留めよう。

さて、「加害者の論理」に話をもどして、「我々はァ、抑圧民族としてェ」の視点は、結局たてまえ以外のものではなかった。肯定でも、否定でもなく冷厳な事実として言うのだが、人間とは、他人の痛みなら三年でもガマンできる生きものである。それなのに抑圧者としての痛みなるものを原点にして闘おうとすれば、どうしたってうさん臭さがつきまとう。

そんなふうに、たてまえに生身《なまみ》を組み込む時、人は、常に頭かくして尻かくさずの醜態を演じるべくして演じていく。自称「抑圧者」諸君が在日朝鮮人、被差別部落民等の、「被抑圧者」に対し、絶えず「自己批判」を用意せねばならないハメに陥ってるのは、他人サマの痛みで闘おうとする者の、それは必然の道なのだ。

華青闘の7・7の訣別《べいべつ》宣言、劉彩品さんの支援の側の主体を問うあの叩きつけるように迫りくる告発のことば。そして劉道昌君の昨年一二月二五日に法務省から突きつけられた「半年」の在留許可証をのまざるを得なかった自分に対し「思想転向」を犯した、とまで自己批判を徹底化させ、あくまで闘争主体としての自己を問うていこうとする厳しい態度……。支援すら貫徹しえずに言葉ばかり大仰に飛びかう入管闘争を担ってるつもりの在日日本人は、彼らの前で打ちのめされ羞恥に息をつまらせる。そして再度深く確認するのだ。自らの歴史的責任を、すなわち抑圧者としての責任の重さを。そして遂には、在日朝鮮人・中国人の痛みを自分の痛みとして……とまでいい出す。

私たちが抑圧者であること、これは確認しすぎることのない事実だ。しかし、もう一つの事実を確認することなくして「抑圧者」としての自分への確認などタテマエでしかないのだ。

大部分の闘争主体は「抑圧者だ」「抑圧者だ」と自らにいい聞かせることによって入管闘争を闘っている。彼らは人の痛み――在日朝鮮人、中国人に下された弾圧にのっかって入管闘争を闘っている。そこに政治問題があるから！　というわけだ。

頭でしか「抑圧者」としての自己を認識できない者を、知的ブルジョアジーという。彼らは確認するまでもないもう一つの事実を視ないことによって自らを知的ブルジョアジーと堕《だ》す。もう一つの事実、それは抑圧者は被抑圧者でもあるということだ。

「他国民を抑圧する民族に自由はない」というレーニンの古典的テーゼを引用するまでもなく、抑圧者は抑圧者であるが故に、被抑圧者として存在する。被抑圧者としての自らの痛みを、自らの惨めさを視ることとなしに抑圧者としての自己など真の痛みになるはずがないのだ。抑圧――被抑圧を一面的にとらえる意識下には、被抑圧者は惨めな存在という思いがとぐろをまいており、抑圧者である自らの日常に安堵する闘争主体の醜さがほの見える。

在日朝鮮人、中国人の告発は何故本質性を秘めているのか。それは彼らが自らの痛みで闘っている闘争主体であることに尽きる。物ごとの本質的把握は真の「主体性」を確立する中でしかありえない。自らの痛みで闘う闘争主体が、なぜ真の「主体性」を持ちえるのか？　奴隷は奴隷と思わないことで奴隷と堕す。すなわち奴隷の惨めさに気づいた奴隷は奴隷である自らを解き放す「主体」として、自らを現出する。奴隷の惨めさを自らの痛みとして意識した時、その痛みは支配――被支配のない世界における「生」＝類的人間への萌芽、解放への原点へと飛翔するのだ。

自らの痛みを持って闘う中で我々は自らを普遍的に対象化できるのだ。そうだ、我々は抑圧者としての自己を闘いの中でしか普遍化できないし、その闘いとは被抑圧者としての自己の痛みを原点に切り拓かれていくのだ。

（ビラ　リブはなぜ入管を闘うか）

自己を被抑圧者としてとらえない、その意識の中には、抑圧を相対的にとらえようとするものがあるようだ。よく、あたしたちのところに来て、あたしには特にコレといった痛みがないんです、など と抜け抜けと言う人がいうが、この世に生きてる限り、生き難さを感じないで生きてる人なんて、そりゃ生きものじゃないよ。「下層プロレタリアート」なるものにだけ、革命への内的必然性が恵まれているとすれば、この世は闇だ。自らを「抑圧者」として容易に対象化し、しかもなんら矛盾を感じないでいられる人とは、世にもマレな聖人か、大ウソツキかの、どちらかだ。そして残念なことにほとんど後者だ。

己れの生き難さを感知しえない人とは、実は、存在そのものが鈍化している人なのだ。己れ自身から欺かれてる人なのだ。そういう人々は、体制の十八番《おはこ》である「あのヒトよりしあわせ」の論理に安堵する。

「女、女と言うが、キミたちは、被爆者、在日朝鮮人の痛みを考えたことがあるのか！」というような叱責が、そのむかしよく飛んで来た。今は飛んでこないということではなく、新左翼とおつき合いがなくなったから、聞えてこないだけの話で、たぶん今でも「プチブルの、中産階級の、リブの女たち」に対し憤慨《ふんがい》し続けている人がいるに違いない。

しかし、痛み、闇とはそれを闇と感じる個人にとっては常に絶対的なものなのだ。むろんとり付いたら離れないという意味ではない。闇とは、この社会の価値観からはずれてしまった事実からうみだされていくものであり、であるならばそれを闇と感じる己れを問いつめていく中で、この社会の価値観の、そのウソッパチに気づくことで、あたしたちは己れを新たな価値に向けて創造しえるはずなのだ。己れの闇をひた走る中で、真の主体性は確立される。それは観念論ではなく、まさしく弁証法的発展というやつなのだ。

本音にはふたつあるということを第一章で述べたが、体制の価値観に媚びたい己れと、そうはしたくない己れの、そのふたつの己れ、その矛盾の中で、あたしたちはこの生身を弁証法的に発展させていくことが可能なのだ。ふたつの相反する本音が互いに己れを主張すれば、この身がとり乱すは必然であるが、しかし、そのとり乱しの中にこそ、あたしたちの明日が豊かに胎まれていくのだ。己れの闇は、己れの闇というのは、そういう意味であって、闇を不条理として諦らめる、ということでは決してない。体制の価値観に従属したくない己れとは、その痛み、その闇から導きだされてくるものに他ならない。なぜなら、痛みを感知し、その痛みから体制の価値観（光）を見れば、体制の価値観の貧しさ、イヤらしさが舞台うらから丸見えで、そんなもの追っても、空転以外のものは手に入る訳がないと、イヤでもわかってしまうのだ。

そして痛みを負ったということは、生きものであることの、人間であることのまぎれない証しだということも又、知るのだ。むろんなにもかも急にわかるのではなく日々の生き難さの中でもう少しもう少し手は伸びないものか、と模索する中で視えてくるのだ。

闇を闇と知ってそれを己れに負う時、あたしたちは、自分を解き放つ原点、すなわちあたしたちにとっての光と出会っていく。己れの闇は己れの闇。被差別部落民の、在日朝鮮人の、百姓の闇を、あたしたちは共有できない。しかし、己れの闇に固執する中で、その共有できない闇の、共有できない重さの、「共有できない」ということを己れにどこまでも負っていくこと。あたしはあたし……ということはそういうことだ。

己れの闇と、他人《ひと》の闇の、すなわち己れの生きざまと他人の生きざまのせめぎ合いの中で、〈われらが明日〉は光を胎む。

それなのに「加害者の論理」はともすると、被抑圧者としての自己を切り捨てさせてしまう。抑圧者であり、被抑圧者でもあるという矛盾の中に、闘いの弁証法が息づいているのに、自分を抑圧者一辺倒で塗り固め、たてまえでしかない革命の大義を使命感をもって奉ってしまうところに、「加害者の論理」の犯罪性があるのだ。抑圧者であるというのは、実感的にはあくまでたてまえであって、そうである以上常にスッキリとしていて、男たちにその男らしさ願望、革命家願望を満足させる。

「やらねばならない階級闘争」に、使命感をもってとり組む時、時にたてまえに殉ずるその不自然さやその禁欲主義は陰微な喜びをもたらす。

やらねばならないの決意がうみだしたその頂点に、つまり心ひそかに秘められた喜びの頂点に、○・○日の革命的非日常が設定されていく。禁欲主義がもたらす陰微な喜びには、常に罪悪感がこびりついている。故により一層やらねばならないの決意が煽り立てられた。そして遂には、より命のかかる方向へ、すなわち死に急ぎ、生き急ぎぶりが闘争主体の「革命性」の証になっていった。

「あの時、おまえら闘ったのか」のひとことが「非国民」を問いつめることばになったのは、こういう背景あってのことなのだ。

主君のためには命までもの切腹の論理、男らしさの論理によって革命の大義が奉られる時、その闘いが非日常空間に己れを求めていったのも、したがって女が黒子として、協力者として男の花道を支えるべくして支えていったのも、すべては約束された定めであった。「加害者の論理」は、「大義のために私を殺す」と、近代合理主義を結んでゆく接点となり、しかもその結び目を「やらねばならない」使命感で包み隠してしまうのだ。

反体制を志す者の誤りは、その闘いを意識的には近代合理主義への叛旗として展開しつつ、すなわち奪われた肉体の復権を志しつつ、己れの中にそれと逆行する芽が育っていることを意識化できなかったことだ。あくまで意識的な部分でのみ己れをとらえ闘いをとらえてきたことで生じる、それは誤りに他ならない。

共にツマラナイ日常、オルガスムス不在の日常を土台にうみだされるファシズムと革命。その違いは、支配者の設定した非日常に生命の飢餓感を、そのオルガスムス願望を満たそうとするか、被支配者自身の設定した非日常にそれを求めるかの違いとしてある。むろんここで言う非日常の設定とは、いつ、どこで、なにを武器に、どのようにして、という戦略戦術レベルの問題では決してない。言い添えれば赤軍は、そのような戦略、戦術レベルの問題として非日常を求めたが果ての結果を今回のことで明らかにした訳だ。

逆説的な言い方になるが、オルガスムス獲得の非日常は、オルガスムス不在の日常の中に創造される。あたしたちにとってそれは女らしさ願望、すなわち尻尾を振るメスとして生きることからの解放、その追求を意味する。私有財産制が、上部構造（意識、文化の領域）に与える最も凝縮したイデオロギー的表現としてある一夫一妻制度に深く浸蝕されつつ、即時的に非日常空間にオルガスムスを求めていった新左翼が、結局は敵の手の平の上で右往左往してるものでしかなかった事実こそ、妙義山中の「あるひとつの帰結」が問わず語りに告げている。「なんでも気がついた時は、問題意識をそのままにせず、深く掘り下げておかないと、タマゴはアオムシに、アオムシはサナギに、サナギはチョウに、といつのまにか誤りは誤りとして弁証法的に発展成長し、気がついた時には思いもよらないどえらい事になる」。

三島の切腹に際して、感嘆した男たちに感じた違和感、それを必死に「ここの家だ、ここの家だ」と指し示してきたつもりだけれど、今となっては事実が全てを証明する。赤軍の誕生と軌を一にして生まれた私のリブ。である以上、アオムシからチョウへと、彼らはい、つ、の、ま、に、か、勝手に誤りの成長を重ねて行ってしまったのだとは、あたしはスッキリと言うことができない。いや、正確にいえば、彼らはチョウからアオムシへと、弁証法的にその可能性を後退させてしまった訳だが、その後退になんとなく気づいていながら、彼らに近づかないようにしてただけのあたし。それだから、彼らの誤りを他人事として論じることは、あたしにはできない。

チョウからアオムシへの後退は、新左翼の中の男女のかかわり――バリストの中でも相も変わらずおじいさんは山へ、おばあさんは川への分業体制がとられていたその誤りの中にこそあったと思うから。

3　インポからの脱皮

ついこの間の日曜、桜も今が盛りだとかで、上野の山は桜を見に来たのか人ごみを見に来たのかわからない程の賑わいをみせたという。なにしろ四万が定員の上野動物園に、十何万人とかが入場したというのだから、山の虫や獣にとってはとんだ厄日であった訳だ。

一本でも桜、百本でも桜。桜を楽しむやり方には様々あるだろうに、なぜ人は、混雑を承知で、より混雑させるための桜見物とシャレ込むのだろうか。埃っぽい雑踏の中で、行楽とは程遠い惨めさを共有し合う中で、人々は、己れの何を満たそうというのだろうか――。それはたぶん、「あたりまえ」であることの確認。これだけの人間がつまらない桜見物を共有していることの安心欲しさに、とかくメダカは群れたがる――。

奴隷の最も有効な飼育法は、絶えず欲求不満の状態に囲い込んでおくこと。つまり、なんとかこのやり切れない状態から脱したいという、その人々の欲求を煽りたて、そして、搦めとることによって、古今東西、支配者は常に漁夫の利を得てきた。奴隷は、生命の不完全燃焼を、その潜在的飢餓感を、なんとかして埋めようと「資生堂」に、「ソニー」に、「日産」に救いを求めていく。もしも色白の肌になったら、もしもステレオがあったら、もしも車を持っていたら……、「ガラスの靴」を待ち続けているのは女ばかりではない。奴隷という奴隷は、夢見つつ老いていくのだ。

桜ではなく人ごみを見に行く人々は、もしかしたらあそこへ行けば楽しいことがあるのではないかの、その「もしかしたら」を他人《ひと》サマと共有するために日曜日を犠牲にするのだ。もしかしたら幻想は、裸の王様の、その薄ら寒い生《なま》の姿を人々の目から覆いかくしてしまう、そのカラクリの元凶だ。「今日の惨めさ」を、「明日のもしかしたら」にすり変えていく、その人々の志向の中に、ファシズムの芽が育まれる。

素顔、Tシャツ、ジーパンで街を歩いていると時々酔っぱらいから「なんだ、これでも女か」などとイヤ味（本当にそう思ったのかもしれないが）を言われる。反対に、なんだこれでも男か、と言われる男たちもいる。長髪族がそう、彼らは今、下宿、アパート、就職口から見離されつつあるそうだ。

連合赤軍の一部が、軽井沢かどこかで捕えられた時、そのきっかけを作ったお手柄おばさん、駅の売店のおばさんの、そのピーンときた理由を、新聞はこんな風に伝えていた。曰く、ボサボサ髪、汚れた服装、異臭、若いのに「しんせい」を買いにきた、女の子なのに口紅ひとつつけてない等々が、もしやの疑惑を彼女に与えたのだそうな。身なりを構わない女と、金がない男を見たら、ドロボウと思え――「中立」の立場で事実を客観的に伝える新聞の、その客観性を要約すればそれはこういうことになる。つまり、この社会の価値基準からはずれるものは死ね！という訳だ。クソッ、ボサボサ髪の女、口紅をつけない女、「しんせい」を吸う輩《やから》身なりの悪い輩は、この世では罪悪なのだ。

既製の価値観を無視して、己れは己れを貫く人々とは、王様は裸だ！と言える人々。明日のもしもにすがるのではなく、今日この時を、己れの思いのままに生きようとする人々は、その存在自体が支配者にとって目ざわりなのだ。そして、王様は裸じゃない、裸じゃないと呪文をかけ続けている人々にとっても、その存在は恐怖を意味する。

つまり人々は王様は裸なんだと気づいているのだ。気づいていながら気づいていないフリを装おうとして、人々はやらねばならぬの枠の中に己れを押し込み、しかし押し込みきれる訳もなく、絶えざる不安と欲求不満にその身をさらすことになる。

去勢された猫というのを見たことがあるだろうか。しまりなく肥え、従順、無気力を絵にかいた風。あれなら猫の首に鈴をかけようとするネズミがでてきたって不思議じゃない。思えば、王様は裸なんだと知りつつ、それに気づいていないフリを装う人々とは、ネズミの姿を目に止めながら我関せずを決めこむ、去勢された猫の無気力さに似てはいないか。通勤列車に押し込まれる生気のない、どれも似かよった顔こそ去勢《インポ》された猫のそれだ。去勢された猫の、生命の輝きを喪失したそのありさまは、性《セックス》が、生きもののその生きるの核心に、深くかかわっているということを問わず語りに告げている。

そうなのだ、性《セックス》は、生きものの意識構造の核心に他ならない。つまり、奴隷管理は性管理をもってその基軸となす。マンションで飼われる純粋愛玩用の猫は、そのほとんどが去勢されている。しかし人間サマはそうはいかない。労働力の再生産という大命題もさることながら、去勢までやってしまうと、大人しいだけが取り柄みたいになってしまって、それでは社会の大義が維持できない。

軍隊の秩序に従順で、人殺しに有能な〈天皇陛下の赤子〉も、生産性の論理に従順で、金もうけに有能な〈エコノミックアニマル〉も、共に性に対するタブーを母胎に生みだされてきた。

ホステスをしていた時、三歳の子が勃起するかどうかで論戦になった話は前に述べた。その時の感じでは、勃起説に異議を唱えた人々、つまりその場に居合わせたあたし以外の者たちは、目の前でそれを見せられても、頑強に否定し続けたのではないか。立つハズがないという彼等の主張は、実は立ってはならないという意味なのだ。「キミ、そんなに上品ぶってたらホステスなんてできないよ、関西はスゴイぞ、来るなり膝に乗っかってサ」というような話がもっぱらの場においてさえそうなのだ。まったくこの世は性に対するタブーで満ち満ちている。

しつけと体裁よくよばれるものは、なんのことはない、その中心は、性に対するべからず集だ。曰く、オチンチンをいじってはダメよ！　お医者さんごっこなんてなんです！　女の子がこんな夜遅くまで、ふしだらな！　といった具合だ。そして物心つくと同時に植えつけられる性に対する罪悪意識は、大人になればなるで、その貧しい生活環境を通じて日常的に養われていく。

山手線で新大久保あたりを通ると、やたらに♨マーク[5]の多いのに驚く。すでにもう何回も何回も、あたしは驚いている。あの小さく区切られた無数の部屋の一つひとつで、無数の黒白ショウが演じられているのかと思うと、感嘆にも似た妙な気持に襲われる。人間のけなげさといおうか、愚かさといおうか、はたまた貪欲さといおうか――。

しかし、思えばこの世は♨マークであふれかえっているではないか。四帖半のアパートや、せせっこましい団地で営まれる性は、「連れ込み」で営まれる性と大同小異だ。薄い壁、大家、管理人、子供、ご近所の目エトセトラ。あれやこれや気にしつつ営まれる、ニワトリの仕ぐさのようにせわしない性の惨めさ。なにしろ男が訪れたということだけで、アパートから追い出された女もいる位で、週刊誌が毎週派手に性の解放、ポルノ解禁を告げれば告げる程、現実の性の惨めさが際だってくる。

むろん週刊誌的性の解放、つまりニッポン式フリーセックスのことだが、そんなものは女を便所ととらえる男の、その薄汚い排泄欲求、あとは野となれ山となれ的な願望を口あたりよく調理しただけのもので、それは性に対する罪悪意識の裏返しにすぎない。婚前交渉、婚外交渉として、あくまで結婚を前提にして成立するフリーセックスなるもののフリーとは、いったい何を指しているのか。思うにそれは、金を出さずに女を抱ける男の自由、というものなのだろう。

「赤線[6]が廃止になったから、今どきの若いモンはとかく反抗的なのだ」などという人がいるが、赤線がフリーセックスという名に変わっただけの話で、赤線はいまだ健在なのだ。問題は、性を排泄行為として卑しめる、そのような考えにこそある。

聞くところに依れば、インテリにはインポが多いとか。しかし、逆インポというのもある。性を肉体的快楽の問題だと考え、カサノヴァを気取る男のことだ。つまり、インポとはオチンチンが立つ、立たないという問題ではないのだ。

一人で生まれ、一人で死んでゆく個体としての人間。あなたが〈おなかイッパイ〉になったことは、私が〈おなかイッパイ〉になったことではないという限界を、あたしたちはどこまでもお互い同士もっている。しかし一方に於て、あなたが、〈おなかイッパイ〉になったのを知って、あたしも満たされたいという想いが、人間にはある。その想いの底にはやさしさが流れている。個体としてしか生きられない生きものの哀しみを、分かちあっていきたいというやさしさが――。コミュニケーションといわれるものの根底にはやさしさが流れている。コミュニケーションとしての性とは、やさしさの肉体的表現なのだ。

（ビラ　おんなは誰のためにも愛さない）

複数の男と関わりをもつ女は「汚れた女」として卑しめられ、同じことが男の場合は甲斐性《かいしょう》として認められてきた事実は、性に対するタブーが主要には女をその対象としてきたからに他ならない。子に対して血の確認がしえるのは、その母親だけであり（男は子に対して、信ずる故に我ありといった存在にすぎない）、この世が財産の保全と相続を目的とする私有財産制なるものに依っている以上、女の性を一人の男の所有物となし、「家」の奥深くに囲い込む必要があった訳だ。むろん、ある日突然に私有財産制ができ上がった訳ではなく、社会の生産力の発展につれて、富がひと握りの者に占められていく過程の中で、女は、その性を、その生命の可能性を、一人の男のもとに封じられていったのだ。

よくある話だが、夫に愛人ができた時、妻によっては、とり乱しを抑えてこんな風な物わかりの良さを示す。「家庭に波風立てない、体だけの関係ならいいわ」。貞女二夫にまみえずという、女に対する道徳の押しつけは、女の心を体と切り離して、主婦と娼婦を作り出した。すなわち母（子産み機械）と便所（性欲処理機）とに、女を分断していったのだ。

そのむかし、国のため、家のための大義のもとに、女は、心と体を合わせもつ総体的存在としての自らを裏切って、「貞女」として、「日本の母」として、銃後の支えをなしてきた。そして、前線では、皇軍慰安婦たちが男の性をスッキリさせて、神国日本の大義を支える影の役割りを果たしていったのだ。

慰安婦のその多くが、狩り集められてきた朝鮮の人妻や娘たちであったことは前述した。そして今、フリーセックスが赤線の穴うめとしての役割を果たしている一方で、東南アジア、台湾、韓国において、エコノミックアニマルたちが彼《か》の地の女たちを便所代りにしている状況が、平和と民主主義幻想の、その死角でくりひろげられている。時代という皮は違ってもアンコは同じ、神国日本の大義の代りに、生産性の論理、企業の利潤が奉られているだけの話だ。

腹切りが殉死を規定し、殉死は腹切りを規定する。女の性に対するタブーが、貞女（心）と娼婦（体）をうみだす時、両手に花の男も又、その心と体を二分されていく。二分された心と体によって、性はコミュニケーションの問題ではなく排泄行為として堕《おと》しめられてきたのだ。すなわち女を便所にすることによって、男は自らを汚物化させてきたのだ。

性は自然な生命の欲求である。それなのに、性に対する罪悪感は、人々に、己れの生そのものを罪悪視させていく。故に人々は、その免罪を求めて、大義に殉ずる意識構造を心のなかに育んでゆくのだ。腹切りも殉死も、性に対する罪悪感からうみ出されてゆく。大義のために私を殺す禁欲主義は、己れの生の浄化を無意識に求める人々によって支えられてきたのだ。

性の欲求を抑圧することは、知能の、また情緒の働きの、一般的な低下を生じさせる。とくに、それは人々の独立性、意思力、判断力を失わせる。権威主義社会は、「道徳そのもの」になんら関心はない。むしろ、性道徳を植えつけることと、それが人間にもたらす変化とが、どんな権威主義社会の秩序をも支える大衆心理的な基盤を形づくる特定の心の構造をつくりだす。従属的な心の構造は、性的不能、どうしようもなさ、総統《ヒットラー》へのあこがれ、権威をおそれること、生きることを恐れること、神秘主義、などのまざりあったものだ。それは熱烈な忠誠心と、同時に存在する反抗心によって特徴づけられる。

（W・ライヒ『性と文化の革命』傍点筆者）

権威を恐れることと権威を奉ることとの根はひとつ。長いものには巻かれろの人間と、王様は裸だと知りつつあくまで裸じゃないと思い込みたい人々とは、性の抑圧からうみだされていく。そしてファシズムも、〇・〇日決戦主義も！

反体制を生きているつもりの男たちの、リブの女を見る目の中に、性《セックス》に対する偏見がまぎれもなくにじみでていることについては前に述べたが、「性《セックス》」のひと文字を見て金輪際ビラを受けとらない男もいた程で、新左翼の「新」はこと性《セックス》に関しては、「旧」以外のものではない。そのことは、いままで新左翼に於て、女がどのように存在してきたかの事実が赤裸に物語る。性の抑圧は、女への抑圧の中にこそ最も的確に窺い知ることができるのだ。

一票に個の怨念——人間一人びとりの〈生きる〉を大切にしない、いとおしまない体制・機構に対するうらみつらみ——を形式的に集約し、人間を量化し、侮蔑していく日共（日本共産党）の〈政治〉に対し、加害者の思想、自己否定、古田殺せに明らかなように個を問う、個の怨念から発し、権力と出会っていった新左翼の〈政治〉は、しかしながらあくまで〈人間として〉という視点に留まって、しかも人間として＝男として存在している男中心のブルジョア社会、ブルジョア的諸関係をとらえ返すことなく個と政治闘争とのかかわりが煮つめられていったが故に、そこに於いて女は結果としては利用主義的にしか存在できえなかった者としてあった。

言うまでもなく、女であることに甘え、男の即自的意識に拝跪し闘争組織内部においても〈抱かれる女〉として存在していた自らをまず根底的に問い直さねばならないと我々は考える。と共に、カッティング、スッティング、革命家ぶった男の活動資金稼ぎに始まって家事、育児等々の重い日常性を何の疑問もなく（少し位のやましさは免罪符にもならない）女にしわよせさせ、自らは氷山の見える部分だけで革命論、戦略、戦術を構築し、「結婚するなら運動やってない娘」という同志？　の言葉もあいまいに聞き流し、会議の席上では国際プロレタリア主義、ベトナムへの連帯となめらかに語り続けてきた男を、革命派内部の男女差別を根底的に告発せねばならない。

男は女を肉体的に占有してきただけではない。男は女から言葉を、すなわち思考を奪い続けてきたのだ。観念の上で作り上げられた男の非日常的理論＝革命へのもっともらしいさまざまな講釈のまえに、女は貝に、壁の花になるか、又は男のコトバで語り、男並みにガンバルことで男＝闘いの通行キップを手に入れるか、の二者択一を迫られる者として存在し、また存在させられた。

そして、女の内部に吹きすさぶ〈女であること〉の怨念はカワイコちゃんと、カクメイ派の間に女同士の差別構造を作りだすことにそのはけ口を求めたのだった。こんな惨めな、バカバカしい差別構造を、女は人間解放を志向する闘いの中に何故、今まで許し続けてしまったのだろうか!!　我々おんなは!!

（ビラ「ごまめの歯ぎしりを、女兵士に止揚せよ！」抜萃）

新左翼の女にとって、「革命」とは男らしい男の代名詞としてあった。プチブル社会では絶対に出会えぬ王子サマ。一般の女が、「資生堂」で化粧する時に、彼女たちは革命の大義で化粧した。「もしも肌が白かったら」の願望が、「もしも革命になったら」の願望にすりかわっただけの話で、いつか来るガラスの靴を夢見ている点では変わりがなかった。「革命」が男らしさ幻想の産物であれば、それと対になった女らしさ願望が解放運動のそのただ中に、女同士の反目の荒野を現出させたのは理の当然というものであった。その反目は、革命の大義に対してどちらがより役に立つ殉死をモノにすることができるか、の争いとしてあった。革命（大義）を奉ることと、革命家（男）を奉ることは同じであり、どちらを信奉するかでゲバルト型と、かわいこちゃん型に分かれてこの両者は共に顔をそむけ合ってきた。[7]

かわいこちゃん型は男に向かって尻尾を振ってきた、その女の歴史性そのものを体現し、革命を奉るゲバルド型の方は、その内なる男らしさ幻想が、男らしさ願望へと煮つめられる中で闘いの前線へとその身を進出させていった。しかも一方で、相変わらず無意識領域に鎮座している女らしさ願望のその内なる反革命性故に、彼女らは、より一層意識的な部分の革命性に固執すると共に、一般社会の女とかわいこちゃん型への蔑視と憎悪を深めていった。

昨年、中核派の第三〇回全学連大会に於てリブが起こり、かなりいいセンまでいったらしいが、結局例の「秋の決戦をやりきる中でェー」のもっともらしさの中に吸収されてしまった裏には、セクトの悪辣《あくらつ》な政治性と、女自身の日和見主義があった。日和見主義とは、己れの内なる反革命とトコトン対峙せずに逃亡したことを指している。つまり、彼女らは、己れの秘めたる女らしさ願望に負けたのである。セクトの革命理論と、己れの内なる反革命との亀裂を、根底から問うことなくお茶を濁《にご》したが故に、よりテッテーしたゲバルト型として自らを現出したのだった。昨年秋の、中核派のゲバルト路線がテッテー的に男並みに闘おうとした女たちを数多くうみ出した事実こそそれを証明する。結果から論ずれば、全学連大会で起きた不徹底なリブ旋風が、女の男化を準備してしまったと言える。

さらに空恐ろしいことにガンバッテル女の存在が、男たちの士気を鼓舞したと聞く。なぜ空恐ろしいかといえば、連合赤軍における永田洋子の存在がそこにつながってくるからだ。弱いハズの女がひたすら革命の大義を奉る時、強いハズの男は五の力を十にしてでもガンバラなければならなくなる。殉死あって輝く大義であれば、男の腹切りざまも殉死の迫力に見合う見事さが要求されていくのだ。秋の闘いをやり切った中核派の女たちの中に、永田洋子の影がピッタリ重なる。男より主体的に男の革命理論を奉ろうとすれば、女はみんな永田洋子だ。

あたしが新左翼に魅かれていった理由のひとつが、故山崎君との出会いにあることは個人史のところで述べた。彼の遺したノートの中に、「僕たちの生は罪の浄化のためにこそ意味をもつ」ということばがあって、それは自分は汚辱の女なのだという思い込みで縮こまっていた当時のあたしに、涙ぐみたくなる程の感動を与えたのだった。

あたしにとって罪の浄化とは、生ききりたいという願望であった。惨めであればある程、輝いて生きたいという願望は強いものなのだ。あたしの革命的非日常幻想は、その願望をひきずったものとしてあった。そして、その裏にはあたしの女らしさ願望、イコール男らしさ幻想が作用していたことは、述べた通りである。

そのあたしであれば永田洋子が何故かくも革命的非日常性幻想に固執したのかということが、我が身の実感としてよくわかる。バセドウ氏病という病気が、もし完治しなければ末は気違いになるかもしれない病気と吹きこまれ、それを、人生もこれからという時に、その身に負った彼女の痛ましさが、想えば想う程胸に迫ってくる——。

しかし、彼女は身重の女を殺し、あたしはリブに出会った——。彼女とあたしの分かれ道は、どこにあったのだろうか。それをたどるにまず病気の種類の違いが思い浮ぶ。私の方の梅毒はイヤでも女の性を意識せざるをえない病気であった。

なぜあたしだけが……の哀しみが深ければ深い程、その惨めさを力に、我を飛翔させたいという想いも又深まるものだ。

あたしの場合は、今日生ききろうという想いと、いつか必ず生ききってやるという想いが、常に交錯していた。しかし、女の性に真向かった、つまり自分の惨めさに直向かったことであたしは今日生ききる道へのハッキリしたきっかけを、そこにつかめたのだと思う。女への抑圧は日常と同義語であり、それを見据えようとしたら、その身を日常空間に置いて考えるは当然のなりゆきというものなのだ。リブを模索する中であたしの革命的非日常幻想は破れるべくして破れていった。そして永田はそこに一途に賭けていった訳である。

あたしたちのところへ来る人の中で、自分をよそにおいて、運動としてのリブを聞いてくる人は、必ずといっていい位大学生だ。自分の日々の実感より概念や知識を大切にする人々。

男に向かって尻尾をふるべく作られた女の歴史性であれば、存在そのものが感知する痛みを大切にしない思考は、必ず男を奉る方へと向かっていく。女の抑圧の歴史を知識としていくら持っていたって、顔が男に向いている以上、そんなのはアクセサリーのひとつにすぎない。歴史を歴史として知るのではなく、その歴史が己れの中に形づくってしまった媚の歴史性を知るのでなければまったく意味がない。そして、無意識・意識的に媚びてしまう己れを痛みとして感じなければ、女の歴史性とやらも又観念の問題でしかない。

大学というところは、男に似せて女を作ってしまうところだ。男であることを意識したことがない、意識しないですむ歴史性をもつ男故に、盲信できる近代合理主義思考。たてまえ（知識、概念）をもって肉体の本音（実感的な痛み）を殺していく時、〈女であること〉故の可能性が死んでいくのは道理なのだ。

新聞の報道に依れば永田洋子は、京浜安保共闘の理論派トップの一人だったという。しかし、その革命理論が万一どんなにすばらしいものであったとしても、あくまでもそれはたてまえなのだ。たてまえであれば生身とこぜり合いを引き起こすのは当り前であって、そのこぜり合いを通じて、たてまえと生身が相互に、絶えず検証されていくことこそ大切なことなのだ。こぜり合いの中で、たてまえと生身が共に誤りを正していき、それによってたてまえと生身の亀裂が埋められていくことに、理論を持つことの意味があるのだ。そして、そのためには女であることの痛みに敏感な生身を持つことに重要さがあるのだ。

殉死は、どのような殉死であっても、常に切腹に規定される。そうである以上、永田がどのように己れを男並みにさせようと、殉死の歴史性から逃れられるハズもなかった。

彼に課せられた仕事は奴隷の人間性をおしつぶすことでした。だから彼がその事を自分自身の人間性をおしつぶすことなしに行いえたかどうかを我々は考えてみるべきでしょう。（中略）彼はもはや人間ではなく、人間でなくなることを強いられるのです。自分で行っている仕事そのものの性格を身につけるのです。彼は奴隷よりもっとそれに影響されるといっていいでしょう。なぜなら奴隷はそこに生ずることが見えるからです。奴隷は自分の基本的な人間としての存在を抑圧するために、外的な力が行使されている事実を認識しているのです。奴隷は奴隷頭の行為の一つ一つにそれを見、聞き、感じるのです。

この、アンジェラ・デービスのことば——奴隷と奴隷頭についての記述は、若干の但し書きが必要なようだ。闇から光を視るためには、己れが闇にいることをハッキリ知らねばならない。黒子として生かされている己れを知った時、光の中で見得を切っている千両役者が、実は畑の中のかかしにも等しい存在であることに気づくのだ。黒子の己れを知るとは、女の生に深く血肉化されている媚の歴史性、その惨めさを知ること。それに気づかず千両役者と己れを同一視したならば、奴隷頭のまちがいを、奴隷は喜々として支えていく。男並みの出世を夢見てひたすら頑張る女が、男以上に男になりやすい事実と、それは重なる。

ある日丑吉氏の若い友人のある日本人が丑吉氏に訴えた。自分の勤務校で、朝礼とか軍人勅諭とか国民服とかを強制しだしたのがいやだから自分はなるだけサボっている――。丑吉氏は「だから日本のインテリみたいなのは沈痛悲壮になって来るのだ」と一喝（かつ）して、こういう意味のことをいったそうである。大衆の一人としてこの非常時を生きるためには、二つか三つの必らず断つべきことを心に決めて、あとは普通にやって行かないと弱くなる。もし戦地で捕虜を殺せといわれたら、北京の城壁に東亜新秩序のビラをはれといわれたら、学校で全国経済学の講義をしろといわれたらそれは断われ、そしてあとは、朝礼でもお題目でも国民服でもこっちから従ってしまえ。

これは一月頃の『朝日新聞』に載った木下順二記「〝断ちもの〟の思想について」と題する文章からの抜萃だ。丑吉とは、中江兆民の息子だとか。これを読んだ時あたしはこんな風な疑問をもった。朝礼や軍人勅諭や国民服に、忍びがたきを忍んでおいて、はたして、いざという時に己れは己れに徹し切れるものなのだろうか。それ程までに自立しえる人などこの世にいったいいるのだろうか。

高校生の頃あたしは制服と朝礼が大嫌いであった。今日は朝礼のある日、と思っただけで学校に行く足がなえ、制服の中で小さい体がより縮んだ。たかが朝礼や制服ではあったが、あたしはそのたかがによって気持を大きく左右された。ウィンドウのガラスに映る自分の制服姿をあたしは正視できなかった。学びたいことは教科書の中にはなかったし、就職試験に向けて礼儀作法を習わされてる級友の、そのことに対しなんのこだわりも持ってないかのように見える、その喜々としたありさまがうとましく、そしてそれ以上に、惰性で通学している自分がうとましくてたまらなかった。こんな惨めなのが「あたし」であるハズがないと』言い聞かせつつも、制服が、逃れられない惨めさのその何よりの証拠であった。

朝礼は、屠殺所に向かう牛の群をあたしに連想させた。ウワァーッと叫んでころげ回りたい衝動を押えつけることに、唯一の生きてる証《あかし》を確認するといった日々——。惨めさが制服を毛嫌いさせたのか、制服が惨めさを作りだしたのか、たぶんそれは互いに関わりあってあたしの生き難さを形づくったのだと思う。お前の手はこれ以上は伸びないゾ、無駄な抵抗はやめるんだ——姿を見せぬ敵が、制服の中に朝礼の中にひそんでいた。

体制の価値観、イデオロギーは日常のささいないことの中に孕まれている。一つひとつはささいでも、小さな不自然さのその積み重なりは一人の人間の生命《いのち》の生き死にを決定する。だから体制の秩序に日々従っていて、いざという時その秩序に叛旗をひるがえす、などということは、今のあたしにとってはまったく幻想にすぎない。

そりゃ中には、マレにそういう「強い人」もいるかもしれない。しかし大部分の人間は、弱くも強くもない。日々少しずつでもいいから自分をとり戻していくか、あきらめて屠殺所に向かうか——充実した生きざまと、空虚な生きざまのその違いは日々の日常が決めていくのだ。「断ちものの思想」は、まだ日本は軍国主義ではない、という思い込みと似ている。そんなこと言ってて、いざ軍国主義になったらどうする気なんだろうと、あたしに思わせる点でそれは似ている。

しかし、日常のささいな異和感を、ささいなことだと見誤って受け入れていくのも、イヤリングひとつにも「反革命」のレッテルを貼りつけるのも、大義を奉る心の根は常にひとつだ。

何回もくり返すようだが、あたしたちの中には常にふたつの本音がある。体制の価値観に媚びたい己れと、そうありたくない己れの二人が常に同居している。それなのに、体制の価値観を突っぱなすか受け入れるかの二者択一をもって、その突っぱなすたてまえの方に生身を従属させ続ければ必ずや禁欲主義が内なる膿となっていく。

正しさの追求や、闘いが禁欲主義を土台にして成り立っている時、「反革命」はイヤリングではなく、イヤリングを「反革命」だとする、そのような考え方そのものなのだ。

禁欲主義は、性の抑圧からうみだされ、その抑圧はまずもって女の性を抑圧することに核心を置いていることは述べた通りである。であるならば革命理論と生身の亀裂を禁欲主義で埋めようとするムリは、「女である」という理由をもって女を粛清《しゅくせい》していく道につながっていくのだ。さらに言えば、女の性への抑圧が私有財産制が形をなしていく過程——すなわち富の追求と裏表の関係として進められてきた以上、非生産的な女の生理は、闘いの生産性の前にいつでも切り捨てられるものとしてあるのだ。新左翼に於て、男並みを手に入れるために、いままでどれ程の女が中絶し、またさせられてきただろうか。そこに於て消された生命《いのち》とは子の生命《いのち》であると共に女自身の生命、その可能性である。ということは男の可能性でもあった訳だ。

切腹と殉死のかかわりの上で形づくられてきた新左翼の闘いの、その行きついたある頂点が連合赤軍である。連合赤軍の誤りを、誤りとしてハッキリさせていくことは、今までの闘いの構造、その論理を根底からとらえ直していくことを意味している。しかし、男たちにそれができるのか。〈男であること〉が、腹切りが、痛みにならない者たちが。

たてまえに殉じて己れを殺す男の生き難さ、その本音がインポであり、また逆インポである。それらは男のとり乱しの表現に他ならない。男のリブは、「インポだったらなぜ悪い」と居直ること、そのとり乱しに可能性を視ていくことに始まると思うが、インポのインテリは、インポ故になおいっそう本の中に己れを求めていくだろうし、逆インポは、カサノヴァを目指すことだろう。

男は分離された精神と肉体の痛みに真に真向かう日をいったい持ちえるのだろうか。己れの痛みを通じて革命理論を検証していくことが、はたしてできうるのだろうか。大義を奉ること＝たてまえ第一の男たちに――。

連合赤軍があたしの中に引き起した衝撃は、いまひとつの結論を形づくりつつある。それはマルクスさえも男であったという事実の再度の徹底的なとらえ返しに他ならない。日常の、男とのかかわりの中でいやでも己れの生の惨めさと真向かわざるをえない女に対して、社会に対する幻想故にどこまでも〈男であること〉の惨めさに目をふさいでいく、いける男――マルクスもその一人だった訳だ。

オルガスムス不在の日常を、大衆的規模でのオルガスムス願望に昇華しようとする心の構造が、人々をファシズムへ駆り立て、そして又同じ心の構造が革命への幻想をうみだすのであれば「資本論」を読むだけではどうにもならない事実こそ、直視せねばならない。

今、ツマラナイ日常に対する人々の不満は、体制の日常、その「もしも幻想」の中では吸収できない程ふくれあがっている。王様は裸じゃない、という実感をより強く、より鮮烈に確かめたいという人々の欲求はまさに吹きこぼれんばかりだ。そのような人々のいらだちを先取りしようとして、支配者は今、さまざまに手を打ちつつある。厚生省が五カ年計画で始めた「若者の性意識調査」もその一環だ。支配者が、少くとも左翼よりか、人間について知っていることは確かなようだ。つまり性が人間の無意識領分――氷山の隠れた部分であり、人々の日常も非日常も無意識によって支配されていることを、たぶん彼等は知っている。

革命家ぶる男たちよ、セクトの革命論と、マスタベーションの亀裂――己れの生を罪悪視し、その免罪を革命幻想に求めてゆく誤りこそ革命的に、つまり真摯に己れに問え！　そしてあたしたちは革命的非日常幻想が夢想させる解放に、あくまで固執する男に対しては、テメェら勝手に死ね！　のひとことを投げかけるのを躊躇してはならない。己れの内なる男らしさ幻想、及び願望解体に向けて！　闘う女と闘う男との出会いは、そこからしか始まらない。再度W・ライヒのことばを引用したい。彼が男である事実と彼のことばは、あたしたちに男たちとの出会い、その可能性を暗示する。

現在の社会闘争を、もっともかんたんな公式にちぢめると、生活を保護し肯定する一方の勢力と、生活を破壊し抑圧する他方の勢力とのあいだのあらそいだ。根本的な社会的な質問はもう「おまえは金もちか貧乏人か？」ではない。それはこうなった。「人間が生きていくことの最大限の自由をまもることに賛成して、そのためにたたかうか？　おおぜいのはたらくひとびとを、思考においても行動においても生き方においても独立させ、近い将来、人間生活の自律があたりまえのことになるように、実際におまえの力でできるだけのことをするのか」（中略）もはや白とか黄とか赤とか黒の党員カードを提示して、こっちの思想か、あっちの思想か、それともまたべつの思想かをたしかめる、なんていう問題じゃないのだ。あたらしく生まれたものや子どもや青少年や女や男の自由で健康的な生命の発輝を、どんな社会の欺まんをも永久に排除する断固としたやり方で、完全に肯定して、たすけて、まもるか――さもなければイデロギーや口実がなんだろうと、この国のためだろうとあの国のためだろうと、「プロレタリア」だろうと「資本主義的」だろうと、この宗教のためだろうとあっちの宗教のためだろうと、ユダヤ教徒だろうとキリスト教徒だろうと仏教徒だろうと、生命の自由な発輝を抑圧し、だめにしてしまうか、という問題だ。

（W・ライヒ『性と文化の革命』）

4　コレクティブの今日・明日

コレクティブ——そこに於て、お金から、炊事、洗濯、掃除とかの日常の雑務、そして歯ブラシから下着に至るまでの、およそ物質のほとんどを共有しているというと、まずあからさまな好奇の目が返ってくる。「あんたたち、パンツまで一緒なんだって?!」出会いがしらにそう聞かれて面喰らったこともしばしば。女だけ、と聞いただけでジンマシンができそうな按配だった昔の己れを思い返す時、女だけの共同体に対するさまざまな誤解、偏見、中傷、まぁわからない訳でもないが、なかには早々とレスビアン集団だと決め込んで、しかもレスビアンに対してポルノグラフィー並みの認識しか持ちえてないこと丸だしの顔で、卑しげに聞いてくる男さえまれではない。残念ながら、そういう男には「バーカ」という返事しか返しようがないが。

一番淫靡なのが、女同士あつまってお互いに傷のなめあいしてるんじゃないかという憶測《おくそく》だ。そういう想像自体がなにやらワイセツ。またそんな風にしか物事をとらえられない人に限って「女たちが集まってマスターベーション的に運動している」とか言ってくる。ヘェー、マスターベーション的?結構じゃないの、白昼堂々、天下ご免で集団でマスかいているなんて壮観ジャン、と居直る一方で、この世でマスタベーション的じゃない人、ない運動なんてあるかよ、と白けてしまう。

この世に生きる人間から、自己満足をとり上げてしまうなら、もうそれは「死ね!」というに等しいことだ。大体、自己満足を否定したら、芸術なんて生まれるか。人は最初から普遍性をもって存在してない。それだからものごとすべからくそもそもの始まりはマスターベーション的！　であってあたり前。「平和と民主々義」幻想のもとに、みんなのため、みんなのためを吹き込まれて、いったい自分がなにをやりたいのかさえわからなくなりつつあるのに、こうなったら自己満足の一滴だってムダにはできないあたしたちなのだ。

マスターベーション的！　などということばでなにごとかを批判しえたと思っている人の、その薄ら寒さにクシャミがでそうだ。マスターベーション的という批判は、それを言う本人のマスターベーションぶりをこそ暴露する。

しかし、中にはコレクティブの運動論における位置づけを教えてください、などと言ってくる人もあって、実はこういうたぐいの質問が一番苦手だ。

ことばを放つものは死ね！　いっさいのことばは私を腐敗させる

うちらはことば（論理）を持たない。だからことばを持ってる奴らより、うんとうんと軽蔑されるし、まず相手にされない！

大学のシンポジュウムなりのご立派なものを用意されて話すうちらはことばの前に又、絶句する。うちらの体はことば化を拒んでる。

ガキを背おってオートバイに股がる私のイメージは「何故にガキ背おってオートバイに股がるのか」ではなくガキ背おってめくらめっぽうつっぱしることしか私の肉体は知らないということ

であって「何ゆえに私はそうなのか」を解明したところで明日からいっきょにすぐ変えられるもんじゃない限り、自己否定自己嫌悪の最たるいやらしさしかつくられェへんよ！　ことばを持たねばならない意識とことば（論理）へのはるかなる距離に四苦八苦するあえぎは――ことばを持ったところで残りつづけるだろうし、便利さゆえのことばであるだけにことばに対する不信はつきまとう。いわゆる世にまかりとおる大学生、それに準ずるインテリゲンチャーよろしく男論理をふりかざすものに、ことばへの吟味を云々してもビクともしないだろうなぁ、ただひたすら、ことばへあこがれ、ことばを探し、ことばを確立し、ことばに支えられ、ことばに裏ぎられ、ことばを追いかける。ことばと鬼ごっこしてる人間を刈りあつめれば自己の論理を厳密に確立しなくても今までの論理を維持できるんだから。

〇歳の零はバァバァ、マンマ、コヒコヒなど多数の発音をする。ことばというしろものでなく発声という感じだ。一つひとつの発声をこの世にあるものの中でマンマは食いものの事というようにおとなが意味づけしていく。零は発声しながら感性のかたまりみたいな体で敏感に大人に対して反応してくる。眠っていても私が居なくなる予感がするとピッと起きて泣くし、外へでかける準備をしはじめると三〇分前から不快な表情をしはじめる。言葉を知らないから泣く行為で怒りと悲しさとくやしさとを表現する。私が「うるさい！あんただけにかまっちゃいられないんだよォ！　私は眠いのよ！　早く寝なさい！　これ以上起きてたって悲しいことしかもうないのよ」とどなりあげてもそれにまさる恐ろしい泣きをする。泣く以外表現行為を知らない零にとってただひたすら泣く事に集中していく。強いのであります。泣くことにあきるということはないのでありましょう。エゴイスティックにエゴイスティックに動く零の強さは「自分本位」だとか「うるさい」とかいわれても赤ん坊の特権があるから許される。しかし、うるさいのは母親のせいだということで私がののしられる。割にあわない話である。泣く強さでもって零はがんばるから私も泣いても平然としていられる強さでもって対していく以外ないと思ってるし、エゴイスティックな零なら私もさらにエゴイスティックになろうと思う。エゴイスティックなことを忌み嫌うようにさせられて来たうちら。ことば化、普遍化を通じてさらにさらにエゴイスティックに「私は私」を言いきれなくさせていくお前さん達がいるではないか！　ことば化の強さなんてあるのかい！　思えば保育園、小学校、中学校、高校と協調性を持つようにいわれつづけて来たいやらしさは、自己などというものを骨ぬきにするものでしかなかった。徹底した自己に協調性なんてあってたまるか！

自己のことばを持つということが即ことば化、つまり肯定された、まかりとおることば（論理）とは必ずしも一致しないということを今まで思い知らされてきた私じゃないか！　自己のことばを持ちつつも相手にされなかったエゴイスティックな私じゃないか！　私の肉体はきっぱり言いきることばからもれ、こぼれていく歯ぎしりを知りすぎてる。

（文・武田美由起）

共同体というのは、いってみれば、たてまえであり願望である。そうならなければならないし、そうなりたい。女同士が背を向けあってることの不毛さ、その醜悪さがイヤで始めた共同体であれば、これを大切に育てたいという、その一途な気持の中で、あたしたちのコレクティブは日々を重ねて来たのだった。

しかし、その重ね具合は、決して手際のいいものではなかった。先程言ったパンツや歯ブラシの共有なら、自分のソノ部分が他人サマより清潔だというそれほど根拠のない思い込みをアホらしいと思い至れば雑作もないことだが、しかし、洋服やメシのことになると問題は複雑になってくる。他人サマの物をとかく粗雑に扱う自分を知っているから、自分が気に入っている洋服を着て台所などに立たれると、アレーッと思わず声がでかかる。また、乱暴に脱ぎ捨てられているのをみると、心なしか胸がドッキンと痛みを伝える。

当然のことなのだ。頭の中では諒承していても、あたしのものはあたしのもの、その意識はひとつ屋根の下で同じ釜のメシを何日か食べた位で、変わるものではない。他人に着られると気になるのも、他人の服を乱暴にとり扱うのも、根はひとつ――生まれてからこの方、己れ一人蜜なめる法ばかり教わってきたその結果だ。己れ良ければ万事良しの反面、蚊に刺された位の損失でも大騒ぎするのが、この世に生まれ作られた人間という生きものじゃないか。

問題は、アレーッやドッキンを、そのまま素直に外へ表わせるかどうかなのだ。〈ことばを持つ女〉は、また〈ことばを飲み込む女〉でもあって、理屈からはみでる、みっともない己れをともすれば隠しがちだ。インテリさんは、とかくとり乱しを上手に回避していく、いけるのだ。しかし、お茶碗の洗い方ひとつとっても一〇人が一〇通りの過去をその中ににじませていて、それが暗黙のうちに己れを主張し合うのだから、アレーッやドッキンは日常茶飯事。胸に丸く収めようとしても、そうそう長続きしない。人間、非日常はごまかせても日常はごまかせない。

日常をごまかせないとは、とり乱しをごまかせないということ。共同体の日常とは、常に〈ここにいる女〉からの出発である。「あたしの服、もっと大切に着てヨーッ」からの出発である。とり乱す己れは、みっともない己れ。それでもその己れの「現在」に固執する中でしか〈己れは己れ〉を鮮明にしえる手がかりはない、「未来」はない。「共有」とは、そのたてまえがどの程度己れの本音となっているか、つまり自分の現在位置を知るための、胎んだ関係性の質を知るための、その物指しに過ぎない。つまり、自分の服をどこまでも自分の服だと思っている意識、他人の服を、どこまでも他人の服だと思っている意識が、一人のとり乱しを媒介にひきずり出され、共有とはなにか、あたしたちは何を共有しようとしているのかが、生々しく問われていくのだ。コレクティブのコレクティブたる由縁は、とり乱しを互いに誘発し合うところにこそある。

さきほどのビラを書いた女、武田美由起は、もう一人の子持ち女と今、沖縄に行っている。もう一人の方はなんと臨月の腹を抱えて旅立った。身売りしに行く訳じゃあない、好きで行く以上、グチ、泣き事はごめんだよ――、あたしははなむけにそんなことばを贈ったっけ。誰に対してよりも、自分に向けて。たてまえに殉じるねばならぬは一切ゴメンだが、好きで選んだ道に生じるねばならぬとは四つに取り組まなければネ。

さて、これは彼女らが行く前の話。間借りしていたところの障子をコレクティブ唯一の男であった十カ月の零《れい》が破いてしまうと、誰も貼り手がでてこない。母親のタケちゃんは、まず一番に、あたしゃ知らんよという顔で横を向くし、他の女たちは、心のどこかに子供の後始末は母親がやるもの的な気持をもっている上に、障子の破れなど目に入らない。あたしは年の功で、障子の破れ位は気がつくが、とにかくおカァちゃん役はゴメンだの想いがあるから、見て見ぬ振りで放っておく。三者三様の思いに、大家の怒りが加わって、いつまでも貼られない障子を中に四つどもえの無言劇が演じられる――。破れた障子は、あたしたちの関係性の質を明示する。肯定も否定もなく、そこにあたしたちの「現在」がまぎれもなく映し出されているのだ。

子供は社会の子、などというなめらかなことばは、あたしたちとは無縁であった。たてまえがたてまえでしかないことを知ること――いつもそこから出発するコレクティブであれば、絶望も挫折もなく、あるのはただ「現実」だけ。そしてそういうあたしたちであれば、なぜリブなのか、なぜコレクティブなのか、こっちこそ知りたいもんだ、と尻をまくり続けて今日まできたのも、理屈以前の問題であった。〈ここにいる女〉は常にその存在をもって語るのだ。

「日本人は、あいまいが非常に好きなんですよ。悪いというより、いい点だとボクは思う。あいまいだと、さきまで考えられる。全部を理づめでやりますとね、非常につまんない結論しか、出ないんですよ」(広中平祐)

ハーバード大学数学教授をしている、ケタはずれの頭脳と称される人の、これはことば。そして、あたしたちのコレクティブの基本方針。といっても、今までの歩みをとらえ返すと、偶然このことばがあてはまるというだけのことであるが。そもそも始まりがあいまいだった。

職場と運動の事務所（といってもそこは六帖ひと間のホンにささやかなものだったが）とアパートを行ったり来たりしているうちに、時間もアパート代も惜しくなり、それに毎日女たちと会うのが楽しい日常性になっていたから、これならいっそのこと一カ所に集まった方がなにかといいんではないかということでコレクティブなるものが始まったのだ。なんとなく始まったコレクティブではあったが、理屈をつければつけられないこともなかった。人間、とかく他人サマのアラはよく見えるもので、特に女同士は、男に向けて振る尻尾の、その振り方を互いに競い合ってきた仲だけに、相手の中の（女らしさ願望）が見え見えで、あぁはなりたくない己れで、あの二の舞をやる己れだからこそ、反目し合って来た訳だ。女が自分を映すのに、他の女位よく映る鏡はない。女が、女からともすれば顔をそむけがちなのは、そこに己れがあまりにもむきだしに映しだされているからなのだ。

女は、女の中に、おまんこさらして生かされてる己れの惨めさを視るからこそ、男のもとに逃げていこうとするのだ。女らしさ願望は、常に男らしさ幻想と裏表になっている。しかし、自分の父親を視れば男にどんな可能性があるかは大体わかるもので、男のもとに逃げ込む時は、目をつぶって逃げ込む女が大部分なのだ。つまり、出口なしの空転に切り裂かれていく中で、こうなったらもう突き当ったところが身の置き場所と覚悟を決めて、女は、男のもとに馳けていくのだ。

「さして大きなできごともなく、あの人はいつだってやさしいよ。何処で暮しても同じだろうとわたしは思っているのさ。なのにどうして知らない、こんなに切なくなって、町で一番高い丘へ馳けていくころは、ほんとに泣きたいぐらいだよ。真赤な夕日に船がでていく。わたしのこころに何がある」と浅川マキさんは歌う。いつか船と化すだろう我が身を予感しつつ丘に立ちつくす女の「現在」

は、全ての女の「現在」に他ならない。

ゴーマンさは常に、腹満ちた者と、心飢えた者の特権としてある。この世が世であれば、生命の不完全燃焼は運命《さだめ》にも似たことなのに、己れたちを一艘の船と化し、コレクティブの女は船出した。目をつぶって男のもとに馳け込むのも、目をつぶって船舵を取ってみるのも、五十歩百歩。座礁《ざしょう》してもともと、うまく望む島にでもたどりつければめっけもの。意気がるのでもなく居直るでもなく、あたしたちは淡々と地図を持たない船旅に己れを賭けてみたのであった。あたしをはじめ、妻として、母としてしか生きようがないような〈女・子供〉たちの、それは一群であった。平均年齢二一、二。共通項は「女である」と「中産階級の生まれ」という以外に特になかった。

さて制度としての一夫一妻に、むかしは嫌悪感以外のものは持っていなかったが、今は少し違ってきた。といってもむろん、肯定するようになったということではない。一夫一妻制度を、制度たらしめてきた、その人々の心の構造というものがコレクティブ生活の中でおぼろげながら視えてきたということだ。

人間、自分にとって意味のあることを追求する中でしか全ての人に意味のある世界など創れる訳もないことで、万事あたしあってのあんたであり、世界なのだ。とカッコよく言っても、そもそも己れのことすらよくわからないあたしたちであれば、己れに固執するそのさまは、自分の尻尾を噛もうとしてグルグル回る犬に似る。どこまでいっても噛めない尻尾へのいらだち。己れの弱さ、くり返してしまう失敗に舌打ちしつつ、あたしたちはその空転のしざまの中に己れの可能性を視てきた訳だ。

そういう状態（もしかしたらそれが人間の一生というものなのかもしれないが）の時は、他人サマの姿など目に入る訳もないことで、万一踏んづけても「痛い」と言われなければ気がつかない位だ。

しかし、だからといって踏んづけるのも踏んづけられるのもイヤなあたしたちであれば、やさしい関係性を胎みたい願望は、人一倍強いのだ。そもそも、誰の寝首もかきたくないから始めたコレクティブではないか。第三章のところで述べたが、関係性を胎むなどといっても、うたたねの肩に毛布の一枚もかけてやり、病気の枕元にミカンのひと袋でも置いてあげるということ位のことしか、所詮できない。そんなことしかできず、往々にしてそんなことすらできないでいるのが、生き難さの中で空転している万物の霊長というものではあるまいか。己れは己れのゴーマンさは、毛布の一枚すらかけてあげられぬ、その己れへの恥ずかしみと裏表。

日常の中でのコミュニケートとはことばを通じてではなく、行為を通じて心と心を出会わせていくものとしてである。ことばでいくら意思一致とやらを図ったところで、相手のことを想いやる心、それを表わす行為なしには、関係性は成立しない。

一人で生まれ、一人で死んでゆく個体としての人間であれば、あたしらはどこまでいっても交わらない二本の線。自分が関わろうと関わるまいと、川は流れるべくして流れ、空はどこまで行っても空である。関係性の中に、あたしたちの可能性があるというのも真理なら、他人サマに関われる範囲なんて極《ごく》わずかであるというのもまた真理。あんたが居ても居なくても、あたしの生き難さに変わりなし、しかしそれでもあんたに居て欲しいという、その想いを毛布一枚、ミカン一袋に託す時、それはもはや「祈り」だ。

しかし、「祈り」も「惧《おそ》れ」もないままに、なれあいの中で毛布一枚、ミカン一袋が可能なのが、妻と夫の仲なのだ。それどころじゃない。片やステテコ、片やシュミーズという露骨さで、お互いの心に越境し合って当然なのが、共に白髪《しらが》の仲というものらしい。それが「家庭」のやすらぎというものらしい。

生きてる実感を見失うと、人肌の暖さへの郷愁《きょうしゅう》は深まって、人は、なれあいという名の安らぎを求めていく。しかしひとつ屋根の下で暮すということで、なにがしかの安心立命の地を得たかのような錯覚は、滑稽だ。そして又、なれあいの中の毛布一枚、ミカン一袋によって維持されていく関係というのは又、哀しく目に映る――。

「美津チャン、これ読んでョ」。グループの誰かがそんな風に言ってくることがマレにある。渡されたその原稿が、義務感を伴ってしか読めないような場合、あたしは終わりまで読み切ることに努力しない。ここまで読んだけど、この先続けて読む気ィおこらんかったよ――。読んだ範囲の感想を述べるだけである。一緒に暮していればその原稿にどれ程の日数が費されたか手にとるようにわかるだけに、それを伝えるつらさの分だけあたしは不気嫌にもなる。

この本の原稿を書いてる最中、あたしは何度か夜中一人で泣いた。あせればあせる程書けなくなり、あたしが書けないハズないじゃあないかと我が身を呪文にかけるのだが、てんで効き目のないそれは、余計いらだちをひどくするばかりで、そんな自分が殺してやりたいほど惨めで惨めでならなかった。五月リブ大会の呼びかけビラの原案を引き受けたのが十二月も終わり頃、それから延々書けないで、原稿用紙にしてたった十四枚のそれを必死の想いで書き上げたのが二月も半ば過ぎ――。それからこの原稿にとりかかった訳だが、その時は〆切りまであと残すところ一カ月、というきわどい状勢になっていた。

　本屋さんと約束したのが昨年の八月。こちらにはこちらの事情があるのと同じく本屋さんの事情があった。ビラ一枚に二カ月余りかかった、そんなあたしが、男社会の生産性の論理フンサイと叫ぶのは、なにか筋の通らぬコトに思えた。第一あたしは書きたかった。生まれて初めて書く気になった本である。とにかくできるところまでやってみようと決意した。自分たちの手で企画を立て、本を出せばいいじゃないかの批判が聞えてくるが、その批判も〆切りも、すべて覚悟の上で身売りしたあたしであれば、今さら書けませんと引き退《さ》がるには、己れに対する屈辱が大きすぎた。女にとって書くという作業が、ことばを失われてきたその歴史の長さ分だけシンドイとしても、シンドサだけを嘆いていても始まらない。そのシンドサの想いの限りを凝固させて、あたしたちはより高く、より輝いて、我が身を飛翔させねばこの腹の虫が収まりつかぬ。

　他人サマを啓蒙するためでなく、また他人サマにわかってもらうためでもなく、ひとえに己れのために女は書く。書けなくて泣くあたしとは、本屋に対する義理が果たせない故ではなく、己への固執のしざまに他ならない。女の自己凝固は拡散に固執する中にこそあるのだ。

己れの闇は己れの闇。闇への固執は共有できない。それはテッテー的に「あたし」のものなのだ。しかも、女から女たちへの道は、闇への固執を一人ひとりが己れに負う中でしかありえない。「あたし」のやるべきことを、「あたし」が負い切る中でしか……。だからこそ、あたしは原稿を突き返す。その女の、日頃のとり乱しぶりの、その中に胎まれている生命の輝きが、その文章の行間に凝縮されてないと思えば、突き返す。表現がどうの、テーマの掘り下げがどうのといったことでは決してない。

書けない己れの、その悔しさに対し早目に尻尾を巻いてしまった文章は、その行間に生命《いのち》を胎まない。行間は行間、ただのすきま、風がヒューヒュー渡るだけ――。

むろん、あたしがそう感じるだけの話で、あたしの判断イコールオールマイティだというわけでは決してない。しかし、客観的視点で云々しえるハズもないことであり、しかもともすれば、書けない女の後に、己れの空転ぶりをだぶらせていとおしがるあたし、抱きかかえたがるあたしがいるからこそ、あたしは原稿を突き返す。ゴーマンさ百も承知で、突き返すのだ。

抱き起こしたい想いは、抱き起こして欲しい想いと裏表。あたしたち女は、保護という名の抑圧を、その歴史過程にもつ故に、ともすればこの悪い状態から誰かが抱き起こしてくれはしまいかの願望が、何に対しても消し難くある。そんな願望をこびりつかせている限り、いつも逃げ腰及び腰、十の力の半分も出し切れずに、「ダメなあたし」にしおたれる。救い出してくれる王子様を待ってる目には、視えるものも視えてきはしない。もとより自立など遠い話だ。

読みたくない原稿を努力で読み、頭のひとつもなでてあげるということは、とりもなおさずあたし自身が王子様役を引き受けることに他ならない。冗談じゃない。己れ一人も満足させられないあたしなのに、他人サマに夢と希望を与える役など務まるハズもないことだ。あたしが生きるは、あたしが生きる。それにいくらかでも便乗してきそうな赤の他人がいたら、あんたなんか知らないよと、背を向ける中からしか、あたしたちのやさしさも、自立もありえない。

背を向ける方も、向けられる方も、シンドイ話ではあるけれど、グループでいる以上、お手軽に人温かさの中で憩《いこ》える危さと、いつも背中合わせにいる訳で、いかに突っぱなし合うかということこそ、

〈女から女たちへ〉の、その第一歩なのだ。

こんなことがあった。グループの一人が、ガス風呂の元栓だけを閉めておいて、再度点火しようとして再び元栓をひねったら一時にガスが出て、マッチをすった途端、ボォン！ 驚いてまた閉め直した彼女に、「全部ちゃんと閉めた？」と念を押してから、今度はあたしが点火の役を引き受けた。再度元栓を開けたら、驚いたことに又もや元栓しか閉めてなくて、ひねると同時にガスがボーッと全開した。あせって今度は二つの栓をシッカリ止めてから、あたしは彼女の横っ面をはたいた。こんなことで二度もまちがえるバカがどこにいる！ 生まれて初めて人をぶった。悔しかった。そんなこと位キチンとできなくてリブもへったくれもあるか！

彼女はリブ合宿の時も、記録係を志願しておきながら討論の模様をとった十個近いテープにナンバーをつけ忘れたことがあった。あれやこれやの彼女のいいかげんさは、しかしあたしの中のいいかげんさにつながっていて、あたしはギリギリ追いつめられる想いの中で彼女をぶった。

小学校の時から、四つも五つも学習塾に通わされたという彼女は、母親の満たせなかった夢を押しつけられ、その言いなりになりにつつも、なった分量だけ母親に対する憎悪を育んで生きてきた。しかし、なんだかんだと言ったところで、シッカリ者で頭の切れる母親の、その手のヒラの上で安住してきた一面は消し難くあって、母親に対する憎悪はまた、恐れでもあったのだ。母親なしでは生きていけぬことへの恐れだ。そういう彼女だったから、コレクティブの中でもともすれば他人サマをアテにする風があって、その弱さが他の女に対する媚にもなっていた。

ガス風呂の一件があってから、あたしを見る彼女の目の中に、「クソッ！」というかんじの暗い光が宿り始めた。あたしの上に憎い母親をだぶらせて見ている彼女を知ったが、放っておくしかなかった。とにかく、あたしとのかかわりの中で生き方を考えるのではなく、彼女の闇は、彼女の闇、その闇の中で己れを創っていくしかない彼女であった。

彼女の母親より、いくらかましな母親の役を押しつけられるのは、迷惑以外のものではない。こういうあたしであり、そういうあんた、ではあるけど、それでもここ（コレクティブ）に居続けたいと思うかどうかは、彼女自身が、あたし自身が決めること――。そして……、彼女もあたしも居続ける方を選んだ。

つい最近、家出した後音信不通だった実家に初めて戻った彼女は、帰って来るなり言った。「お母さんと初めて話が合うかんじだったよ」。状況が変わったのではなく、彼女自身が変わったのだ。母親の手のヒラは、彼女にとって出入り自由のものになりつつあるようだ。

そしてあたしは、長い間顔をそむけ続けてきた己れの過去とまっとうに向き合おうと原稿用紙に向かった。家中があんたのこと信じているんですからまちがったことだけはしないでおくれ。浅間山荘に立てこもった連合赤軍の、その母親の呼びかけみたいなコトを言ってくる母に対し、その背後の「家」に対し、あたしなりの宣戦布告をする意味を含めて、あたしはこの本を書こうと思った。

あたしと彼女たちとのかかわりの仕方は、彼女と彼女たちとのかかわりの仕方でもあって、時には取っ組み合いのケンカも起きる。ケンカはいいなと女たちは言う。それは関係性を胎むことへの祈りと惧れをギリギリにまで問い詰めたところのとり乱しとして取っ組み合いがあるからだ。

コレクティブもすでに一年余――何を共有しようとしているのかの答えをあたしたちは手に入れつ

つあるようだ。

こういう風な関係性の作り方は、グループ以外の人に対しても同じ。大樹であるハズもないのに寄りかかってくる人がいて、それじゃなくてもわかりやすいことば云々かんぬんに始まって「運動の要請」とやらが陰になり陽なたになりおっかぶさってくるっていうのに！　やらねばならない、リブ、になる危険さといつも背中合わせのあたしたちであれば、どんな形にしろすがりつかれるのは迷惑以外のものではない。痛みがないとリブはできないんですか！　と切口上で聞いてくる人。できると思うならやればいいじゃないですか、そう言われても、一人じゃできないわ、と。誰でも最初と終わりは一人だよ。そうなのだ。コレクティブ生活の心得は「明日にも一人」、その前提のもとにいま、この時の、この出会いを大事にしていきたいあたしたちなのだ。

とにかく、あれじゃできない、これじゃできないって言ってないで、「ステージからひとつだけおねがいがあるの。みんな体を動かしてほしいの、そうすればあなたたち、自分が思っている以上の自分になれるわ」（故ジャニス・ジョプリン）という訳だ。


前の部分に枚数がとられてしまい、今頃になってやっとエンジンがかかりだしたにもかかわらず、あたしは筆を置かねばならない。とにもかくにもあたしたちの近況だけは伝えておこう。昨年末、子持ちのタケたちに運動を託して、あたしたちは全員バラバラになってホステス稼業に飛び込んだ。およそリブとは無縁の場所から、なぜリブなのかを問い直してみたかったのだ。リブの最左翼派などと決め込まれ、それに対しチャンチャラおかしいと否定しつつも、なんとはなしに頭デッカチになっていくあたしらがあって、その治療としてどんな効き目があるかはわからないが、とにかくホステスをやってみようと思い至ったのだ。

おかげさまで金も貯まり、前よりいくらか頭もスッキリして、あたしたちは今再びコレクティブを組みつつある。といっても、あたし一人は今、体調の悪さから別に居を構えているが、もとよりコレクティブとは、胎んだ関係性に対する名称だから、あたしもまぎれもなくコレクティブの一員としている。そして沖縄に行った彼女らも。

貯めた金で、あたしたちは店を持とうと思っている。むろんこれからも貯め続ける予定のもとに於てだが。しかし、店を持つことはあくまである大志あってのこと。診療所、とまではいかなくてもせめて、子供ができたかどうかの診断に始まって中絶や性病の検査位はできる場所が欲しい。屈辱を受けることなく、己れの性と真向かえるそんな場所が。あたしたちみたいな、妻として、母としてしか生きられそうもない女たちが、「未婚の母」を生き方のひとつの選択にできる、そんな日のために。

「全国の女たちの日々の惑いや歩みを結んでいきたいと思います。あたしたちの新聞を、TEL一本万《よろず》相談所、中絶基金エトセトラ、お互いに貸せる手は貸し合いつつ、個の自立を目指すリブセンターを創りましょう」。

今年の五月に開くリブ大会。その呼びかけ文の結びにこんな風に書かれているリブセンターは、言ってみれば〈女であること〉の生き難さにため息をもらす代りに、まず飛び込む場所としてそれはある。あたしたちが開く集会に来る女たちの中には、あくまで自分は光の中に居るんだと思い込みたがっている女も少なくはないが、そういう思い込みに対しことばで闇と光を云々するのではなく、その女が体を動かしてリブをやっていく中で己れの闇と真向かうことができるようになり、光へとそれを転じられるような場所として、リブセンターを創っていきたい。人間、自己否定からは出発できないからね。まず、女たちが一人ひとりなんらかの自己肯定を手に入れられる場所として、リブセンターを創っていきたい。

そして他のグループと共にリブセンターを創りあげることによって、リブの代表グループみたいな役割を担い、押しつけられている我がグループの不自然さこそを一日も早く解消していきたいあたしたちでもあるのだ。

ぼくらはロックンロール・バンドでもなければ、クラシック・バンドでもジャズ・バンドでもない。ぼくらはただ音楽をやるバンドなんだ。

（ディヴィド・クレイトン＝トマス）

六　資料

なぜ〈性の解放〉か——女性解放への問題提起

支配と被支配の歴史は女にとって、女の性に加えられた哀しみの歴史に他ならない。階級社会のもとで人はその生をみじめな、よそよそしい、ケチくさいものに陥《おと》し込められてきたが、しかし我ら女は〈女であること〉によってより一層苛酷な奴隷的「生」を強要され、〈女であること〉によってより深く体制加担してきた者としてあるのだ。

〈人間を隷属させる基本的手段として性がある〉とは、女の性への抑圧を通じて男の性を管理・抑圧して支配権力がその階級意志を貫徹してきたことを指す。

女の解放は言うまでもなくプロレタリアの解放として志向される。しかし、女の性と生殖を持つがゆえにより抑圧され差別され続けてきた者にとってその解放は性の解放として、自らの性と生殖への問いつめを通じて人間へ普遍化していく闘いとして展開される必然をもつ。

階級社会の人的土台は、女の性欲求を封じこめることによって作られてきた。女を〈女〉として生かさないことによって、人間の自然な心と体の営みに反する一夫一婦制度は、そのくだらなさ、不自然さを現在に至るまで維持してきたのだ。すなわち経済的に女と子供を男に依存させる社会構造を根底に、性を罪悪な汚れたものと考える性否定の意識構造を人々の心に植えつけ、道徳の名のもとに女の性をよりタブー化させることで一夫一婦制度が、家が、階級社会のよりどころとして機能してきたのだ。

それにもかかわらず、女は、自分自身の問題――自らの性と生殖がどのように支配体制に組み込まれているかをコトバ化していない、今に至っても。それは主要には女が世界史的に敗北してからこの方、長きに渡って社会的生産活動からきり離されてきたために自らを対象化する視点を摩滅させてしまったからだ。また政治がよそよそしいものに作りあげられているその反映として、あなた好みのカワイイ女は社会的人間としての自らから逃避する。むかしもいまも、政治に口だしする女、差別を糾弾する女、男に論理で迫る女は中性化したオールドミスの欲求不満として一般に位置づけられているのだから。

女は〈女であること〉の問いつめを回避して盲目的、即自的に恋人として、妻として、母として生きようとする。商品としての女は正札の裏に性をかかえ持つ。

我ら女の闘いは〈女〉として生きるとは何か、はたして我々は〈女〉なのか、という根底的な問い返しから開始されるのだ。

中絶禁止法への闘いはその問い返しの中で深まり先鋭化する。

いま、性に対する意識潮流が否定から肯定へと、その流れの向きを変えている。性は生物としての人間の生きる核心なのだという認識が地球を満たしつつあるのだ（それは映画、演劇、文学に突出して現われている。例えばミュージカル〝ヘアー〟に）。それは又、生産性の論理の否定として人間解放の原点に息づく。

ベトナム反戦の闘いの中で崩壊した生産性至上主義は今、公害や交通禍を直接的契機に「人間が生きるとは何か」の問い直しの中でより大衆的にその破産を宣告されているのだ。女の叛旗は、ここにひるがえる。

男＝人間、男＝社会の中で価値基準の中心にあった生産性の論理はまた、男の論理として存在していた。

西洋合理主義に基く生産性の論理が1＋1＝2としてあるのに対し、女の直感の論理＝非論理はこれまでさげすまれ、役立たずの無価値なものとしてきり捨てられてきた。男の体制の中で女は常に字余り的存在でしかなかった。ラディカルが服を着ている新左翼にあっても、男＝闘いとして男性排外主義が貫徹され（それは現在の階級闘争の弱さの表現でもあるのだが）その中で我ら女は、女であることは背のびして男の論理に自らを組み込むか、カッコつきの女に居直って媚びるかの二者択一を迫られる者としてあった。

〈男の革命〉の中には、生身の〈女〉は見当らない。やさしさとやさしさの肉体的表現としてのSEXを合わせもつ総体の女は、今日も明日も男の意識から排除されている。

〈どこにもいない女〉は〈どこにもいない男〉を作りだし階級闘争総体を弱体化させる。

我々の本質的な敵はブルジョア階級であるが、しかし共に闘い共に解放されるべき相手がブルジョア階級の意志を体現して我々に対峙してくる時、必然的に我ら女の闘いは、権力と男に対する闘争という緊張関係の中で貫徹されるものとしてある。

我々の隷属意識は女の性と生殖への規定を許すことによって生じるものである以上、それからの解放は女の性と生殖を問いつめていくことでしか到達しえない。

我々は女の解放を性の解放として提起する。

未来的に人間解放の核心をなすであろう性の解放として提起する。それは性器的な性の解放＝フリーセックスなどでは断じてない。そんなものは男の女に対する差別意識を根底にしたあとは野となれ山となれの薄汚ない表現形態でしかないのだ。

女の性の解放とは現在的には、性否定の意識構造からの自己解放として権力闘争と男とのかかわりの中で実践的に獲得されるものとしてあるだろう。

我々は中絶禁止法への闘いを通じ、共産主義論へ向けて女の解放論理を深めつつ、入管法とのかかわりの中で女の組み込まれている差別構造と在日朝鮮人の差別構造との相互関係をあきらかにすることで階級闘争における女の闘いを鮮明に位置づけていきたいと考える。

入管闘争の中で鋭く問われている国際プロレタリア主義は戦略の問題である。しかし女と人間を区別することで自らの奴隷化を支配権力に許している男の、在日朝鮮人に対する連帯の決意を我々は信じない。

男と権力にとりみだしつつ、とりみだしつつ迫る中で我々は自らの階級形成を図ると共に男の階級形成を助けていこうではないか！

負けてもともと　勝ちゃなお結構　やるズラ！

（七〇年十月十日、記・田中美津）

（ぐるうぷ・闘うおんな）

おんなは　誰のためにも愛さない！

〈やめて　愛してないなら〉
〈抱き抱きしてね〉
〈あなたに抱かれて蝶になる〉
〈責任とって　責任とって　男なら〉
〈恋人にふられたの
よくある話じゃないか〉

奥村チヨが辺見マリが、日吉ミミが、さまざまな愛の時を歌いあげ、曽野綾子女史の「誰のために愛するか」が売れに売れ、平凡パンチが、フリーセックスをあなたにすすめる。そのなかで、あなたは……？　あなたにとって愛とは何か？

一人で生まれ、一人で死んでいく〈個体〉としての存在である人間。

あなたが〈おなかいっぱい〉になったことは、私がおなかいっぱいになったことではないという限界を、人間はどこまでもお互い同士持っている。

しかし一方において、あなたが〈おなかいっぱい〉になったのを見て、私も〈満たされたい〉という想いが、あなたと私にはある。その想いの底には、やさしさが流れている。個体としてしか生きられない生物の哀しみを分かちあいたいという〈やさしさ〉が。

コミュニケーションといわれるものの底を流れるものはこのやさしさである。相手を通じて、自らを確認したい欲求としてあるコミュニケーションのひとつの手段としてセックスがある。セックスとは、やさしさの肉体的表現に他ならない。

やさしさ（心）と、やさしさの肉体的表現（セックス）、これが愛なのだ！

〈愛〉とは、現実の、あなたの他の人間に対する〈やさしさのメッセージ〉なのだ。

心と体——あなたの全体で表現する〈やさしさのメッセージ〉なのだ。

雑踏の中、心の中に風が通り抜ける夜、ヒザをかかえジーッとかたつむりみたいに自分の中に閉じこもりたい時、あなたは思う。あなたは恋する。自分を包みこんでくれるぬくもりを。

弱虫で、寂しがり屋で、自己嫌悪に悩む同じ〈一人ぼっち〉の人間と、一人で生まれ死んでいく生物の哀しみを分かちあいたい、そのようなひとときを持ちたいとあなたは願う。

その時、生物の哀しみを分かちあう相手が女でもいいじゃないか。それをレスビアンだと笑う者は〈生きる〉重さを知らない奴だ。それが男ならなおいい？　まさか！　男と女の〈愛〉って、それだけの話だ。

〝レコード〟や週刊誌に登場する〈愛〉なんてどこにもないんだ。本当は。

デートに誘われたって、プレゼントをもらったって、プロポーズされたって、それが〈愛〉なんかじゃないいんだ。

〈愛〉は目に見えない。〈愛〉はあなたの中にしかない。〈愛〉はあなたの〈やさしさ〉なのだから。

あなたの〈生きる〉を通じて、他人の〈生きる〉に出会う時、個体としてしか生きられない人間同士の〈生きる〉哀しみと喜びと重さが出会う時、〈愛〉の空間が生まれる。ひろがる。ひろがって、どこまでもひろがって、地平線ととけあう〈やさしさの世界〉。

誰のために愛するのかを考える前に、本来的に自分しか愛せない自分を見つめよう。自分の〈生きる〉を通じて　彼女の、彼の〈生きる〉にふれあおう。

ウーマン・リブ（おんな解放運動）とは、自分の、女の〈生きる〉を真剣に問いつめる女の運動。女の闘い。テレビ、レコード、週刊誌を通じて、すべてもっともらしく作られてゆく、よそよそしく生きにくいこの世の中で、女であること＝人間であることを、ごまかさずに見つめてゆきたい女のあつまり、それが「ぐるうぷ・闘うおんな」です。

靴下と一緒に強くなったって？　女上位だって？　女は知っている。女として生きてないことを。この実感をあなたとあたしが知っている。そして今、〝女の生きてない〟実感を根底に、女自身による女の反動化がすすんでいる。女はやっぱり〈抱かれる女〉が、〈かわいがられる女〉がいいのじゃないかしら……と想い始めているあなたに向けて、レコードが、本が、テレビが作られている。

女らしさ作りが、義務教育の中で強化され（中・高校生の指導要項の改悪）、中絶禁止法が、労働基準法の改悪が画策され、そして四次防軍事体制が日々完成されていく。

ミニだ、マキシだと言っているうちに、気がついたらあなたは軍国の妻。

再び侵略の加担者に女が作られつつあるのだ。

「女が生きるとは何か。はたして我々は女か」

女にとって　愛とは
結婚とは
生きるとは　何か

（七〇年十一月三日、記・田中美津）
（ぐるうぷ・闘うおんな）

主婦よ　十二・八のおんなの反戦デモに参加を!!

十・二一、若い女が女だけのデモをやった。男どもはせせら笑った。ウーマンリブの波がソレもうやって来たと。男ども、誰のおかげで亭主づらしてるのさ。種付けするだけであとは野となれ山となれ、育児は女の天職だ、家に閉じこめ食わしてやっているだって？　三食ひる寝つきだと？　冗談いっちゃいけない、何もしないで留守番だけだって今はいい値段なんだ。できちゃったから仕方なく我が子かわいやと育てれば過剰保護とか教育ママとか、人の生き甲斐も奪っておいてこれじゃふんだりけったりじゃないか。

家を守れ、国を守れ、明日の日本のために若者をふやせ、中絶は風紀のためにも禁止しろ。あたしはもう産みたかないね、こんな馬鹿な商売ないよ、産んで育ててもっていかれる、娘は嫁にいくし、息子は亭主の名をなのって、母親などぬけがら同然なんだ、年とって可愛い息子を仲にはさんで嫁さんと喧嘩するだけが生きがいなんて、戦争でも始まりゃお国のために捧げろなんて、どう数えなおしたって勘定があわないんだ、女の一生は。

誰だって堕ろしたかないさ、股を開いてメスを入れられる恐怖と汚辱、男にわかるかってんだ、アメリカで男をきりきざむなんていわれてるけど分かるね、その気持。堕さないですんで、いつの間にか育ってくれればなんでいやな思いをわざわざするもんかね、できちゃった、亭主の給料じゃこれ以上無理だ、仕方なしにじゃないか。女だけじゃ子供はできないのに、ゴミ箱に子供を捨てたと、極悪非道な女だと、なぜ社会は女だけを責めるんだね、男に捨てられ、こぶつきで雇ってくれる職は殆どない今の世の中に彼女は抗議もせずに首をうなだれるだけとは、女はあまりにも悲しい。

女は嫁に行くものときめつける社会を根本的にくつがえさなければならないとわたしは思う。せせら笑われてもデモをやった女たち、あんたら偉い。今までの女たちがどうもおかしい、勘定があわないと思いながらだまっていたことを、「王様ははだかだ」といいだしたんだから。日本中の女たちが、世界中の女たちが「王様ははだかだ」と騒ぎだしたら、男ども、せせら笑った顔が凍りつくぞ!

十二月八日、中年女にとって忘れられない真珠湾攻撃の日に、「侵略のためにはもう産まない、育てない」のスローガンをかかげてデモをやる提案をしたら、若い女たちのグループが早速賛成してくれ具体的行動に移してくれた。

主婦たちよ、怒りと悲しみをこめて隊列につづかんことを。

女たちをふみつけにして核を競い合う男の世界に、ノンを叩きつけるために。

（記・〈ぐるうぷ・闘うおんな〉会員の一主婦）

（七〇年十二月）

おんどろ　おんどろ　女が子供を　殺してく　おんどろ　おどろん　女が子供を　殺してく

生きたい、生きたい、生きたい女が、子供を殺させられちゃった。昨年だけでも四百件近くも起きたんだ子殺しが（それは女の闇の歴史）。

ヒステリー女の、遊び好き女の残酷な〝犯罪〟だって？　あれは、打ちどころが悪かったんだ。かわいい我が子が殺してやりたい程、憎くて、憎くてたまらなくなる瞬間が、あんた、善人面したあんたよ、インテリさんよ、わかるかい。

結婚こそ女のしあわせ……子供こそ女の生きがい……呪い、女にかけられた呪いのことば。

ヒンヤリした汚い四畳半、くたびれた夫と薄い月給袋、にごった空、走る凶器、値上りの波。

生きたいんだヨオーッ。

永山則夫の時もそうだった。子殺しの女の時も。新聞はいつも同じだ。犯罪――それは、悪い環境の中で育ったヒネクレ者、精神異常者、遊び好き者が犯すもの。

「さあ、もう悪い人はつかまりましたからネ。安心して市民生活を営みましょう。善人のみなさん、隊列を整えて、まっすぐ前を向いてエー、オイチニー、オイチニー」。

支配秩序は、おじいさんは山へ芝刈りに、おばあさんは川へ洗濯に、という固定化された男女の分業に、その根底を支えられている。限りない未来をその内に胎んだ〈生命〉としてあるにもかかわらず生まれ落ちるやいなや、オチンチンを持った子は、山へ行くものとして男へ男へと、持たなかった子は川へ行く者として女へ女へと作られていく。特に女は、〈川へ行かねばならない〉という強制は、完璧に行なわれる。財産の保全と相続を目的とする私有財産制は、女の血の純潔にその根底のよりどころを置いているのだから。「女らしくしなさい」が「バージンらしくしなさい」と同意語なのは、それなりの根拠を持っているのだ。

女の性を一人の男の専有物となしその性が伴う生殖を軸に家を構成すべく、一夫一婦制度の性イデオロギーが形成された。女の性と生殖そのものには価値がなく、一人の男から精液とオルガスムスを授けられることで女は価値を付加されるという一夫一婦制度の性イデオロギーは、女から経済的自立を奪うことで実体化され、女の価値を生殖に集約し、男を月給鳥に卑しめ、家を構造化してきた。

そうだ、階級社会は、女の性が本来的に有する類の再生産という普遍性を男を媒介に卑しめることにその基盤をおいているのだ。故に女に対する階級抑圧は、日常的な男女のかかわりの中に、凝縮されている。日帝本国内の植民地奴隷――おんな、その奴隷頭――おとこ。奴隷頭としての存在は、奴隷の存在があって始めて成立する。

奴隷主は、絶えず奴隷となる限界線上にあり、奴隷は自分自身をして、主人となる境界線上に絶えずおく具体的な力を現実に所有している。――アンジェラ・デービス

奴隷と奴隷頭は、共に〈奴隷〉なのだ。しかし、奴隷頭は、奴隷としてある自己の惨めさが視えない。奴隷は奴隷と思わないことで自らを奴隷と堕す。すなわち、奴隷の惨めさに気づいた奴隷は、支配――被支配のない世界へ自らを解き放つ原点をそこに得るのだ。

闘う主体の原点とは〈奴隷であること〉の惨めさに他ならない。ところが奴隷頭は、マルクスで自

らを対象化し、〈抑圧者であること〉の痛みで闘うことで、奴隷であることの、被抑圧者としての己れの痛みに気づかない。惨めさに気づかない。男は、解放への内的希求の根源を自らのものとなしえないまま、闘いの不充分性を、学生であることのプチブルであることの階層限界（?）にもとめ安堵する。

男であること＝奴隷頭であることの限界性に気づこうとはしない人々がリブに対して、卑しい笑いを投げかける。醜い奴隷頭たち！

奴隷であることの惨めさ――それは、誰とも本質的な人間関係を作れない惨めさだ。奴隷とは、人間でない人間、主体を、魂を奪われた人間のことであり、そのような人間同士が本質的な人間関係を作れるはずはないのだ。この体制のもとでは、全ての人間関係は、桎梏をひきおこさずには成立しえない。階級社会とは〈誰にも出会えない体制〉のことだ。ヒン発している女の子殺しこそこの誰にも出会えない体制が、現在より矛盾を深化させていることの突出した表現に他ならない。

すでに既成の存在様式、人間関係が解体の一途をたどっているにもかかわらず、生殖を頂点にした価値体系は未だ深く女を包摂している。そのことから生じる女大衆の広汎なフラストレーション。すなわち、家を構成する下部構造――社会的生産活動にたずさわる男が、大黒柱として一家の経済を担っていく、という構造はすでにガタがきている。また、家を構成する上部構造――一人の男の管理下にその性と生殖を置くことこそ女の喜び、という意識構造も性そのものの意識潮流が否定から肯定へと、世界的にその流れの向きを変えている中で、それをワイ小な形で先どりしてるジャーナリズムに毒されつつ、崩壊へと突き進んでいる。しかもその女のまえには、子供も福祉もあてにできない

「老後」が色濃く影を落としているのだ。
〈誰にも出会えない〉体制が、その人間関係の本質をむきだしにせざるをえない、その矛盾を深化させている中で生じている女大衆の広汎なフラストレーション、すなわち自らの存在に対する危機の発現が、「女が生きるとは何か、はたして我々は女なのか」というリブのうぶ声なのだ。また子殺しを始め、蒸発、浮気、家出など川へ行くことを拒否する女たちをヒン発させている原因なのだ。

一方、いまだ古い存在様式にしがみつき、男に媚びるをもって「生きる」となす、奴隷の生き方を女のしあわせだと勘ちがいしているたくさんの女が、曽野綾子の本をベストセラーに仕立てあげまた労基法の改悪が、このような女大衆の揺れ動きを、侵略軍事体制に先取りして組み込む意図をもって進められている。

今年から、五カ年計画で始められた「若者の性意識調査」こそ一夫一婦制度＝家の解体を先取りして侵略へ向けた〈銃後〉づくりを新しい粧いのもとに完遂していこうとする、その事前準備に他ならないだろう。

さて女は川へ行かねばならないという抑圧は、一夫一婦制度から生みだされる生殖を頂点とした価値体系によって「正当化」され、「自然化」される。すなわち、その価値体系は労働力商品として女の低賃金を自然化し、家事の無償労働化を目然化し、育児を女の唯一の「生きがい」とさせる。

子殺しについて、「子供の命は子供のもの、子供の生きる権利を親が勝手に奪ってしまうのは親権乱用です」と評論家が眉をひそめる。何言ってんだ！　女は子供を私有化したくてしているんじゃない。育児を唯一女の生きがいとさせられる構造の中で、女は子供と共に切り裂かれていくんじゃないか。

母性の神話、母の日のウソッパチを赤裸に知っているのは、実は、妻として母としてと強固に自らを秩序化しているその本人たちなのだ。空しさから自らを解き放つ志向性を奪われている時、その空しさに自らを徹底させるしかないではないか。

生きていない飢餓感をごまかしきれないからこそ女は子供に全てを賭けていくのだ。

しかし家が、ブルジョアジーのための労働力の再生産を奴隷（女）と奴隷頭（男）が担う場所としてある以上、子供に全てを賭けていくことの果ては　無――。子供に全てを賭けていく（賭けさせられていく）ことの果てが無でしかないことを直感するとき、女は自らを怨念の炎と化す。自らの〈生〉を生ききらせない最も手近な矛盾物を凝視する。……女は子供の首に手をかける。

子殺しの女――子供を殺させられてしまった女。

その行為の底に、女の性を生殖に縛りつけ、秩序化する体制に対する自己否定を我々は視る。しかし敵が誰かを鮮明にしえないままに最も手近い矛盾物を殺すという行為は、自然発生的にアンチ体制を表現しえても、その先行き止まり的な自己否定でしかない。これを自己肯定として、すなわち、女と子供が共に生きていく世界（共にに点がつくのではない）、私が私であることが他の誰ともまさつを引き起さない世界へ自らを解き放つべく、支配権力に対し、退路を断った闘争主体として自らを現出することが今、我々に問われている。退路を断つ―それは〈誰にも出会えない体制〉の中の、どこにも戻れない自己をはっきり視ることだ。それは新しい価値（共産主義的な存在様式、行動様式、人間関係）の萌芽を創りつつ対権力闘争を担うことを意味している。

我々の構成する女同士のコレクティブ（集合体）は、出会えない体制の中で、最大限の出会いを追求していく場（共産主義の先取り）としてあり、コレクティブを基軸にして展開される我々の闘いは、家の、一夫一婦制度の解体をその根底に胎みつつ、担われていくものに他ならない。

リブ入管戦線はその闘いを、家の解体を方向するものとして展開する。女も男も、川へ山へ行かねばならない者として自分でない自分を押しつけられ、その両者が対として囲い込まれる家は、その不自然さ故に、権威主義を絶えず再生産していく。不自然さは常に〈ねばならぬ〉の不文律で正当化されねばならないのだ。権威主義が排外主義と裏表の関係にある時、家は、民族排外主義のトリデ、入管体制の基盤だ。

「家」という日常空間が入管体制の基盤としてある時、ハンストという手段をもって劉道昌君が創りあげる非日常空間は、支援闘争を担う主体の反権力思想の根底に鋭い問いかけを持って迫る。すなわち家を家たらしめる根底の秩序＝男女の固定化された分業→一夫一婦イデオロギーに対し、我々の反権力の思想はそれに対峙し、そしてのり超える質を内包したものであるかを彼のハンストの思想は問いかける。おじいさんは山へ芝刈りに、おばあさんは川へ洗濯に行くことによって桃太郎は鬼退治と称して「侵略」をメデタク果たして凱旋するのだから。

であるならば、劉道昌君のハンストに対し、自分の庭のような大学で即自的にハンストを打つ、といった行為にみられるような、入管闘争を担う主体の無思想故の愚かしさを〈問題〉にすることを回避してはならない。今回の在留許可延長は、その身の全てでもってこの体制と対峙した劉道昌君のその反体制の思想の徹底さに深く負うものとしてあった。ということをとらえ返す時、我々は再度入管闘争を担う主体としての自己を、その闘争組織を根底的に問うていかねばならない。

入管法再上程を目前にしている、在日日本人としての我々は！　（七一年五月、記・田中美津）

八月リブ合宿を創ろう！

夏の終わり。場所はとあるひなびた？　湯治場。期間は三日位。参加者数十名から数百名……みんな歩いて駆けつける、リブの合宿。ただ歩くだけじゃないよ。京都のグループは人形劇をやりながら。農家の仕事を手伝って、一宿一飯の恩義にあずかりつつたどりつこうてェチャッカリグループもあれば、リブのキャラバンを組んで行こうというグループもある。旅行のプランに組もうなんていっている姉妹もまた……。

耳から耳へ伝わって、小さな渦があっち、こっちで起きている、リブの合宿。北海道から、福岡から、金沢から、仙台から……。

帰宅時間ばかり気にしていたおんなン子が、おんなン子とどうしても「いい関係」の持てなかったおんなン子が、闘いと、おとこン子との亀裂に胸深く悩むおんなン子が、一人でガキを育ててみようと決意しているコエテルおんなン子が、〈自分でない自分〉を粧いつづけてきた、女の歴史を深く負ったおんなン子が、マッ黒っけになって駆けつける、リブの合宿。ガキン子も、おとこン子のガキン子も来るでヨオ！　早秋の風、赤トンボの群れ、ふかしいも（ン？）

夏の終わり、場所はとあるひなびた湯治場、期間は三日間、参加メンバーは、数十名から数百名……ワカッタような、ワカンナイような話。いま、準備委員会を準備中。ワカッタような、ワカラナイような話。だからオモシロイのだ。おんなと生まれたからニャ一枚加わるベキなのだ。ウン。ウン？（返事がないナ）宿も決めず、日程も決めず、（でも迷子にだけはなるなよ）リックサックかついで街を出よう！〈書を捨て、街にでよう〉ではない、〈街を捨て、旅に出よう〉

すべての姉妹よ、内なるインポちゃんを解体し、リブ合宿に飛翔せよ！　大人になりきれない「大人」おんな子よ、夢見るだけではあきたらなくなった「子供」のおんな子よ、リブ合宿をつくりあげる準備委員会に結集せよ！　イマジネーションを結集せよ！

準ビ委六・二〇（日）六時より豊島振興会館

（記・田中美津）

おかあさんへ

突然、みんなの留守中に黙って家を出てもう、二週間になりますね。面と向ってしまうと何も言えなくなってしまいます。少しインテリになっちゃった私の言葉では通行不可能なことが解り切っているのですもの。

「家」の中で大事に、「うちのSちゃん」として、あなたの理想の女の子像に向ってしたて上げられ続けた私の十九年間が、今音をたてて崩れはじめています。「こんな子に育てたつもりはない」とよく言っていましたね。私はあなたの手玉にとられ、丹念に作り上げられた人形みたいなものでした。

私はあなたが恐かった。

あなたに逆うことなんて考えられなかった。だから、駄菓子なんて食べたこともなかったし、あなたの嫌いなものはみんな嫌いになり、好きなおともだちも、あなたがいやがるので家に呼びませんでした。あなたのモーレツな強さを知ってる私は勝目がないことを直感して、いつも黙って従順ぶったおりこうさんを粧っていただけだったんですよ。適当に、つかずはなれずあなたのまわりをウロウロしていれば、いつかいい目に会うだろうという、いやしい根性をいつの間にか身につけてしまっていたのです。あなたはそんな私の恐しさをチラチラと見せつけられて、よく私のことを「冷めたい子だ」と言っていたのも覚えています。私は本当に「いやらしい子供」でした。ところが、いくらいいもの食ったたって、お洋服かってくれたって私はいつも満たされなかった。なにかほかにいいものがあるようなフラストレーションを常にかかえて、イライラしていました。分け与えられた光の反射で生きてる感じ、自分の生きるを創り出してない感じを持ちつづけた私は、ちょっとばかりマルクスとコカコーラの意味を知っていたもんだから、増々切り裂かれてしまいました。「生きる屍」はもうたくさんだ。私は少し歩いてみようと思います。

作られ食われ続けて来た今の私は、すっかり鈍化され、感性が摩滅してあなたを憎むことすら出来ないでいます。個として徹底的に分断されている私たちは、いつまでも出会うことがない様な気がします。いや、あなたとだけではなく「誰とも出会えない体制」に私たちは生きているのでしょう。しかし、ニヒルに笑ってばかりはいられません。奪われたすべてのものをとりもどす為に、この体制で最大限の出会いを追求したいと思います。血ぬられた女としての歴史性・社会性を自らからひきずり出し、その怨念を持ってドギツク自己にせまり、権力にせまる闘いを開始します。見たものは見たと言いつづけられる力強さをめざして。

火のないとこに火をつけて、ボンボンとあおりたて、どこで咲いても一人花、私は私の生きるを創り上げます。いつか又、お会いできることを信じて
さようなら　おかあさん
（記・コレクティブメンバー・サチ）

生みたい……でも――生もうではないか！

妊娠二カ月――できてしまった。お・ろ・そ・う　ソクてっとり早く、合理的な方法手段を考え出す私達――ちょっとまって！　なぜ？　なぜ中絶しちゃうの？　私のおなかの中では、今小さな生命が息吹いているのに――なぜ？　消してしまわなければいけないの？　疑問が次から次と湧きでてくるの。そうなのお金がなくては！　夫がいなくては！　家がなくては子供を生む資格はない世の中なんだ！――ウソ、そんなデッチ上げなんて私はもう信じない。全てウソッパチなんだ。

「家」？　忘れはしない。あんな矛盾だらけの枠内で傷つけむしばまれた子供の心を――。資本主義社会での私有財産制に規定される一夫一婦の矛盾は今や爆発せんとしているではないか。連続する女の子殺し……ふえる一方の蒸発、家出女のノイローゼ……経済的困難さ故ではない。みんなみんな家にはらまれた矛盾の故なんだ。

それらの中でも、女は、外見的には男と共に仕事をし、女と靴下は強くなれと要求される中で、結婚の幻想イコール楽しい我が家の夢を追って家の中に入る。だが、女の生きるは探し求めても得られない。

私は子供を生む。もう家では育てない。そして子供には、私をおかあさんとは教えないんだ。一人の規定された母さんなり、父さんなりの私有財産的愛情をもって子供を育てるのではない。育児とは我々の生きる追求の中で、一人の人間として生まれた子供の生きるの追求だ。それは体制内的価値観を解体しつつの進行形の中でしかないだろう……それと共に、我々が実社会に保育の場を創出に向けて準備中なのです。

（記・「こむうむ」橋本ユキ）

子供を生んだ女
子供を生みたい女結集しよう
1972・8月21～24日（3泊4日）
ひとつでたホイのよさホイのホイホイ
リブ合宿ニュース

リブ合宿日程決る！

黒岩山ろく、清流と泉わく村……信濃平スキー場、ヒュッテ「鈴荘」。いいところ（鼻毛がのびなーい）メシがうまいど（自家生産の新鮮な米、野菜、果物が豊富に食膳に供されます。とパンフに書いてあります）。しかも、安いど（なんと一泊三食付八百円）。

◎すべての姉妹よ、リブ合宿に結集せよ！

自分で自分に呪文をかけて、これ以上もう手が伸びないと思い込み、アクションをするにもいつもなんらかのもっともらしい大義名分を必要とし、結果としての失敗、裏切られ、傷つきを心配して、魂の躍動を失い干からびた、あたり前のどこにでもいる姉妹たちよ！

革命的左翼用語に脅かされ自己解放を罪悪視し〈やらねばならない〉階級闘争に、カクメイ的に決起しつつも白々しさをごまかせない、ラディカルでドディカルなあたり前のどこにでもいる姉妹たちよ！

できちゃったガキとパクっちゃった亭主を両手にひっかかえて、浅川マキの唄じゃないけれど、「さして大きな出来事もなくあの人はいつだってやさしいよ。どこで暮らしても同じだろうとわたしは思っているのさ。なのにどうして知らない、こんなに切なくなって、町で一番高い丘に駆けていく頃はほんとは泣きたいぐらいだよ。真赤な夕日に船がでていく私のココロに何がある」ってカンジで日夜なんとなく自分のシッポを自分でかもうと空転している具合の、あたり前のどこにでもいる姉妹たちよ！

美人になりターイと思いつめつつもでもやっぱりオードリヘップバーンや吉永小百合って化物じゃないかしら、という正常な美意識を失っているわけじゃない、社内レンアイもワルカァナイと思いつつもでもやっぱしお茶汲みって理不尽だという正常な判断力を失っているわけじゃない、あたり前のどこにでもいる姉妹たちよ！

◎視たものは、視たのだ！

この支配と被支配のある社会でただでさえ我々は萎縮した惨めなインポちゃんなのに、この世の中は、さらにインポちゃんにしようとする悪だくみで満ち満ちている。学校教育、もっともらしいモラル、礼儀作法、適令期という恫喝に〈らしさ〉の強制、壁の花に職場の花、檻のようなアパート、平凡パンチ式の性の解放がオルガスムス、オルガスムスと騒ぎたてる。インポからの解放を追求すべく階級闘争とか申すのに参加すれば、コミンテルンがどうのこうの、マルクスがどうのこうの、サンディカリズムをのりこえてとか、位置づけ、総括、自己批判に、告発に、アーけたたまし。階級闘争つーのは重くしんどく、陰微にヤランとアカンみたいなムードの中で「それは単なる自己解放じゃネェカ」―「主体形成論ナンセンス」とかいう非難にびびって人間解放へ向けて闘う中でインポがよけいインポに落ちていく。

禁欲主義が、権威主義が不充分な主体を支える構造の中でインポちゃんばかりが、強固に居残っていく階級闘争の不可思議さ（職革といわれるヒトのカクメイ的鈍感さに注目せよ）。テメェのカアチャン囲い込んで体制打仆ナーンテ、チャンチャラおかしいや。視えちゃったんだよ。みーんな。テメェのパンツだけはしっかり押えつつ革命的言辞で自己トースイしているワイセツな活動家諸君が（そうじゃないのもいるけどヨォ）。私有財産制が上部構造に与える凝縮したイデオロギー的表現としてある一夫一妻制度にオチンチンの先の先まで包摂されつつその内なる一国主義になんら疑惑を持つことなしに、世界プロレタリア主義の旗を高々と掲げてきた新左翼、女のブルジョア的犠牲形態の上にのっかってかろうじてその生産性の論理を保ってきた六〇年代階級闘争。

◎視たものは、視たのだ！

今まで〈あたり前田のおねェさん〉みたいに思い込んできた全てを疑ってみよう。階級闘争を、性を、労働を、——そして、女であることを。?マークの内から、奪われた言葉が、主体が確かな手ごたえと共にもどってくる……。もう、エサをもらいっぱぐれた小犬みたいな気持でウロつき回るのはやめようヨ。あたし達の中にこそ、豊かな未来が胎まれているのだから。自分を視るために女同士、互いの鏡になろうじゃないか。くもりのない、ごまかしのない姿——インポな惨めな我が身を写すことは、自分をとりもどすための第一歩。そのためのリブ合宿。

ためらいや決意ナシにウーンといつでも思いっきり腕を伸ばして、伸ばした腕が空にとけこんで自分が〈世界〉になってしまうような……そんな闘いが、そんな〝生〟が欲しい。欲しいィッとまず叫ぶことからはじめようじゃないか。そのためのリブ合宿。

観念的な空理空論じゃない具体性から本質性へ、本質性から具体性へ、アの音はアだと口に出してみることから権力打仆の陰謀まで、全国の津々浦々の姉妹たちと語り合おう。

共産主義を絵に書いたモチに卑しめないで、自己の中に、あらゆる関係性の中に未来を先取りして実体化していこうジャン。自分にとって意味のあることを追求する中で全ての人にとって意味のある世界も又作れるんだということを、生きるヨロコビと共に実感しようジャン。ガキを連れてくるべし。失恋の痛みを抱えてくるべし。コンプレックス同伴のこと。その中にこそヒヤクのカギがあるんだもんネ。三泊四日を、気ィ狂う程楽しく豊かに創造せよ。殺るド、ン? まちがえた、ヤルド。異議ナシ。リブ合宿に、すべての姉妹は結集せよ!

あのひとは行って、行ってしまったァ

なんて泣いているヒトダーレ、今からだって間にあうぞ。ウン、充分に。

（記・田中美津）

リブ合宿４つの楽しみ

◎歩いて行こうリブ合宿

家を、街を出た時から、リブの合宿は始まるよ。タダ汽車に乗ってバスにゆられてたどりつくナンテのはつまんないジャンカ。全く無計画で一日は一人で歩いてみようよ。一晩は野宿してみようよ。いにしえのあの旅の楽しさか？　アーデもない、コーデもないって、しょっ中心配ばっかりしているインポちゃん。大久保清みたいなんが現われたらドーシヨウなんてビビっているインポちゃん。内なるインポちゃんの解体にむけてやれそうもないことをやってみようよ。アタイちゃんの手が、ここまで動くのダということを実感しよう。何が起こるカナ？　ヒヒヒ……。

◎テメェのことはテメェでヤレリブの合宿

合宿っテェーと、すぐ朝からラジオ体操のヤーナカンジあっけど、実行委じゃこんな話が出てるド。例えば、部屋割をクジ引きで決めて、知らないヒトとコレクティブ（集合体）を作っちゃおうとか、昼は、避妊のＡＢＣから、三里塚、入管、日本の悪女まで自主講座をもうけようとか、夜は夜として集会、映画会・ロックフェスティバル、春歌の夕べに、盆踊りと演芸の夕べまであるでよ。もりだくさんでもちきれない程ダド。けど出ねばならないなんてことなし。やりたくないことはやらない。「ヤリタイことを、思いっきりヤル」ことのすばらしさを、魂のふるえを、実感しようじゃんか。

誰も何も言わないかわり、心配なんてしてくんないよ（ただし、医療完備してるでよォ）。テメエのことは、テメェでヤレ。視たものは、視たと言うのだ！

◎女の大井戸端会議リブの合宿

なんとか山のふもとから、リブの騒然たる声を上げよう。日本中の姉妹たちとトコトンしゃべりまくろう。位置づけもヘッタクレもあるもんか。女の井戸端会議でなぜワルイ？　自らを論理で対象化できない片すみに押しやられつづけた女の歴史性をひきづりつつ、闘いの原点をあくまでも女であることに固執することの中からしか、権力打仆のことばもでてこないのだ。おしゃべりは出来ても自らを話すことができない惨めったらしいアタイチャンたち。そんでも今ここにいるアタイチャンからの出発以外はないモンネ、すべてをともかくコトバにしてみようド。

◎リブ合宿に参加した姉妹たちよ、全国に分散せよ！

三泊四日が終わったら、ハイニッコリさようならなんツーのナンセンスやで。リブ合宿はそう甘くない。終ったアトでもしつっこく続くリブ合宿、合宿中に誰かさんと仲よくなって彼女の地方にくっついていってみよう。出きないはずの女の結合。イヤダワ！　ワルイワ！　をどれ程越えられるかダド。この夏の思い出（ン？）、リブ合宿で勝ちとったものをより深化させ、実体化させる為にもリブ合宿は終らナーイ。そこはどこだか知らないけれど、日本中のアッチコッチでリブの渦をまきおこすのダ。ソウナンダ！　秋には、沖縄も三里塚もアルデヨ、タクマシーク、タクマシーク、このヒト夏が〈女〉をつくる！　決定！

追伸
ガキン子をカアチャンにばっかくっつかせてはおかないド。子持ちの女も安心して参加できるリブ合宿をつくるゾー。

すべての姉妹たちよ！

とりみだしつつとりみだしつつリブ合宿へ飛翔せよ‼

（記・田中美津）

ひらくひらこう・ひらけごま！

ガキ持ち女がひらく扉はこれだ！

九月十二日午後一時成増（東上線）コレに来たれ‼　もう、ずいぶん前から、子持ち女を続けてきたような気がする。

妊娠10カ月とこの世に出て来て10カ月、だてに20カ月は過ぎちゃいない。20カ月の思いはしどろもどろだけど、私の肉体の方向を定めつつあるようだ。

「産まないがエゴなら、産むのだってエゴさ！　勝手に産む私と勝手に産まされるおまえがあるだけだ」そこから出発する私の産む行為、妊娠中のハラボテ所有感と産むという確実な痛みにおいて、その、たしかさのぶんだけ、ガキと生きてみようと思った。

たとえ、どんな子が産まれようと、一手に、私個人にかかってくる事を踏まえれば、暗黙の内のしめつけであるけれど、「そうなりゃなったでしかたあんめえ」という形でしか整理できなくても、「とにかく、私は産む！」という決意に託して、毎月一回、通う〝子宮見せ〟を終えていく。

子宮からの〝お宝さん〟が、グイグイひっぱって、くっきりとつけてくれた子宮と外界をつなぐ回路を持って、陣痛室と分娩室が奇妙にわかれた病院を出ていく。昔よりは、はるかに豊かなオッパイが、文字通りオッパイとなって、赤ん坊の口によって吸われる私の姿は、再三再四、とりかえるオムツといっしょにはためき、「放っておいてもガキは育つ」を連発しながら、「でも、放っておいたら死ぬんじゃないかなあ」とクルクル、まわり、まわり、泣き声にイライラする毎日が明け暮れる。

その毎日は、私の上半身と下半身をますます切り裂いてきた。しかし、切り裂かれつつも、私の子宮は叫んでいた。たかがガキじゃないか！　オロオロするなんざあみっともないぜ！　たった一人のガキに、あったりまえの、ミルクとオムツと泣き声の生活にオタツイているようじゃ何もできへん！　私の〝生〟もへったくれもない！

育児書の「こうすればこうなる」式の、いろんな例を通りいっぺん書いた育児を、そもそも私は、自分の手で、現実にガキとの生活においてこわしていかなければ、ガキ共々、自メッしてしまうぞ。ガキの欲望と私の欲望がいつも、チグハグしてる毎日――眠たいガキが、すり寄りゃあ、書きたい手紙も書けない！　ギャアギャア泣く声を放っておけば、一枚、壁はさむお隣さんが気にかかるアパート暮らし、抱きたくない時だってあるさ！　それをてめえに忠実にやりゃあ、他人の視線はするどく光る。へん！　そんなもん知ったことか！　ギャアギャア泣いて、尻ひっぱたかれたってガキは勝手に生きてきよる。「かわいそう」やとか「可愛いい」なんて言葉は他人の無責任さ以外の何ものでもない。私が、たしかに産んで、私がたしかに今、ガキ持ちと称して生きてるんや！　私の生の犠牲だなんて甘ちょろい事を言わせんだけの自信はある！

勝手に産まされたてめえにかけて、私の存在に迫ってきたらええ！「育てる」ちゅう感覚とは違うんや！

ここにガキと私が、ぶざまにも〝生きてる〟ちゅう事や！　ガキ持ちのてめえをどこまでも、どんな場所でも、引き連れていく事が、今、必要なんだ。ガキ持ち女こそガキを誰かさんに預けてイソイソナするスッキリシャナリ型じゃあかへん！　ガキかかえた子宮にかけて、つっぱしらなあかん。

つっぱしらなあかん！

ガキ背おってオートバイに股がらなあかん！

（七一年九月、記・武田美由起）

〝上から見ていたウーマン・リブ運動〟

昨年の大久保事件のニュースを見聞して、ある男性が、「大久保清の言う事を聴かずに、抵抗して殺された女性はバカだ。やられたって減る物ではないじゃないか」と言った。人間を人間と思わず、オモチャに考えた考えになんら抵抗もなく共鳴した男達の多いこと。その話を聞いて私はカッとなり、その男と言い争ってしまったが、多くの女性が甘い言葉に、ごまかされてオモチャにさせられている。それでも自分だけは大丈夫と思っている女性の多い事、そして甘い言葉を待っている。

女性が非人間的に見られ扱われている事に気づかず、女性が時には男のオモチャ（SEX）として、時にはロボット（料理や掃除をする）として、そして、いつでもピエロのように面白い事を。家庭でも社会でも差別を受けている女性。

そんな女性を可愛いそうだ。そんな女性を解放しよう、女性を自由に、女性を人間的に、などと思った自分が或る日、リブ運動の前衛ぐるーぷ闘う女のコレクティブ（女性の集合体で、女性三人で生活し日常的な闘いをする）を訪れて自分が一段高い場所から女性を見て「アー、女性って可哀いそうだな」などと思っていた自分が、そんな恐ろしい考えをしていたことを知らされ、その恐ろしい考え、差別感に気がつかなかった自分が、恥ずかしく、そんな考えしか出来なかった自分が悲しかった。そんな高い場所から見ていた自分自身が抑圧者であり、そんな自分達（男性）が、女性をSEXのオモチャにし、母を妻を共同生活をしている女性を家事のロボットと仕立てているのではないだろうか。

主人と奴隷、抑圧者と被抑圧者のそんな関係において本当の人間解放が為し遂げられるだろうか。人間が人間として生きる時に男女の差別や人種差別があって良いのだろうか。私は人間として自由に生きたい。

だから私は抑圧者にはなりたくない。それには自分自身を解体しなくてはならないのだ。

我々は内面的（自分自身）、外面的（ブルジョア・小ブル）な敵と闘かわなければならない。

最後の最後まで人間解放のために敵を倒すまで戦うのだ。


（記・DON　秋本）

（注）その傍観者的態度をこっぴどくやっつけられた男が、いつの間にかこんなビラをまいていた。

（七二年三月）

表賞状――東大入試に向けて

お母さんご苦労様でした。キャラメルのおかえし、〈トクホン〉を進呈します。せいぜい、はってスッキリ、ホッ……それだけのことを味わって下さい。これがあなたのくれたキャラメルの内容です。〈ご苦労様でした〉と素直に言い切れぬ思いがあたしたちにはあるのです。

きっとこれまでも子供の成績に一喜一憂し、たった今も東大の入試をうけるのが自分であるかのように身を細らせていることでしょう。子供が他の子供の群を抜いてここまできたことは、他の母親達に勝ち抜いてきたあなたあってのことと思います。夫を子を通して、昔から女はこの社会に生きてきたのですから。言いかえれば、あたし達女には夫・子の妻として母としてしか生きる道は用意されていなかったのだと思います。夫・子しだいで女は決められる。だからお母さんが子を通して自分の生ききれなかった分だけかわりに生きてもらいたいと思うのは想像がつかないわけではありません。

しかしお母さん振り返ってみて下さい、20年近くも衣食住を共にしたあなたと子供の間にどんな会話があるのか。「お腹がすいてない?」「寒くはない?」「うん」「ううん」。もしもお母さんがこのような奉仕をすべて取りのぞいたら何か残るものがあるでしょうか。どうして女のねうちはそれ自身ではなく奉仕にあるのでしょう! お母さん、女が夫・子によってのみ認められるものだとしても、腹を痛めた子供だからと言って一体となることはできないのです。

人間はどんな衣をきせても、やはり一人で生き一人で死んでゆく、あなたの〈おなかがすいた〉はあなたの〈おなかがすいた〉であり、それを思いやったとしても決して子供の〈おなかがすいた〉にはなりえない事実は変わりようがない。女が子を通じて生きようとしてもそれを裏切る現実はどこまでもついてまわるのです。

自分の入れない東大へ子を入れようと必死になれるのは〈無償の母の愛〉なんかではないはずです。子供の出世が母の出世。〈母の愛〉は無償ではなく母の出世を手に入れるためだというのが本音のはずだ。それが唯一己れをむなしくさせなければならない女の出世の一番簡単な方法なのだから。しかし東大が他の大学の上にある仕組は頭の良い者が常に勝ち、頭の弱い者をしたがえる仕組であり、〈男以上に頭がよくてはいけない〉女が男の影（奉仕者《メイド》）としてしか生かされない仕組みを作り続けてゆくことなのだ。東大に意味をもたせる社会はどこまでいっても女を裏切り続ける社会なのだ。女が子を自分の出世の道具とする時、子は母親を身のまわりの世話をする道具としてしかあつかわれない。

女は妻として、母としてしか道をあけてくれない現実を前に、それ以外のどんな道があるのかと居直ってみても、子の生きるに、自分の生きるは代えることが出来ないという、どこまで行っても裏切りが待っている運命が見えている時、それ以外の生き方というサンプルが用意されていなくても、あたし達にはお母さんのような生き方は出来ない、したくないと思うのです。

お母さん、あなたと真向いたいのです。世話をするものとされる者の関係ではなく、あなたがあなた自身で輝き、あたしがあたし自身で輝けるそんなつき合い方をしたいのです。

五月リブ大会世話人一同

（七二年三月二〇日）

便所からの解放

◎はじめに

階級社会のもとでは女は誰でも生まれつきひとつの私有財産をもっている。バージンという私有財産を。これをうまく運用して高く売りつけることで、女の人生は決まる。

しかも、バージンには先天的、後天的、ランクがある。すなわち、家柄、財産、容姿、教育の程度でバージンの商品価値は大幅に異なる。さらに奇怪なことに実際にバージンであるかどうかなんて実はあまり意味がないことなのだ。

重要なのは〈バージンらしさ〉なのである。たとえバージンでなくったって白いウエディングドレスを花嫁らしくらしく＝バージンらしく楚々と着こなす厚かましささえあれば全ては丸くおさまるのだし、吉水小百合が小百合であるのはなによりもその〈バージンらしさ〉に依るのだ。双葉から叩き込まれる「女らしくなさい」の一言は、実は「バージンらしくなさい」と同意語である。バージンらしくするかしないかは、結局社会と男に叛旗をひるがえすかどうかの分かれ道だ。

つまり女性解放運動とは、バージンらしさを返上し、やさしさとやさしさの肉体的表現としてのSEXを合わせもつ総体の女としての自らを〈バージンらしさ〉の基準で女の優劣を決めようとする男と社会に叩きつけ、迫る女の闘いとして展開されるのだ。

ジャジャジャジャーンとカッコよくいい放つことはやさしいけれど、〈結婚こそ女のしあわせ〉を基調テーマにこれでもか、これでもかと〈女らしさ〉の特訓を受けてきた身においては、マルクス、エンゲルス、ボーボワールで大脳のシワを一本位ふやしたところで、我々の意識構造の核心に植えつけられた、〈お嫁に行けなくなる〉という意識から全面的に自己解放を勝ちとることは不可能なのだ。〈お嫁に行けなくなる〉という意識とは、すなわち性否定の意識構造のことだ。性は汚い、罪悪な、口にすべきでないという教育こそ、女らしさ＝バージンらしさを作り出す総元締めなのである。〈お嫁に行けなくなる〉という古ぼけたすり切れたシッポを引きずりつつ、〈バージンらしさ〉に叛旗をひるがえすという、矛盾に満ちた存在が〈ここにいる女〉であり、〈ここにいる女〉の性と生殖を問いつめていく中でしか女を人間に普遍化できない以上、自分自身のみっともなさ、ドジカルさを直視しつつ、こんな私にした敵に迫っていく闘いは、まさしくとりみだしつつ、とりみだしつつ迫る以外のものではないだろう。

知的な女の知的な領域でなでさすられ、若干のナルシズムをふりかけられてキレイに仕上げられてきた既成の女性解放論理、はたまたもっと硬派の部分に依る男の意識、論理構造に拝跪することで女を超え、カクメイ的、男並みにガンバロウとする解放論理の共通する白々しさは、知的であると共に肉的である〈ここにいる女〉の骨肉を通じて否定的に総括されなければならない。そのために若干の視点を提起する。

◎女性解放運動ってコトバはなぜカッコ悪いか

政治に口だしする女、理屈を言う女、社会とのかかわりを求める女、女性解放とか男女差別を云々する女は、冴えない干からびたオールドミスの欲求不満、売れ残りのブスというイメージが今も濃厚にある。二つの意味においてそれは事実だ。

まずひとつには政治が人々の生活においてよそよそしいものに作りあげられているその反映として女と政治の関係があり、特に男より女に対して政治がよそよそしいのは家父長制の支配体制のもとでは、社会と男に完全無害な範囲でこびたり、すねたりするつつましやかな、かわいがられる女が必要なのであり、それ以外は冴えない、生意気な女として、いわゆる〈一生の不作〉タイプとしてイメージをでっちあげる必要があったのだ。

〈女のしあわせは結婚だ〉と骨のズイまでしみ込ませられてきた女、そのような女に女を作る必要性は今の社会が財産の保全と相続という私有制経済の至上命令をまず女の血の純血という形で確保しなければならなかったからで（男は子に対しては信じる故に我あり、といった存在なのだ）、そのためには、結婚に、男に、社会に満足しない、叛旗をひるがえす女は社会的に打ちのめして見せしめにする必要があったのだ。その方法として、まず男にそういう女を選ばせないことが肝心であり、そのような男、そして、その男の意識（それは支配階級の意思そのものである）に媚び屈伏する女を作り出す場として家や、学校が用意された。性による差別構造――いわゆる男らしさ、女らしさ作りのために。特に女を神秘化し、神秘化することで魅力がでるという女らしさの論理が、男と女の性を抑圧して支配階級がその階級意思を貫徹していくことを隠すベールとしての役割を果したのだ。

かくしてベールをはぎとる女、女らしさを拒否するところから女として生きようとする女は冷笑の対象としてあざけられ、忌みきらわれるよう仕向けられた。

さて、女活動家に対するもう一つのイメージは、今まで女の闘いそのものがギスギスした魅力のない全ブス連的運動体によって担われてきたことから発生する。

明治以来の女性解放の女闘士たちのヒステリカルなカッコワルサは、女が女として解放されるためには、どうしても一度男にならねばならなかった、その必然的過程としてあった。その頃の女に加えられたさまざまな抑圧（凶作になれば女郎に売られかねない時代）を考える時、まず離婚の自由、普通選挙権の獲得、姦通罪の撤廃、職業の選択の自由など基本的人権と言われる権利獲得と、女の経済的自立に闘いの主張がおかれ、牛馬から人間並み＝男並みの権利獲得の緊張の中で、彼女らの女としての性は薄められ切り捨てられることによって運動が担われてきたのだった。

経済的、法的男女平等が、女の主体性確立のための、女の解放の本質に迫るための前提条件であること（前提条件にすぎないこと）を考える時、これは一度は通らなければならなかった道であり、踏んでこなければならなかった足固めであると理解できるし、彼女らの肩を怒らせた後姿に私は同志愛的ないとおしさと女の哀しみを見出さざるを得ないのだ。

そして、今、彼女らの切拓いてきた地平に立って、彼女たちとの確かな出会いの中で女の闘いの新たな一歩が築かれようとしている。さて、我々のその闘いは――女の性と生殖を問いつめていく中で、人間解放を志向する我々の闘いは、はたしてどのようなカッコ悪さとして展開されるのだろうか。それを考えていく前に、人間を隷属させる基本的な手段としての性――性を通じての人間管理、一夫一婦制度と、その制度を支える男と女の関わり等をみておきたい。

◎隷属意識は作られる

財産の保全と相続を目的とする経済体制は、女の性欲求を男と家にしばりつけることで純血を保持しようとした。女にとってだけの一夫一婦制度がそれである。人間の自然な心と、体の営みに反する一夫一婦の制度としての無理は、女と子供を男に依存させる経済構造を根底に、性を汚い、卑しい、恥ずかしいものに貶める意識構造を人々の心の核心にすることでいままで乗り切られてきたのだ。一夫一婦制度が本質的には女の経済的自立と女の性欲求を封じ込めるために作られた以上、性を卑しめる意識構造は、女の性に対してより抑圧の度を高める。

性を否定する意識構造がなぜ心の構造の核心をなすのか？　いうまでもなく、人間の意識は、生活に規定される。その生活とは、経済に規定された中での、他の人間との関わりとして営まれる。他の人間とは基本的には、男にとっては女、女にとっては男である。

さて、どのような世の中であっても一人で生まれ、一人で死んでいく個体としてしか生きられない人間は個体であるからこそ他の個体とのコミュニケーションを必要とする。根源的にはコミュニケートできないと知りつつ、やはり対の幻想を追わずにはいられない。個体としてしか生きられない生物の哀しみを分かち合う行為として我々はＳＥＸを、肌のふれ合いを求める。この男と女の関わり合い、生物としての人間の、他の生物に対する最も自然な基本的な関わり合いを否定し、卑しめることによって、その生の不完全燃焼状態は人をして生きることを恐れ、権威に依存した意識構造を自らの中に作りあげさせる。

階級社会が支配を貫徹していくためのイデオロギーの基石をなす権威主義（権威に盲目的に依存し、長い物には巻かれろ式の、自立や主体性を放棄した考え）は家父長制における結婚によって、すなわち家を土台にした男と女の関わりの中で日々再生産されていく。具体的に言うならば、今盛んに論議されている公害問題において識者が尤もらしく「しかし、公害を今日まで許し続けた住民の無関心、無気力さも問題だ」などと言っているが、しかし、そもそもお上や、大企業のやるまま、なすがままに従う従順な羊に日常的に我々は作られているのだ。例えば四畳半のアパートで営まれる人間関係――端的には男と女の性状況を考えてみればそれはすぐわかる。もともとつちかわれている性否定の意識構造は、薄い壁や、近くに光る目に脅やかされてさらに強いものとなる。四畳半で営まれるニワトリのしぐさのようにせわしないSEXのみじめさは、人々に人間として当然の要求や権利さえもあきらめさせ、無気力な常に他人の目を意識する、主体性のない未成熟な、インポ人間を作り出す。今の政治が悪いとわかっていても、自分が何かしたところでどうせどうしようもないのだ、と最初からあきらめている、そんな自民党好みの人間が、あの四畳半の貧しい男と女の関わり合いの中で作られていく。

◎便所のワタシと汚物のキミよ……我らが惨めな性

さて、この作られた自らの内なる性否定の意識構造によって、男と女はどのように体制に組み込まれていくのか？　性否定の意識構造が女に対してより抑圧の度を深めるとは具体的にはどういうことなのか？　〈人間を隷属させる基本的手段としての性〉の構造は、男の意識を媒介に、女の性を抑圧することによって、男の性を管理していくという構造としてある。それは、女の性が生殖を伴うと共に、女の性の方がよりアナーキーな傾向を秘めている故にそのような構造が作り出されたのではないかと考えられる。

女の性をコントロールする男の意識とは、やさしさと、やさしさの肉体的表現としてのSEXを合わせもつ総体としての女を、女ととらえない意識である。

男にとっては女は母性のやさしさ＝母か、性欲処理機＝便所か、という二つのイメージに分かれる存在としてある。全体である対象〈女〉の二つの側面――母性（やさしさ）、異性（SEX）とに抽象化してそれぞれに相反する感情をわりあてる男の分離した意識は、単婚が娼婦制、奴隷制と併行してあったという人類史を背景に、一夫一婦制度が性を卑しめ、性と精神を分離させる意識構造によって支えられていること。更に、その意識下に於ける私有的な母子関係が、一方に於て母性のやさしさに対する執着を生み、もう一方でそういう母親が父親とオンナとオトコの関係をもつことで自分が生まれた事実に対する嫌悪を生みだすという、女に対する背反する二重の意識を植えつけるのだ。

男の母か、便所かという意識は、現実には結婚の対象か、遊びの対象かという風に表われる。結婚の対象として見られ、選択されるべくSEXに対し、見ざる、聞かざる、言わざるの清純なカワイコちゃんとして、女は、やさしさと自然な性欲を一体として持つ自らを裏切り抑圧していく。

やさしさの性と、官能の性を一体として持つ〈女〉は、支配階級の要請で作りあげられた男の分離した意識の前に解体され、部分として生きることを強要される。しかし、女を部分としてしか生かさない男は又、そうすることによって、自らも部分としてしか生きることができず自らの性を抑圧していくのだ。〈他民族を抑圧する民族に自由はない〉というレーニンの永遠の真理がここでもキラめく（ちょっとオーバーかな）。

サマセット・モームの短篇に〝雨〟というのがある。売春婦をマトモな清い？生活に立ち返らせようと奮闘する牧師が、あと一歩で神の御心通りに行くといったところまできてナゾの自殺を遂げる。そして女はというと、モトのモクアミ、ドンチャカ騒ぎの中で汚ならしいものを吐き捨てるように言う――「男はみんなブタだよ！」。売春婦がブタなら牧師もブタだったというこのフィクションは、女を〈便所〉だと位置づけることによって、自らも〈汚物〉になり果てる男を過不足なく描いている。

15歳のオトコの子が、15歳のオンナの子と心身ともに充足したひとときを持ちたいと願うのは、まったく自然なことにもかかわらず、現在その実践を後ろ指をさされずに行うのは不可能だ。週刊誌的な性の解放が、巷に薄汚くふりまかれているせいか、現在があたかもフリーセックス時代のような錯覚を人々に与えているが、フリーセックスという言葉こそ、本来的にフリーであるSEXが、いかにフリーでないかを逆表現している言葉にすぎない。言葉の正確な意味でのフリーセックスなどいったいどこにあるのか。

フリーセックスとは、女を便所としてとらえる男の意識の、あとは野となれ山となれの薄汚い表現形態でしかないのだ！　婚前交渉、婚外交渉として、あくまで結婚を前提に許されるようなセックスの、どこがフリーなのだ！

純血の保持＝バージン至上主義が男の母か、便所かという意識を媒介に女を抑圧し、現実的にバージンらしくしないと、つまり結婚の対象としてあらねばさまざまな不利益を覚悟しなければならないが故に、真摯に生きるより物質的な豊かさや社会的地位に女のしあわせの可能性を抱く多くの女は、バージンらしさを堅持するために偽りの衣をまとう。15歳の性は〈結婚こそ女のしあわせ〉という支配階級のはやらない手あかにまみれたスローガンにかくれて、マスターベーションとして営まれる。

◎女の居直りとその闘い

男と女が相関々係にある以上、女の性の惨めさは、男の性の惨めさであり、それは現代社会の惨めさの象徴なのだ。この惨めさを女の性の惨めさから問いつめていくことであきらかにしていくことが、女の解放につながる道ならば、それはまずキミ自身の居直りから始まるのだ。なぜならば、男の母か、便所かという意識は、性を汚れたものだとする性否定の意識構造から生じる両極の意識としてあるのだから、遊びの対象に見られようと、結婚の対象に見られようとその根はひとつなのだ。

母か、便所かは、ひとつ穴のむじなであり、どちらに見られようと本質的には同じことなのだと知る時、女は男に、権力に居直る。その時、いままで男を媒介に作りあげられてきた権力好みのかわいい女は、自らの性を足がかりに主体性確立への視点をつかむ。その時、女は女を便所化することで成り立っている支配権力と対峙する。

女は自分自身の〈アンポ体制〉と出会う。

いうまでもなくその居直りとは壁をみつめてジーッと考えてみる、といったものではない。性を否定する意識構造からの自己解放とはあくまで実践過程を通じて獲得されるものであり、その上に立っての居直りも、実際の男との関わりと権力闘争との緊張関係の中で、主体形成の道を切り開くものとなるのだ。

女の解放がプロレタリアの解放として獲得されるものである以上、我々は世界革命に向けて権力闘争を深化させていかなければならない。権力闘争が、その世界性・普遍性故に〈全体〉としてあるならば、男との関わりは〈部分〉として存在する。全体に包括される部分だが、しかし部分としてきり捨て、全体＝権力との闘いの中だけで主体形成を図っていくのではなく、全体と部分との緊張関係の中で女は自らの主体を形づくっていかなければならない。男、子、家との個人的な関わりを、そこに内包される矛盾を権力闘争との緊張関係の中で問いつめていくことなしには〈女であること〉を人間へ普遍化していく手がかりはでてこない。

かつての女権論者たちの、そして現在にも一部の活動家にみられる硬直化した不自然さは、部分を切り捨て、またはその問いつめを回避して男＝人間、男＝闘いの中で自らをオトコ化することで闘いを担ってきた無理が、中性化といったかたちで表われたのだ。言葉をかえて言うなら、それは過去・現在そして未来的な女の存在様式をマルクス用語だけでとらえ、そこから女の闘いを出発させた誤りとしてもとらえられる。階級対立の視点は根本的でありながらも、しかしその視点だけでスッキリ〈女〉をとらえると大事なものがぬけ落ちる。例えば〝家事〟。家事をやることで女は社会的生産活動から遠ざけられ、家付き女中の地位に貶《おとし》められ、こまめに安い買物をして、低賃金をカバーして資本家の利潤に間接的に奉仕し、また、生存競争にすりきれた男を身の回りの世話やくつろげる家庭のムードの中でいやし、再び労働力商品として市場に送り出す奴隷商人的役割をも果たしている。

しかし、頭の中で家事のくだらなさと、その犯罪的な役割に対してバッチリ理論として持っている女が好きな男ができて、子供を持ったりすると何故ああふがいなく自らが批判していたその日常性に埋没してしまうのか。そこには、単に惰性に負けたとか、経済的に自立できなかったという理由だけでは片づかない何かがある。日常的に抑圧されてきた者が、自らを主体的に抑圧した時にうまれるマゾヒズム的傾向――男と社会に抑圧され続けてきた歴史性を持つ女が、意識的に自らをより奴隷化した時に生じる陰湿な喜びがそこには感じられる。〈女のうらみ、つらみ〉という言葉には、理性的には否定できることが、嗜虐的な生きがいになってしまう、どうしようもない自分に対するいらだち、やり場のない哀しみ、言葉にならない怨念が息づいている。「ねえ、なんとなくわかるでしょう」という女同士の会話の底に流れているものは、手ですくおうとすると、こぼれ落ちてしまいそうなそんな社会、男、自分自身に対する女のうらみなのだ。

さて全体と部分との緊張関係とは、既製の左翼概念だけでとらえることができない、〈女であること〉の矛盾を回避しないで、すなわち自らの性と生殖を問いつめていく中で、男との関わり、権力との闘いを展開していくことに他ならない。私たちの闘いは、マルクス用語で作りあげられたスッキリした革命的な〈どこにもいない女〉から出発するのではなく、理性と矛盾してしまうものを一杯かかえた〈ここにいる自分〉の矛盾を、女のうらみつらみとして男と権力に叩きつけていく中で自らの解放論理、女が女として解放されるための論理を構築していくものとしてある。女が生きるとは何か、はたして自分はどのような女なのか、の問い返しの中で我々の解放論理は深まっていく――。

女を抱く男、男に抱かれる女という構図から、女を抱く男、男を抱く女、つまり抱く抱かれるから「抱く⟷抱く」の関係へ男と女のかかわりを止揚していく道は理性と情念の相克の中でとりみだしつつ、とりみだしつつ切り拓かれていくのだ！

◎産まない男と産む女

男と女の絶対的な違いは〈産むか〉〈産まないか〉にある。この違いをつきつめていくと女は出産という生理機能を通じて自分を縦の関係に、つまり自分を歴史的にとらえることが本質的に可能な存在としてあり、女と子供にとって男とは所詮消えていく存在でしかない事実に突き当る（自分の子との血のつながりを確認できるのは母親だけだ）。男は自分を歴史的にとらえるのに論理を必要とするが、女は存在そのものが歴史的なのである。男が論理的で、女が直感的であるのは、男が社会的生産活動に従事している関係から自分を客観視する外的対象を持っている、という歴史的社会的要因は大きいが、本来的にはその違いは、男と女の生理構造の違いに規定されて生じるのである。

男がより権威主義チックなのも、なによりもその存在の頼りなさから来ているのだ。レーニンだって言っている。「（『偉大な創意』より）疑いもなく婦人労働者と農村婦人の中には、我々の知っている以上に何倍もの多くの組織的才能の持主が存在しており、彼女たちは法外にうぬぼれの強い「インテリゲンチャ」や、なまかじりの「共産主義者」のつねにかかりやすい計画や体系などについてあの仰山な空文句や空さわぎや口論やおしゃべりを抜きにして多数の労働者とさらに多数の消費者とを参加させて実践的な事業を推進させる力を持っている。しかし我々はこの新しいものの萌芽をしかるべくいたわり育てない」と。女中心に営まれた原始共産制の昔も、アポロ時代の今も、女の、この安定度に変わりはない。昨日、今日の軽薄な女上位などとは無関係に、女はいうならば本来的に女上位で生きてきたのだ。〈三界に家なし〉と言われた時代においてさえ、案外そのドン詰りで居直って女はチョコチョコと小賢しい？　オトコ共をふところに抱きかかえて生きつづけてきたのではないか。女が意識的に自分を抑圧した時に女の中に生じる嗜虐的な喜びも、ゆとりのないところには生じないはずだから、自分の存在に対する確かな手ごたえが居直りと共にマゾ性を生じさせるのだろうか？

俗に女が変われば世の中変わると言われるが、体制と反体制の接点もしくはそれを超える？　存在としてある女をどちらの側に組み込み得たかで世の中は決まるということだ。その安定性を強さとして組み込めればラジカルな力となり、保守性として作用させれば支配体制の基盤になると考えられるが、強さも保守性もホンのわずかなきっかけ、状況で相互に反転するようなそんな近い距離にあるようだ。

さて存在そのものが歴史的である女は、闘いを通じて自分を横の関係、つまり社会的に位置づけることができる。例えば忍草、三里塚の、女でもっている闘い。初めはオラの土地を守れ、という農民のエゴから発した闘いは、権力との激しい執拗な衝突の中で、しだいにアンポ体制の本質に迫る認識を持つ闘いへと成長していったのだ。縦（歴史性）横（社会性）の格子構造の中で自分をガッチリとらえることのできた強さ、それが忍草、三里塚のオカアチャンたちの強さだ。性と生殖を通じて男を体制に組み込んでいく機能も果たせば、同じ生理構造が反体制の闘いを最もラジィカル（根本的）に支える力にもなり得る女、われら女。

◎〈バージンらしさ〉が侵略と反革命を支える

戦後の平和と民主主義幻想は女にとって、靴下と並び称されるかたちで作られていった。法と権利に守られて開花したはずの女の解放が、期待した程には女のしあわせをもたらさなかった——その事実が今、女自身による女の反動化として現出している。

抱かれる女、待ち受ける女は、ちあきなおみの〝4つのおねがい〟や辺見マリの〝経験〟に、曾野綾子の〝誰のために愛するか〟に先取りされて現われる。階級社会の人的基盤が一夫一婦制度として女の性欲求を封じ込めることによって、すなわち、女の性を否定し、タブー化させることで成立していること。そして具体的には〈バージンらしさ〉を装わない女を便所として〈バージンらしい〉女より下に格づけることによって、社会的な制裁を加え、女の性欲求封じ込めは貫徹されてきた。その、女に対する抑圧の構造はそのままに靖国の母、軍国の妻は、靴下と強さを競うまでに解放されたと言うわけだ。

解放されたと自らも信じこんだ女だったが、しかし、相もかわらずバージンらしさを強要する男と社会に、今、再び女は屈伏しつつある。中絶禁止法の上程、産めよふやせよ再現のための児童手当の給付、純潔教育の強化、等々の現象は、女自身による女の反動化と共に進行する。

それはまた、利潤追求のためのイデオロギーとしてある生産性の論理が個の次元で徹底化するにつれ、支配階級の願う結果に叛逆する状況をひきおこしていることと深い関わりをもって進行する。例えば子殺し、捨て子、堕胎の公然化として。必要のない子、足手まといになる子、自分の人生に影を落とす子、すなわち自分にとって生産性のない子を処分する正当性は、生産性の論理から導き出されてくる。〝モラルの退廃〟と言われるものの中味は資本主義体制の支配の論理そのものから作り出されるのだ。

支配の存続危機につながるこのような現象に対し、ブルジョアジーは高度福祉国家幻想のもとに性を、女の性を再編することで乗り切ろうと、今、謀っている。

すなわち、性器的性＝単なる性器の結合行為、便所と汚物の性行為の自由化を社会制度的に保障することによって、世界的な広がりをもって起こっている性に対する意識潮流の変革（性否定から性肯定へ）をワイ曲化して吸収し、合わせて激化する階級矛盾の緩しょう剤、陰ペイ役として性を再構築しようとしているのだ（未婚の母のための諸設備、性のテクニックや遊戯化）。女にとって支配権力のその性戦略は〈性の便所化〉の徹底として現出する。女の反動化＝バージンらしさへの回帰は、便所への徹底と、表裏のものとして展開されるのだ。〈軍国の妻の貞操と従軍慰安婦の男の精液に汚れた性器〉とは、性否定の意識構造の両極に位置しているのだから！　貞女と従軍慰安婦は対になって支配者の侵略、反革命を支える。

◎性器が語る〝真実〟こそ真実だ

人間解放を志向する運動の中においても、男と女の性を包括する闘いの論理を持ち得ていないことによって、闘いの中にも貫徹されている男性中心主義によって、そして、それに媚びる自らの奴隷根性によって、女は戦線から脱落していく。女に対してだけは理論も行動も私有制を固執する、己れの消耗を母なる女のふところでいやすことにのめり込む乳離れのしていない男は、それを受けとめる没主体的な女と共になだれ現象を起こして体制に組み込まれていく。

闘いの内部にある性否定の意識構造は、「ＳＥＸ」の一言にすぐさま拒否反応を起こしたり冷笑したりする一部のカクメイ的を自負する活動家に、イデオロギーや政策、法律が町中を歩いて歴史がつくられたのでは決してなく、それを日常的に実体的に担ってきた生身の人々がいたことを忘れさせる。マルクスによる資本家と労働者の隷属関係に対する諸理論が、性を媒介にした隷属関係と深く相互に関わりあってあるものだということを見落とさせる。そして〝プロレタリア〟の解放が白々しくも風化していく。

さて、集会や会議などで女が壁の花として、又メモ魔として、男の論議に参加している光景をよく見かける。何も考えていないから発言できないのか、考えていても発言しないのか、どちらにしても問題は深いが、後者の場合女の消極的な、男に依存するその姿勢だけを責めるわけにはいかない。

人間と女を区別する男が、連帯とかプロレタリア国際主義とか、意志一致とか、なんのこだわりもなく話す、その論理構造のまえに女は自らのコトバを失って貝になる。特に1＋1＝2としてスッキリ展開される男の論理は、1＋1＝2か3か4かわからないがその全てを包括して進もうとする女の論理に敵対し、否定するものとしてある。

ジックリとした道のりを経なければハッキリした成果がでない女の論理に対し、合理的な男の論理は即自的なその有効性、頭の中で、まず結果を計画できるその簡便さ故に、デカイつらを持ち得た。大状況の分析に始まって、小状況へ、そして戦略に至る論理展開を一面的に否定することはナンセンスだが、そのような論理展開のみが有効性をもつものとして幅をきかす会議の中における権威主義的傾向が、女に沈黙を強いる。

女の男性崇拝主義とは、男の論理絶対主義でもある。男の論理に自らを組み込み、組み込んでも組み込んでもやはり字余りになってしまう自らを、低次元？　のことで悩み右往左往する〈ここにいる女〉に対する優越感にすりかえて、男＝闘いの通行キップを手に入れるカクメイ的な〈どこにもいない女たち〉。こんなバカげた、女同士の差別構造を、なぜ今まで許し続けてきたのだろうか！〈ここにいる女〉の非論理こそ、いいのだと、ビューティフルなのだと、女は、主張すべきだ、今こそ！

言うまでもなく、それは、女の論理が男の論理より優れているとか、いないとかいう問題ではない。それは、家父長制の社会が、男の論理構造だけを良しとして成り立つということに対する、アンチとしての女の論理の復権としての叫びなのだ。

黒人が、「ブラックイズビューティフル」と叫んだ必然を、「女の非論理イズビューティフル」の叫びは持っている。我々の闘いが、女の重い歴史性を背景に、スッキリと言葉にできない、男や社会に対するうらみつらみに依拠して進められるものであるなら、我々の闘いをまたその有効性、生産性の論理でとらえ、関わろうとする男に対するアンチとして、「非論理イズビューティフル」は男に迫る。

女の闘いは、情念の集団として、とり乱しつつ、とり乱しつつ、男と権力に迫り、叩きつけていく中で、〈ここにいる女〉の自らの解放がプロレタリアートの解放に向けて開かれる。性を感じさせない人間、性器を切り捨てたところで成り立つ論理の未熟さ、汚なさ、空虚さを、「女の性と生殖はすばらしい→非論理イズビューティフル」を武器に、白日の下にその貧弱な正体をさらけださせようではないか！　体制の中からも、体制の中の反体制の中からも！

我々にとっての真実は、さらけ出したり、とり乱したりすることを回避してはみつからないのだ。そのようなカッコ悪さこそ本当はカッコイイことなのだと、闘いを通じて叫ぼうではないか！〈どこにもいない女〉、〈どこにもいない男〉たちに、非性的に生きることを強要されていく多くの哀れな男と女たちに！

我々は、女の解放を、性の解放として提起する。性否定の意識構造からの自己解放として提起する。自らの、内なるインポ（＝性否定の意識構造に規定された精神的な様々な障害）解体へ向けて、男と権力に対する闘いへの決起を呼びかける。

女から女へ、〈便所〉から〈便所〉へ！

団結が女を強くする！

やるズラ、ン？

（一九七〇年、記・田中美津）

註

一

(1) べ平連　「ベトナムに平和を！　市民連合」の略で、ベトナム戦争に反対する無党派市民で組織された反戦運動団体。一九六五年四月、作家の小田実らの呼びかけで「ベトナムに平和を！」のデモが、千五百人の市民が参加して行なわれ、べ平連が発足した。小田実のほか、開高健、鶴見良行、吉川勇一らが世話人を務める。月一回の定例反戦デモのほか、日本各地で反戦デモや討論集会を繰り広げた。一九七四年一月、解散。

(2) コレクティブ　従来の権利獲得運動とは一線を画し、市民運動に根ざしたまったく新しい形の女性解放運動が、六〇年代後半から西欧・米国と日本を中心に世界同時多発的に起きた。「ウーマン・リブ」運動である。女性である自分を呪縛するあらゆるものから自分を解放し、自由に生きることを主張するその動きは、多くの女性を魅了した。家父長制の象徴である家族から離れ、性をもって抑圧する男性からも自由に、そして、あらゆる人民を呪縛する資本家からも自由にと、複数の女性たちが「コレクティブ」と呼ばれる共同体で、共に生活をして、財布をひとつにし、稼ぎ、子供を育て、連日議論をした。田中美津の参加していた「リブ新宿センター」も、そういった「コレクティブ」のひとつである。現在でも、レズビアンのコレクティブは、主に西欧と米国で活発に活動している。

(3) 山中鹿之介　戦国・安土桃山時代の武将。鹿之介は通称で、名は幸盛。出雲の尼子義久に仕えて勇名を馳せ、忠臣として知られる。義久が毛利氏に降ったので、尼子氏再興を図り尼子勝久を擁して戦うが、毛利方に捕らえられて殺された。

(4) パクる　逮捕すること。

（5）**リブ合宿**　リブ新宿センターの呼びかけに応じて、一九七一年八月二十一日から二十四日までの間、長野のスキー場で、ウーマン・リブに共鳴する全国の女たちが、大討論合宿を行った。従軍慰安婦・子育て・全共闘運動・職場の性差別・家父長制……と、じつに多岐に及んだテーマを三百人あまりの女性たちが、延々討論した。日本の歴史上このような集まりは初めてであり、その熱気は言葉にすることのできないほどであった。

（6）**ローザ**　ローザ・ルクセンブルク。ポーランド生まれの社会主義者で、ドイツ共産党の創立者。一八七〇年、ポーランドのユダヤ系商人の家に生まれ、少女時代から社会主義運動に参加した。チューリッヒに亡命したのち、ベルリンに移る。左派の指導者の一人として活躍し、一九一八年、ドイツ共産党の創立に参加するが、翌一九年、逮捕され虐殺された。

二

（1）**緋文字**　ナニサエル・ホーソーンの小説『緋文字』に出てくる、不義・密通を冒した者の胸に取り付けられる赤いAの文字の事。

（2）**テト攻撃**　一九六八年、南ベトナム政府軍および米軍は、テト休戦（テトとはベトナムの旧正月のこと）を一方的に破った。これにより、ベトナム戦争は泥沼化の一途を辿ることになる。なお、通例は「テト攻勢」と呼び習わしているが、本書中では解放勢力への攻撃の意味を強調するために著者がこのように使用したと思われるので、あえて訂正していない。

（3）**羽田闘争**　第一次（一九六七年十月）と、第二次（同十一月）の羽田闘争があるが、いずれも当時の首相佐藤栄作が日米安保条約を背景に、ベトナムと米国を訪問するのを阻止しようとした動きである。

（4）**カルチェラタン闘争**　一九六〇年代後半から七〇年代にかけて燎原のように広がった全共闘運動。当時、東京・御茶ノ水界隈は、明治・中央・日大・東大をはじめ学生が多く集まる街だった。全共闘の学生たちは今のＪＲ御茶ノ水駅周辺を、パリの学生街・カルチェラタンになぞらえて解放区にし、連日デモや討論を行った。

（5）**出入国管理法案の闘い**　日本に在住するもっとも多い外国人は今でも「韓国・朝鮮人」であり、次に多いのは中国人である。いうまでもなく、彼らの祖父母・曾祖父母の多くは日本軍により強制連行された人々である。一九七〇年代初め、彼らをより締め付ける法案が国会に上程されようとしていた。それの本質を日本の新たなアジア侵略の一歩とみなして行われた、新左翼系の学生を中心にした動き。

（6）**カッティング・スッティング**　全共闘運動のなかで使われた用語で、ビラなどを作ること。当時のビラはほとんどが謄写版（ガリ版）刷りだったが、その版を作ることを「ガリ切り」というところから、ビラなどをガリ切り（カッティング）したり、刷ったり（スッティング）することを指した。

（7）**トロッキー**　ロシアの革命家。一八七九〜一九四〇。一九一七年、レーニンと共に十月革命を遂行し、ソビエト政権を樹立した。外務・陸海軍人民委員を歴任したが、レーニンの死後、その持論である永久革命論（世界革命論）を唱えてスターリンの一国社会主義論に敗れ、二六年、党を除名された。その後、国外追放になり、亡命先のメキシコで暗殺された。主な著書に『ロシア革命史』『裏切られた革命』など。

（8）**バリスト**　学生運動用語で、バリケードを作ってストライキを行うこと。

（9）**アンクルトムの女たち**　奴隷の悲惨さを描いてアメリカ合衆国における奴隷制廃止の機運をおこしたとされてきたストーの小説『アンクルトムの小屋』（一八五二）であるが、六〇年代の公民権運動の広がりのなかで、「アンクルトム」は、黒人としてのアイデンティティを失った、白人（＝権力者、抑圧者）に従順な黒人の代名詞として使われるようになった。「アンクルトムの女」はこれをもじった言い方で、男社会に寄り添う女を指す。

三

（1）**アンジェラ・デービス**　一九四四年アラバマ州バーミンガム生まれ。彼女は一貫して黒人解放運動・女性解放運動の活動家であり、共産主義者である。大学から哲学教師の職を追われ、獄中に繋がれながらも、アメリカにおける人権闘争を闘った。アフロヘアーと切り口の鮮やかな論の展開は多くの人々を魅了した。『アンジェラ・デービス自伝』『もし奴らが朝にきたら』など、邦訳されている著書もある。

（2）**連合赤軍**　二〇〇〇年、赤軍派最高幹部重信房子が逮捕され、その風貌に三十年の歳月を思った人も多いだろう。一九七一年、「京浜安保共闘」と「赤軍」が合体して「連合赤軍」に。奪った銃で武装闘争を目指すが、「兵士」の規律を強めようと「総括」を行ない、多数のメンバーを死に至らしめた。幹部の永田洋子は、まだ獄中にいる。

（3）**傷痍軍人**　戦争に出兵して怪我や傷を負った人。戦後の日本では、白い着物に軍帽を被り、街頭で物乞い等をする傷痍軍人の姿が六〇年代になっても多く見られた。

（4）**竹中労**　戸籍上は「たけなかつとむ」だが、「たけなかろう」と親しみを込めて呼ばれる。東京外語大ロシア語科中退。雑誌『女性自身』の記者となってから、いまでは当たり前になったいわゆる「直撃インタビュー」を著名人に向けて行い、『エライ人を斬る』を一九七一年に出版して、一躍、反権力の論客となるが、あくまでもアウトローであり続けた。主な著書に『聞書アラカン一代鞍馬天狗のおじさん』『日本映画横断』など。

四

（1）**李珍宇**　小松川事件の犯人とされた、逮捕当時一八歳の高校生。小松川事件とは、一九五八年八月二一日、小松川高校定時制の女子学生が殺害された事件のことで、李少年も同高校に通っていた。彼は異例のスピード裁判により死刑を宣告された。ちなみに本事件に題材をとった大島渚監督の映画「絞死刑」

は、日本社会の暗部をえぐって事件の本質に鋭く切り込み、海外でも高い評価を受けた。
(2) **影山裕子** 一九三一年、北海道生まれ。東大経済学部卒業後、日本電電公社(現NTT)に幹部候補生として入社し、一貫して職場の男女平等の実現に力を注ぐ。総理府婦人問題企画推進本部参与、日本有職婦人クラブ全国連合会会長などを歴任。NTT退社後は和光大学教授となり、退職後は名誉教授。

五

(1) **武装カンパニア** 民衆を巻き込んだ形での武装闘争。「カンパニア」は、ロシア語で「闘争、活動」を意味し、とくに大衆に訴えてある目的達成を図る場合につかう。
(2) **赤ヘル** 赤軍派、戦旗派、叛旗派など、ブント系のセクトを指す。これらセクトのメンバーは赤いヘルメットを被っていたことからこう呼ばれる。
(3) **大久保清** 一九七一年三月~五月、群馬県で起きた連続強姦殺人事件の犯人。ベレー帽にルパシカ姿で画家や美術教師を装い、約四十日間に八人の若い女性を強姦・殺害した。また、強姦の被害を受けた女性は十数人にのぼり、被害届けが出ていないケースもかなりあると思われている。七三年に死刑が確定し、七六年に執行された。
(4) **ブント** 共産主義者同盟の通称。「京浜安保共闘」と連合する前の「赤軍」の母体。
(5) **♨マーク** 温泉マーク。連れ込み宿のこと。
(6) **赤線** 売春が公認されている地域のこと。警察などが地図に赤い線を引いてその地域を示したことからこう呼ばれた。一九五六年の売春防止法で廃止された。
(7) **ゲバルト型** ゲバルトとはドイツ語で「力、暴力」のこと。理論闘争でなく、実際の暴力を使用して相手を倒そうとする闘争方法。

田中美津の主な作品

［著書］

『何処にいようと、りぶりあん』（社会評論社、一九八三、絶版）

『美津と千鶴子のこんとんとんからり』（上野千鶴子・田中美津の対談集、木犀社、一九八七）

『いのちのイメージトレーニング』（筑摩書房、一九九六）

『ぼーっとしようよ養生法』（三笠書房、二〇〇二）

『かけがえのない、大したことのない私』（インパクト出版会、二〇〇五）

『新・自分で治す冷え症』（マガジンハウス、二〇〇八）

［論文・エッセイ］

「エロス解放宣言」（一九七〇）（『資料日本ウーマンリブ史Vol.Ⅰ』松香堂、一九九二）

「便所からの解放」（一九七〇）（同書、本書所収）

「女性解放への個人的視点」（一九七〇）（同書）

「あたしのおヘソが言うことにゃ…—今を生きるいのちの話—」

（『あごら81号』、あごら編集会議編、一九八三年一二月二〇日発行）

「この道ひとすじ：リブニュース」（ミニコミ、一九七二～一九七六）（『資料日本ウーマンリブ史Vol.Ⅱ』一九九四）

「〝ここに居る女〟から」（『思想の科学』通巻500号「特集・フェミニズムってなに？　107人」思想の科学社、一九九三）

「田中美津、『1968』を嗤う　もう、悲しくなるほど無知である」（『週刊金曜日』、二〇〇九年一二月二五日号）

文庫版への〈解説〉（一九九二年三月）

邪気いっぱいの「わたし」

伊藤比呂美

美津さんのことは、ほんとに書きにくい。なぜだろう。人には、すぐ美津さんの話をするのに、書くのはとてもむずかしかった。でも理由はわかっている。田中美津とわたしの関係というのが、声にでて消えてしまうコトバ、かたり、かたられるという関係でできているからなのだ。最初に出会ったときから、田中美津は、かたり、うたい、さわり、紙の上に書いたコトバからはまったく無縁なところにいた。

はじめて紹介されたとき、わたしは、田中美津の名前を知らなかった。いや、美津さんがやっていたという運動そのものについて、何も知らなかった。そういうものがあったということは知っていたが、くわしくは知らなかった。知ろうともしなかった。わたしは一九七〇年に高校に入った三無主義世代なのです。前の世代たちが、女も男も、社会的政治的に運動していくようすを見るにつけ聞くにつけ、そこに入りこむことはできず、人とのつながりもどーもあんまり持ちたくなく、だから、自分のからだしか手ごたえのあるものがなかった。自分のからだを凝視して、さわって、けっきょくはオナニーしかすることがなかったのだと思う。だから、音楽もマンガも文学も、拒食症の体験も、他人との性的なかかわりも、それから少し年を食ってからやってみた妊娠と出産も授乳も、みんなオナニー。胸をはってオナニストだと「カムアウト」できるぐらいの意識的なオナニストとして、わたし（たち）はいたわけだ。

しかしふしぎなことに、そういう体験たちは、けっして田中美津の存在からとおいところにあったわけじゃない。むしろ、美津さんのいっていることを聞いて理解し、美津さんに自分をつたえて理解させるために、役立っていると思う。

田中美津とわたしは、「摂食障害」と「薬物依存」のワークショップの常連である。彼女は、治療者としてそこにいるし、わたしは体験者のOBのようなかたちでそこにいる。彼女は「鍼灸師の田中美津です」となのり、少女たち少年たちをあいてに、やくざな口調で、この本に書いてあるような自分の体験をかたる。自分が自分であることについて、かたる。「出ると負け」（これは田中美津じしんのコトバだ）のたいしたこともない自分が、どうやって自分を肯定していったかをかたる。かといって、いまだにたいしたことができるわけもなく、そこんとこは「とりあえず」「ま、いいか」（これも田中美津のコトバ）とかけ声をかけながら生きていこうよ、ということをかたる。「ちょっと、みんな、目をとじて。口をだらんとあけて。ほら、口もとがゆるんでるのって、みっともないけどね、あんがい、らくなのよ」と声をかける。

そこには、学問もへったくれもなく、てらいも虚飾もなんにもなく、ただ、人にさわり、鍼をうち、人の息をきき、においをかいで生きているひとりの女が、自分を見つめて考えてきたことを、自分のコトバでつかめる範囲内で、きちんと相手につたえようとしている立場がある。彼女は、かたくなっている少女たちに声をかけ、手をふれて、リラックスさせ、もっとかたくなになっている親たちもリラックスさせる。わたしはその逐一をあいまいな立場から見ている。つまり、摂食障害者だったわたしは、彼女にかたりかけられている少女たちのひとりとして、そのかたりを聞くことができるし、また同時に、年も経験も近いひとりの女として、彼女とはなすこともできる。

今回、これを書くので、はじめて田中美津の文章を読んだ。そして、おどろいたのだ。それはわたしが見てきた田中美津という女の、手ざわり、体臭、体温、声、息、そのものだった。かたるコトバと書くコトバはちがってあたりまえだが、美津さんの文章はまるで美津さんがそこにいて、人の悪口を言いながらおすしでもつまんでいるかのような言文一致体なのだった。彼女は、かたるときにも書くときにも、二重の方言を使う。まず彼女の生まれそだった地域の方言、それから、社会の中の女としての方言。

コトバというものを日常的に使う。そのときに、いごこちのわるいコトバにたくさんぶつかる。それは無意識のうちに、わたしをわたしでなくしてしまうような、わたしであることをはぎとっていってしまうようなコトバたちだ。かたるときは、なんとか、そういうコトバを使わないでもかたれるが、書くときになると、ものを書くという行為そのものが、そういういごこちのわるいコトバたちを駆使した上でできあがっているような行為だから、書くときの論理は、そういういごこちのわるいコトバを多用した上でなりたつのがふつうだから、どうしてもそれを使う。でも、美津さんは、そういうコトバを、じぶんのコトバの中から徹底的に排除している。だから、彼女の書きコトバには、息や体温や体臭にちかいリズムや湿気が感じられる。

コトバというのはほんとうに獰猛なイキモノで、ちょっとゆだんすると、すぐ、いごこちのわるいコトバにとりつかれてしまう。いや、そういうコトバたちにとりつかれてモノを書いてみると、外国語を使っているときのような新鮮な違和感、快感を感じるときもある。でもそれだけでは、どーも不安だ。表現しても表現しても、どこかに、表現したりてないんじゃないか、まちがってつたわっているんじゃないかという不安がのこる。

この間、美津さんに鍼をうってもらった。言いわすれたが、美津さんはこの本を書いたあと、メキシコへ行ってそこに四年間いて、それから日本にもどってきて鍼灸師になった。わたしにとって、鍼ははじめてだった。わたしは注射が大嫌いである。鍼も針も同じだとわたしは思っていた。しかし、美津さんの鍼は、抵抗なくカラダに入ってきて、美津さんの指は、鍼をぐりぐりと動かして、わたしの内部を刺激した。異物がカラダの中で動いているその感覚は、セックスのときペニスがカラダの中で動くのに、やっぱりいちばんよく似ているとは思うけれども、ペニスはペニスの大きさのモノしか感じられないのにくらべて、細くて小さいはずの鍼は、カラダの内部であきらかに、ペニス大の棒のように大きくなって動いた。

美津さんは、鍼を動かして、わたしの内部を刺激しつづけた。「邪気があつまってきたわよ」と美津さんが言えば、たしかに鍼のまわりに何かがあつまってきている不快感をわたしは感じた。「いま、邪気を外に出すからね」と美津さんが言えば、たしかにわたしは、それが鍼をつたって外へ逃げていくのを感じた。

背骨のまがった女、セックスでつまずいた女、子育てに疲れた女、自分が自分であることになっとくできない女、そのほかどこかを病んだもろもろの女たちに、美津さんの治療所へ行きなよ、とわたしはすすめている。あそこには美津さんがいるのよ、とわたしが言う。美津さんってどんな人？　とみんな聞くから、わたしは言う。あたしがいままで会った中でいちばんやくざな人間よ。

そりゃもちろん、美津さんの声や手は、美津さんの鍼や存在は、疲れた、病んだ人たちにさしのべられてはいるけれども、まちがっちゃいけない、美津さんという人は、やさしいだけという人じゃけっしてない。むしろ、言いたいことを言いまくり、機嫌のわるいときは（そういうときはたいてい美津さんは、カラダに、鍼を数本つきさしている）平気でそれを顔に出し、きついことも言えば、残酷なことも平気で言う。そこにいない人の悪口を口汚く言いののしっている姿も何回もみた。シンポジウムにいっしょに出れば、人が熱心にものを言ってる最中に、そっぽをむいて自分の席で、鍼を自分にうちはじめるような人だ。それでも、美津さんのどんないいかげんな行動ももの言いも、なにか、美津さんを表現している。何もかも、声もコトバも行動も存在も主張も好き嫌いも、発情したメスが膣をオスにむけてぱくぱく開閉させているような原始的な明るさにみちみちている（ホメてるんですよ）。それを見ていると、わたしはいつもワレにかえる。「わたし」ということに気づく。「わたし」に気づきさえすれば、どんな悩みも病いも半減するような気がする。

そうそう、わたしは何かを考えていて、そのことについて自分がどう考えていいのかわからなくなったとき、美津さんならどう考えるだろうかと、考えてみることがある。美津さんならこう考えるだろうと考える。するとだんだんわたしがもつべき意見が方向づけられていく。美津さんの考える方向にあるのは、たぶん「わたし」だ。

（河出文庫『いのちの女たちへ』所収）

解題

斎藤美奈子

ウーマン・リブという言葉

『いのちの女たちへ』には「とり乱しウーマン・リブ論」という副題がついています。この本の意義を知るには、その背景についても若干知っておいたほうがいいかもしれません。

ウーマン・リブ。いまではめったに使われなくなったこの言葉も、一九七〇年代にはバリバリに現役でした。「うちの娘はウーマン・リブなもんで、なかなか結婚しないのよ」と近所の人にこぼすお母さん、同級生の女の子にひじ鉄を食らわされて「ったく、あいつはウーマン・リブだからよお……」と悔しまぎれにブツブツいう高校生の男の子、「ウーマン・リブだかなんだか知らないが、おまえの自由にはさせん！」と怒鳴るお父さん。ネガティブな気分も含みつつですが、「勝手な女」「我の強い女」「自己主張する女」等、さまざまな意味で「ウーマン・リブ」という言葉は、使われていた覚えがあります。

八〇年代以降に出てきた「フェミニスト」ではこうはいきません。「フェミニスト」には頭のいいお姉さん、筋道だったインテリのイメージがある。というか、「フェミニスト」といえば、いまだに女性に親切な男性の意味だと思っている人もいるほどで、「ウーマン・リブ」という語ほど大衆的な広がりは持ち得ませんでした。「ウーマン・リブ」という言葉は、発音すると下腹にグッと力が入ります。いっぽう「フェミニスト」は鼻や口から空気が漏れていく感じがある。些細なことのようですが、この差は大きい気がします。

とはいえ、もちろんウーマン・リブはただの風俗的な用語ではありません。正確にいえば、ウィメンズ・リベレーション（women's liberation）。一九六〇年代後半に巻き起こった世界的な女性解放運動の波のことです。ものの本にはよく、日本へも一九七〇年ごろアメリカ経由で「上陸」しました、と、まるで舶来の思想のように紹介されています。しかし、日本のウーマン・リブは、世界的な動きと連動しながらも、独自に生まれ、独自の深化をとげ、独自の思想運動に発展したと考えたほうがいいでしょう。これは戦後の社会思想史の中でも特筆すべきムーブメントのひとつだったと思います。であればこそ、和製英語の「ウーマン・リブ」という語に私はこだわっておきたい気がするのです。

ウィメンズ・リベレーション以降の女性解放思想（運動）は、第二波フェミニズムと呼ばれています。それまでの女性運動（第一波フェミニズム）は、ごく単純にいえば「男並み」の権利獲得運動でした。わかりやすいのは婦人参政権運動です。男女平等が実現していないのは近代化の遅れである、女性にも近代を、という発想に、それは支えられていたわけです。しかし、リブが問題にしたのは、男性を中心とした近代社会のシステムそのものでした。

六〇年代の後半は、高度経済成長をへて、先進諸国がさまざまな近代の矛盾に直面した時期でした。日本でも新左翼運動がさかんになり、全共闘運動が起こります。資本主義の打倒を叫び、ベトナム反戦運動、三里塚闘争、沖縄闘争などに参加した若者のなかには、おおぜいの女子学生もまじっていました。けれども、そこで彼女たちが味わったのは、絶望と挫折でしかなかった。社会の変革を求めて立ち上がったはずなのに、若者の運動の中にあったのも、従来どおりの男女の枠組み、性別役割分担にすぎなかったのです。ここを起点に、日本のウーマン・リブは産声をあげたといわれます。つまり単なる「上陸」ではなかった。彼女たちは自分史と重ね合わせ、自力でそこにたどり着いたのではなかったでしょうか。

リブとマスコミ

ウーマン・リブ運動はしかし、好意的には迎えられませんでした。それどころか非常な逆風にさらされ、世間の好奇の的になったといったほうが正確でしょう。

リブの街頭デビューとされているのは、一九七〇年十月二十一日（国際反戦デー）のデモです。その模様を伝えた翌日の新聞記事には「ウーマン・リブ銀座に／〝男は締出せ〟機動隊もタジタジ」といった見出しがおどっています。

街頭に女だけのシュプレヒコールが響いた。約二百人。ピンクや黒のヘルメットをかぶった若い女性のジグザグデモ、機動隊が規制しようとするたびに「おんな解放」「闘争勝利」の黄色い声に押しかえされた。／米国などに広がっている女性解放運動「ウーマン・リブ」の日本版がはじめて街頭に進出した。／六月ごろからセミナー活動をつづけてきた「ぐるーぷ・闘う女」「女性解放運動準備会」のメンバーで、ほとんどが二十〜二十五歳の会社員、学生。／夕方五時に銀座一丁目の水谷公園に集合したところたちまち報道陣、カメラマンに囲まれた。／「マスコミは敵だ。わたしたちを見世物にしようとしている」と、一人が叫ぶと「ワァー」と気勢をあげてカメラマンを追いだした。張紙にいわく——「男性立入禁止。報道関係者も含む」／「古い家族を解体」「女の解放は人間解放だ」など、代表がぶつと、たちまち五百人ほどの輪ができた。そのあと「女らしさってなあに」の横断幕を先頭にネオンの町へデモ。／「お母さん、結婚って本当に幸せ?」「男にとって女とは何?」などのプラカードをかかげ、数寄屋橋から新橋まで、派手なジグザグデモをくりひろげ、そのあとをタクシーがノロノロ。「へえ、これがリブか」と、通行人は目をシロクロ。（『朝日新聞』70年10月22日）

こういう記事を読んで、あなたはどんな印象を持つでしょう。わけのわからん女どもが、わけのわからん騒ぎを起こしているらしい、という感じではないでしょうか。いまだってそうなのだから、三十年前ならなおさらです。右の新聞記事は、それでもまだ悪意の少ないほうですが、時間がたつにつれ、報道には揶揄と嘲笑が目立つようになっていきます。

「ハハァ、この子は、ウーマン・リブの〝闘うおんな〟にすっかり洗礼をうけたな。（略）『テメエのかあちゃん囲いこんどいて、体制打倒なんてチャンチャラおかしいや』／あの連中はスゴイからね」／……リーダーを田中美津さんという女性にあおぐ〝グループ闘うおんな〟の資料をとりよせてみると、なるほど、中核の女性活動家を洗脳するようなすさまじい、アジテーションがところせましとならんでいる。（『週刊文春』七一年八月一六日号）

このリブ大会は「理屈もへったくれもない。イヤなものはイヤだ、とはっきりオロオロ叫ぶ」ことから始まるのだという。／あれ、どこかでお目にかかったことがありそうなセリフだな、と考えたら、アノ女房殿の日ごろの〝理論〟とよく似ているようでもある。／「どうせわたしはダメよ」と居なおり、ヒステリーを起こしてオロオロ叫ぶ。つまるところ、男としては手のつけようのない状態を、わが女房に見る男性は多いハズ。（『週刊サンケイ』七二年五月一九日号）

ウーマン・リブの現実的な敵は、男社会より何よりマスコミだった、というべきでしょう。彼らの悪意にみちた報道によって、リブが被ったダメージは計り知れないものがあります。日本の女性解放は、これによって十年、いや二十年遅れたといってもいいほどです。

この対立構造は、マスコミに不信を募らせたリブが、男性の報道陣をいっさいシャットアウトする方針をとったこととも関係があります。が、それは〈決して男嫌いの故ではないけれど、ジャーナリストっておんな、少ないもんね。（略）孤軍奮闘する女のジャーナリストへのささやかな援護射撃と、とにかく女の記者、カメラマンを数増やさせようというコンタンをこめて、我々ワァー、リブ合宿を女で固めるのデース〉（七二年七月「リブ合宿ニュース」2号）という意図もあってのこと。女をシャットアウトした男だけの集まりなど、世間にはゴマンとあるのです。たまに女だけが集まったっていいーじゃない、と私なんかは思いますけど。

リブが誤解された背景には、もうひとつ、榎美佐子ひきいる「中ピ連」の存在があったかもしれません。「ウーマン・リブ？　ああ、ピンクのヘルメットで男の職場におしかける女たちのことね」という認識がいまだにまかり通っているのは残念なことですが、ピルの解禁を求める中ピ連は、いわゆるリブとは一線を画したグループと考えたほうがよさそうです。田中美津らのリブの主張は、セックスや中絶の自由化なんて単純なものではなかったし、両者の間に共闘関係もなかった。ウーマン・リブ＝中ピ連というあらぬ誤解がことをより複雑にさせたのは否めません。

ともあれ、こうした「ウーマン・リブ」のイメージが世間にひととおり行きわたったころ、田中美津の初の著書『いのちの女たちへ』は出版されたのでした。〈権力のいやがらせが日々激しくなりつつあることを告げておきたい〉とあとがきで述べているだけで、著者はリブが受けたバッシングの激しさについて特に語っていません。が、ここを押さえておかないと、彼女たちがどんな状況のもとでリブを闘っていたかは本当には理解できない気がします。しかしまた、だからこそ、逆風の中で出版された『いのちの女たちへ』は、クソおもしろくもない日常の中でクサクサしていた日本じゅうの女性に、大きな勇気と励ましを与えたのでした。

田中美津の言葉

そもそもウーマン・リブとは、組織的な運動体ではなく、全国で同時多発的に生まれた小さなグループや個人の総称です。百人いれば百通りの考え方がある、それがリブの実態だったわけですが、田中美津はそんな中でも傑出した存在でした。田中美津自身はそういう呼び方を嫌うでしょうが、カリスマ的存在であった、といっていいでしょう。それは彼女の行動力と同時に、「田中美津ならではの言葉」を彼女がもっていたからだろうと思われます。

『いのちの女たちへ』は全部で五つの章から成り立っています。どこを読んでも胸にズシリとくる本書ではありますが、とりわけ当時の読者の心を打ち、私たちにとっても印象的なのは、第一章の最後に出てくる「わかってもらおうと思うは乞食の心」の項です。わかってもらおうは乞食の心！ここには、逆風の中でたとえ孤立しても自分は負けない！という決意というか気迫のようなものがにじんでいます。

東大闘争のさなか、「連帯を求めて孤立を恐れず」という、カッコイイことばが登場したが、これをあたし流に言い直せば「わかってもらおうと思うは乞食の心」ということだ。相反する本音をふたつながら抱えてその中でとり乱していくしか生きざまもへったくれもないあたしたち女であれば、たとえ女同士であれ、女同士！の語感の安らぎを最初からアテにしてはならないし、そしてできないのだ。（七〇ページ）

ウーマン・リブの特徴のひとつは、自前のメディアと自前の言葉にこだわったことです。マスメディアには頼らない手作りの冊子やビラが無数に作られ、手わたされていった。本書に再録されている「便所からの解放」も、もともとは「ぐるーぷ・闘う女」の名前で書かれたビラからの抜粋です。女を母と娼婦にわかつ装置、男の性のはけ口として女の性を「便所」の一言に託してしまう大胆さ。「わかってもらおうと思うは乞食の心」も「便所からの解放」も、思えば人をドキッとさせるキケンに充ちたコピーです。田中美津の名前は、この二つの名コピーとともに語られ、伝説化していったといっても過言ではありません。

ウーマン・リブ、そして田中美津の思想的な新しさとは、では、どこにあったのでしょうか。リブが画期的だった点は、主に三つあったと私は考えています。

第一には、個人、すなわち「女であるわたし」の解放にこだわったことです。リブという語は社会的・対外的な運動の呼称であると同時に、自身の「生き方」示す言葉でもありました。デモ、集会、合宿なんていうのは、ちょっとしたイベントにすぎず、日々の生活の中での思索と実践こそがリブである、という発想がそこには貫かれていました。

第二に、「男らしさ、女らしさ」という規範、「男は仕事、女は家庭」という性別役割分業、つまりは文化のすみずみにまで浸透している「男はかくあるべし、女はかくあるべし」というダブルスタンダードを徹底的に疑ってかかったことです。美津さんの言葉でいえば「男奴隷は労働力商品として、女奴隷は生殖商品として、それぞれ効率よく使い切るために、男と女の存在証明のあり方のその違いが生み出されてきたのだ。〈男らしさ〉〈女らしさ〉は、それぞれの本分であり〈自然〉なのだなどという人がいるけど、冗談じゃない。生身の人間である限り、川へ行きたい気持、山へ行きたい気持の両方があってこそ〈自然〉なのだ」ということです。

第三には、きわめて私的な領域であるセクシュアリティの問題にまでふみこんで、解放を模索したことです。とかく頭でっかちになりがちな解放の理論に、からだ、いのち、性、生殖といった項を組み入れたことの意義は大きかった。アメリカではリブの闘士がブラジャーを焼き捨てているそうだ（これは単なる都市伝説で、実際にそんなことはなかったようですが）、なんていう逸話がまことしやかに伝わったのも、リブが社会的・精神的な抑圧のみならず、肉体的な抑圧からの解放をめざす運動でもあったからです。

右のようなリブの精神を、もっとも先鋭化させたかたちで言葉にしたのが、ほかならぬ田中美津であり、本書であったといえましょう。

『いのちの女たちへ』には二種類の語りがまじりあって出てきます。

ひとつは、第一章「リブとはなにか」に代表される「理屈」の部分です。美津さんは「とり乱し」という語で理路整然とした思考をしりぞけているように見えますが、どうしてどうして『いのちの女たちへ』は十分に理屈っぽい本です。久しぶりに読み返した私は、「あれれ、こんなに堅い本だったっけ」という感想を持ちました。これが七〇年代の標準だったのだともいえますが、マスメディアが伝えるリブ像とのギャップに改めて驚かざるを得ません。

もうひとつは著者の個人史にかかわる部分です。いまなら「性的虐待」という語で表現されるだろう子ども時代の体験から、母との関係、左翼運動のなかでのリブとの出会いまで、田中美津の精神史や身体史が、ここではかなり詳細に明かされています。注意しなければならないのは、これは田中美津一人の体験にみえてじつはそうではない、という点でしょう。そんな経験はなかったというのは、よほど幸せか、よほど鈍感な人だけで、かたちはちがっても、女という性に生まれた人には、似たような体験が大なり小なりあるはずだからです。

後半の「子殺しの女とリブ」「新左翼とリブ」の章にいたって、彼女は「子殺しの女」や連合赤軍事件の永田洋子に自身を重ね合わせていきます。〈「子殺しの女」とは王様は裸だと叫んだ者のことであり、リブとは、それを運動としてやっていこうとする者の集団にほかならない〉という宣言は、「個人的なことは社会的なこと」というフェミニズムの中でさんざん語られてきたテーゼを思い出させます。

『いのちの女たちへ』の現代的な意味

七〇年代も後半になると、ウーマン・リブも新たな局面に入ります。思想としての側面からいうと、リブはやがて女性学という学問の新ジャンルを生み、八〇年代に入ると、大学の先生たちを中心に、現代思想としての「フェミニズム」が台頭してきます。現代のジェンダー論につながる流れです。いっぽう、運動としての側面からみると、「国際婦人年をきっかけに行動を起こす女たちの会」などができ、より幅広い女性層へ向けた啓蒙活動がゆるやかにつづけられることになりました。

こうしてリブの「理論化」と「大衆化」が進んだ反面、初期のリブが持っていた前衛性や混沌とした魅力は失われ、運動が徐々にパワーダウンしていったことは否定できません。ことに八〇年代以降のフェミニズムは、ラディカル・フェミニズムだのエコロジカル・フェミニズムだのマルクス主義フェミニズムだのといった派閥に分かれ、派閥内どうしの論争さえ起こるほどに「発展」しました。七〇年代リブの担い手は、「団塊の世代」とも呼ばれるベビーブーマー世代が中心でした。八〇年代フェミニズムの中心的な担い手も、世代としては「団塊」ですが、顔ぶれはかなり入れ替わっています。先生たちは、田中美津らが街頭でデモをしていたころ、大学や大学院でお勉強していたのかも。

表舞台から姿を消した初期ウーマン・リブのメンバーは、個別の市民運動などへ流れ、リブという語もいつのまにか歴史用語みたいになってしまいました。田中美津はその後メキシコへわたって東洋医学を学び、帰国後、再び読者の前に姿をあらわしたときには、なんと鍼灸治療師になっていました。からだの解放にこだわった田中美津ならではの選択だったように思います。その後の彼女の歩みは『何処にいようと、りぶりあん』（八三年・社会評論社）で、また、からだの専門家としての仕事は『自分で治す冷え症』（九五年・マガジンハウス）や『いのちのイメージトレーニング』（九六年・筑摩書房）で読むことができます。

では、われらが美津さんはリブを捨ててしまったのでしょうか。

まさか。そんなわけがないではありませんか。リブから二十五年目に出版された『全共闘からリブへ——銃後史ノート戦後篇』（九六年・インパクト出版会）に、美津さんは「世界は『野蛮』を待っている」と題する一文を寄せています。

我想うに、ウーマンリブの最もすごいところは、野蛮に激しく拮抗する「野蛮」パワーを、運動として爆発させたという点だ。／（略）／野蛮には「野蛮」。殴られたら殴り返せだ。その一発が出るか出ないかは、大きいぜ。ある局面じゃ、もうすべてだといってもいい。女に対しては、サビついちゃってるもいいところの社会の歯車を、「野蛮」の力でゴトンと動かした私たち。／（略）／ウーマンリブとは、いわば「会心の一撃」をもたらした者たちのことだ。そう、私らがいささかなりとも賞賛されるとしたら、それは私らが持っていた「なにクソ」パワーのおかげだワイ。

ウーマン・リブはメディアの激しい攻撃にあいました。しかし、その言葉は、水面下でたくさんの女性に人知れず届いていたものと思われます。ありていにいえば、リブの野蛮パワーは「寝た子を起こして」しまったのでした。「ったく、あいつはウーマン・リブだから……」と語るおばちゃんやお兄ちゃんの語調には、非難と同時に、いくばくかの諦めと、ほんのかすかな快哉がまじっていたように思います。「あいつはウーマン・リブだから……」と周囲に思わせてしまえば、ある意味、女は「勝ち」だったのです。

第一版の発行から三十年近くたったいま読むと、『いのちの女たちへ』はいささか大袈裟にみえるかもしれません。若い人には「ついていけない」と感じる部分もあるでしょう。はたしてリブから三十年たって、世の中は変わったでしょうか。変わらなかったのでしょうか。これは何ともいえません。ある部分では非常に変わったといえますし、まだまだと思うところもたくさんあります。しかし、『いのちの女たちへ』が大袈裟にみえるとしたら、それはウーマン・リブおよび田中美津のおかげで、私たちがずいぶんと生きやすくなったことの、何よりの証ではないでしょうか。『いのちの女たちへ』には、日本のフェミニズムと現代を生きる女たちの原点がある。それだけはまちがいのないことです。

（二〇〇一年五月）

第一版へのあとがき（一九七二年四月）

まず、権力のいやがらせが日々激しくなりつつあることを告げておきたい。仮にも「運動」と名がつけば、いずこも同じ秋の夕暮れ、といった状態だと思うが、未だに「運動って何かね」と首をかしげつつ、世間サマが「運動」だと思ってくださるリブをやっているあたしたちなのに、それでも権力から見れば充分目ざわりな存在らしい。コレクティブに入るにあたって、グループの一人がそれまで借りていたアパートを人に貸したら、野津加津江という名のその人が、家から猟銃を盗んで過激派に渡したとかで、袖すりあうのも何かの縁といっても、顔を合わせたことすら一度あるかないかのその人がいつのまにかあたしたちのグループの一員にされていた。その権力直輸入の情報から、ぐるうぷ闘うおんなは武装闘争に決起した！　と新聞がまことしやかにデッチ上げてくれたのは、おかしなことにあたしたちが慣れないホステス稼業に悪戦苦闘しているその最中のことであった。権力の悪賢こさは今さらながら驚くばかりだ。

いま、私服の尾行は日常茶飯事、中には厚かましくも親のもとに日参して「おたくのお嬢さんは『ぐるうぷ闘うおんな』の幹部！　で……」と恫喝する例さえあった。「幹部」ということばが飛びだすそのオツムの遅れぐあいに「あんたが幹部なら、あたしは『組長』かね。なんかテキヤの親分みたいでイヤだねェ」と笑いあいながら、しかし権力のその爪の研《と》ぎ具合に身がひきしまる。武装闘争を一番したがっているのは権力なのに。つまり運動という運動の全部を非公然化したがっている時に、武装闘争、武装闘争と走るバカがどこにいるって！　少なくとも新左翼の、その延長線上で武装闘争なるものに決起したところで犬死に以外のものではない。メスとして尻尾を振ってきた女であれば、たてまえのもとに犬死にするも、犬生きもゴメンだ。

女は常に「現実的」なのです。一にも二にも公然活動――他人サマの思惑をよそにハレンチに右旋回、左旋回しつつ得たあたしたちの結論はこれだ。主婦連の運動から新左翼の運動まで、今まで運動といわれる運動が切り捨ててきたものを、全部しょい込んで進もうとするリブなら、そうやすやすとカッコよく離陸のできるハズもないことだ。リブを特殊化して、なんとか「一般の女たち」から切り離そうとする権力は、しかし、己れの女房も又、リブが起きたというその状況からは逃れられない女の一人であることを見落している。あたしたちがリブなんじゃない、女の生き難さの中にリブが息づいているだけの話だ。全ての女の「生きる」がリブになること――この世が人間の世界に変わりうるかどうかの唯一の可能性がそこにかかっている。

いま〈経済的に性的に自立した女〉というイメージが、管理職希望の女と、一部有名未婚の母によって形づくられつつある。戦後靴下並みに強くなったと称される女の、その表看板が新たに塗り変えられようとしているのだ。ということは大部分の、そうはなれないドジな女は、その表看板の裏で日陰でも育つはもやしばかりだとグチりつつ、再びその生きてない苛だちを満たそうとより深く体制秩序を奉じてゆくことになる。無価値だと思い込まされた者は、この生産性第一の世ではその存在そのものが罪悪であり、故にその免罪を求めてたてまえに殉じてゆくのだ。こんなことでみんなに喜んでもらえたら――とお茶汲みを己れの分と心得る女たちのその延長線上に「軍国の妻」「靖国の母」の亡霊が再び大手を振って甦る。

　女の解放とは殉死を良しとする心の構造からの解放だ。そのためにこそドジなあたりまえの女たちが〈女から女たちへ〉と経済的に性的に自立してゆくこと――運動としてのリブが目指そうとしているのはそれだ。だから運動の大義を奉って男も子供も断つなんてマッピラごめん。仰ぎ見られる一人が必要なのではなく、女たち全てが肩を組み合うことが今問われているのだ。

語り切れない想いを込めてあたしはこの本をまず母に贈ります。そして、もとコレクティブだったメンバーと、書いてる最中、健康のことを含めてあれやこれや気づかい、協力してくれたリブの仲間たちに――。

田中　美津

文庫版へのあとがき（一九九二年三月）

心の傷を癒やしたい、癒やせなければ幸せにはなれない、と長い年月固く思い込んでいた。だがしかし、心が癒えるとはいったいどういうことなんだろう。改めて考えると、それはわかるようでわからない。だって過去において悲しかったことはズーッと悲しい。今でも悲しい。振り返れば私はいつだって元気で、そして悲しく、悲しくってそして元気だった——。

悲しみだけではない。楽しかったこと、喜び、ときめき、怒り、興奮、自己嫌悪など過去に味わい記憶している想いの全てが今でも私の中で廻っている。風ぐるまのようにカラカラカラカラ色とりどりに。そんな気がする。そう、私はなにも失ってない……。

こういう考えをパラレルワールドというのだそうだ。過去・現在・未来という具合に時間を一本の道筋として感じるのは実は錯覚で、ホントは全部が同時進行しているという（映画「ターミネーター」や「バック・トゥ・ザ・フューチャー」は、こういう時間把握のもとに作られている）。真偽のほどはこの際どうでもいい。「なにも失っていない」という想いがもたらすこの安堵感が私は好き。昔ならやり切れないと想ったことに、いまは安堵を感じてる——。

泣いている私は今でもボーゼンと泣いていて、喜んでる私は今でもピョンピョン飛び跳ねている。その全部で、今の私。今はもう、マジメもフマジメも私のものだ。

時間の流れや成熟をたくさんの、色とりどりの風ぐるまとしてこの身に感じている私からみると、この本の「私」は少々くさい。かくかくしかじかのことがあって、こういう私になりました風の個人史が放つそれは臭気。「わかってもらおうと思うは乞食の心」といいながら、わかってもらいたがってる私がいる。溢れんばかりにせつない私がいる。

あの時伝えたかったのは〝私の真実〟ではなく〝私という真実〟だった。が、いずれの真実であれ、それは虚実の皮膜の中にある。つまり本人でさえつかんだつもりで空を握りしめる類のものだ。他人にはもとよりわかりにくい。

しかもこの本の語り口は、そのわかりにくさを倍加している。まるで浄瑠璃の口説きのようだという人がいた。仮にも〝論〟がつく本としては、これは異形なのだ、といわれて知った。

「口説きはあくまで私的言語で、ラングでなくパロールの方である。私的な話し言葉のおもしろさは（中略）その非論理がくり返されることで、喋る本人が言葉によって、一般化され得る抽象的な概念を築きあげようとするのでなく、一般化されなくてもいいが自分にだけは納得され得る抽象性を無意識に求めていることである。他人には、辻褄の合わぬくだくだしい言葉の群も、必ず、喋る本人にも世界（！）にとってもまだ不明のＳｏｍｅｔｈｉｎｇをめざしているのだ」（富岡多恵子『近松浄瑠璃私考』）。

一番の関心事は誰にとっても自分である。当時ウーマン・リブに燃えた女たちは、自分を、〝私という真実〟を、自分のことばで、話しことばで語り始めた。お互いを結ぶ力がそこから出た。「ここに居る女」として私たちは立ち上がった。

たぶん一度ウーマン・リブになった女は、執拗にウーマン・リブとしてあり続けようとするだろう。なぜなら〝私という真実〟には果てがないから。それは男女雇用機会均等法や育児休暇、男女の役割交代ｅｔｃを越えて在るsomethingへの希求だ。エロスや豊饒ないのち、自己の全体性といったsomethingだ。

恋は、這ってでも進むという。〝私という真実〟を求める女たちも又、這ってでも進むだろう、まだ見ぬ己を求めて。私が好きなのは、そういう女たちだ。

さて、ここ数年私は嗜癖（Ａｄｄｉｃｔｉｏｎ）の問題に関わっている。アルコール依存、薬物依存と嗜癖にもいろいろあるが、中でも拒食症の娘さんたちと関わりが深い。

拒食症の場合、やがては過食症に移行するケースがほとんどだ。過食しては下剤を飲んだり嘔吐したりする豊かな時代のこどもたち。彼女らの特徴はボンヤリと過ごしたり、物事をいい加減にすますことができないということ。つまり摂食障害とは、完璧主義者の病い、という一面を持っている。勉強ができて、親思いという〝完璧なこども〟を演じてきて、そのムリがついには〝病い〟を引き起こす。例外はあるがたいていはそんなところだ。それまで逸脱を自分に許さなかった者が、いざ逸脱すると、これは凄いことになる。なんせ、一人で一度に一升のご飯を食べてしまう者もいる、というのだから、民話の中の山姥もかくやの事実である。

そして彼女らの〝病い〟の根本には必ず家族の問題がある。といっても、特別に悲惨だったり異常だったりのドラマがあるわけではない。私が知るかぎり、どこにでもあるフツーの家庭がほとんどだ。

つまり夫婦仲が良くないとか、父親がアル中気味だとか、体裁をとりつくろうのに汲々としてるetcの、問題をかかえたフツーの家庭である。

フツーの家庭の、フツーの親だから、躾もフツーにする。すなわち、将来良き妻、良き母になるべく娘をしつけるわけだ。幼い完璧主義者は、一生懸命親の期待に応えようとする。そしてそれに挫折すると、今度はそういう情けない自分を完璧に罰しようと図る。一升のご飯を食べ、そして吐くのだ。

強調したい。どこにでもある家庭がこの〝病い〟を生みだしている。彼女たちの母親は、七〇年代に結婚し、子育てを開始した女たちである。幸せは結婚にある、という神話が崩れた時代に、従来通りの女の生き方を自分に強制し、そしてしきれるハズもなかったそのムリが、その空虚がいま娘たちを飲み込もうとしている！　見ればわかるもの。お母さんのような不幸を生きたくないという想いが、娘たちを成熟拒否へと向かわせるのだ。

つまり摂食障害の〝病い〟を彼女たちの〝健全さ〟の表れとして語ることもできるのだ。親を見てこどもは育つというのに、親のいうままに親の二の舞を舞う子がいたとしたら、その〝病い〟の方がよほど深いというべきだろう。

過食嘔吐する女たちを山姥のようだ、と私はいった。しかしそれは揶揄でも蔑みでもない。メシを食べない女房が欲しい、などと願った男の馬鹿さ加減を哄笑するがごとくに、食べて食べて、食べまくった山姥のそのパワー。まさしくそれこそが私たちウーマン・リブのパワーだったのだから。這ってでも進もうとする、そのパワーである。

人はみな自然の一部だから、特に女はそうだから、女は少しだけ怖い方がいい。その怖さの中にこそ、女の可能性とパワーが凝縮して在ると思うから。それに何よりも、その方がおもしろいもの。怖いものはおもしろい。逸脱こそが我がいのち。〝私という輝き〟のいのちである。

再び山の動く日がくるのは、そんなに遠くない。若き山姥たちを見ていると、そんな気がする。

〈おことわり〉

初版本（田畑書店・一九七二年）では性的虐待を八歳の時に受けたと私は記している。しかしいま、記憶の断片をつなぎ合わせると、あれはどう考えても就学前に起きたことだ。なぜそんなまちがいをしたのか、自分でもわからない。しかしその間違いに気づくのに、かくも長い空白を必要とした理由はわかる。

長い間苦しんできた事実を記したあと力が抜けて、再び自分をそこに立ち返らせることを私は無意識に避けてきたのだろう。あれはもう終わったことだと思いたかったから。

〈泣いているこども〉はいまでも私の中にいる。今やっとそのことを受け入れられるようになって、そして再び過去に想いを馳せたら、あれは五歳ころのことだと思い至った。

十三年を経ての訂正にこそ、性的虐待がもたらす悲惨の質が表れている。嘆息と共にそれを思う。

田中　美津
（河出文庫『いのちの女たちへ』所収）

新装版へのあとがき

不埒がいのち

何年か前に、日本デザイン会議主催のイベントが秋田市で開かれた。有名人がキラ星の如く出演するそれに、こ、この私も何故か呼ばれて……。その時のパーティーで「緊縛《きんばく》」を見た。いや、見せられた。腰巻一枚半裸の女を、芝居の黒子のような身なりの男が黙々と縛り上げていく。縛る男、あえぐ女。そのパフォーマンスを百人くらいでとり囲んだ。アホクサ、これじゃまるで小学生の社会科見学だわ。

当然、すぐに座がシラケた。でも緊縛はダラダラと続いて……私たちは呆けたようにそれを見続けて……あぁ美しくない！「もういい加減にやめたら！」と、思わず私は叫んでしまった。

翌日、主催者の作曲家三枝某が、「田中さんはご不快だったようで……」と。そう、ご不快よ。あいうものは事前に、「見たいですか」と聞くべきだ。私？　むろん私は見たいわよ。それも女だけでなく、裸の男が縛られるのも、ゼヒ見てみたい。薄暗い場所でヒッソリと、ね。

淫靡《いんび》な芸は、淫靡に鑑賞してこそ真価がわかる。そういう鑑賞の仕方を含めての緊縛……じゃないの。それなのに、あんな宴会のお座敷ストリップのような緊縛を見せられて、あれが生まれて初めて見る緊縛だったのに、あぁなにやら口惜《くちお》しい。

つまり私は、女の私もゾクゾクッと、ムラムラッとくるような怪しい緊縛が見たいのよ。緊縛もポルノも、そういうものなら納得だ。

「イヤラシイ目で女を見ないでよ」と怒りつつ、「でも、どーして私はイヤラシイ目で男を見ようとしないいんだろう」と首をかしげる。それが私のリブだから、性の深淵をかいま見るような緊縛を、思わず欲情してしまうような緊縛を見てみたい。

とまあ、不埒《ふらち》よね。不埒がいのちの私です。

「女は女らしく」の抑圧を右足で蹴っとばし、「リブの女かく生きるべし」の抑圧も左足で蹴っとばし、自分以外の者にならない、自分以上の者にならない。そして何を論ずるにしても、そのような大したことのない自分から出発する。これが不埒なリブのスタンスだ。


写真家の松本路子さんが撮った一枚の写真がある。「母の日なんてアッハッハ」と書かれた横断幕を持って、私はデモの先頭を歩いている。これは確か、母性愛の神話を笑い飛ばそうとしたデモだ。ロングスカートをたなびかせ、ハイヒールをはいて意気揚揚と闊歩する、三十年前の私。

リブの女とハイヒール……ってヘンだよね。仲間の女たちも私の格好を見て、密かにのけぞったに違いない。想うに服装なんて気分だから、たまたまあの日の私はそんな過激(?)な格好がしたかったのだろう。それというのも、いつもいつもTシャツとGパンじゃ、〈女らしさを拒否するリブの女〉という世間が抱いているイメージ通りで、「そんなわかりやすい女になってたまるか」って不埒な女は思って、それで——。

ウーマン・リブの名乗りをあげたくらいで、いかにもリブの女らしくスッキリシャッキリできるとしたら、その方がおかしい。性急に理想を生きない。薄っぺらな「新しい女」なんかに、誰がなりたいか。『わかってもらおうと思うは乞食の心』の筵旗さえ、確かに掲げ続けていくならば、その心意気の中にリブの生命があるのであって、素顔か化粧か、などということはどうでもいいことではないか」（本書七六ページ）。

そう、ハイヒールで歩いたって、私は私よ。それは、好きじゃない男なんかにお尻を絶対に触れられたくない「私」であり、ヘテロの女と生まれたからには、好きな男の欲望をかきたてるお尻が欲しいと願う「私」だ。

そんなファジーな、「ここにいる女」の私を、私が丸ごと良しとする。私が生きていくのに誰の承認も、仲間の女たちの承認すら必要としない。そんな凛々としたいのちでありたい、と願った私――。

矛盾してるよね。自分たちの主張を認めてもらいたくて運動してるのに、個人的には誰の承認も必要としない〈未だ見ぬ私〉に憧れて……。

不特定多数に認めてもらわなければ、わかってもらわなければ、人もお金も集まらない。正月二日から街頭でビラまきをするという一途さで、運動一番、不埒は二番の季節を三年間生きて、私は思った。「〈運動〉という名のシャツは、私の首には合わないわ」。

鍼灸師は実に首に合う。誰に何を言われようと、目の前のこの人さえ治せば食べていかれるという世界だもの。この明快さが私は好きだ。鍼を打たれて動けないのをいいことに、「治したかったら我慢しちゃダメよ。言いたいことは言わなくちゃ」と、マンツーマンで話すこともできるし。

私が敬愛する上野千鶴子さん。彼女は「ウーマン・リブはしっかりと私たちのフェミニズムに継承されている」と言う。そうかなあ。継承されたのは上っつらの理屈の部分じゃないかしら。

不埒がいのちの私のリブは、かのボディコン、スケスケルック、ガングロのヤングギャルたち、彼女らのあの過激さにそこはかとなく引き継がれているような……そんな気がする。

男からの承認なんか、ハナから求めていないあのパワーに、世の顰蹙《ひんしゅく》をモノともしないあの不敵さに、かつての私たちがダブって見えて、少しだけ懐かしい。

少しだけよ。だって、このいま変わらず私は現役のリブだもの。ウーマン・リブは個人ブランド。自分はリブだと思えば、いつまでもリブよ。不埒で元気な私のリブ。まだからだも元気だし、これからもいっそう不埒に磨きをかけよう。

この先も今までと同じく、女性学の権威にもならず、「鍼灸師」以外には肩書きもなく、私は生きていくのだろう。目を閉じればすぐに、大空に浮かぶことができる軽やかさと共に。

私の臨終のことばは、たぶんこうだ。「あぁ、おもしろかった！」

最後に、この本の第一版にまつわる、私しか知らないエピソードを。文中にも記したように、この本は私が生まれて初めて書いた本で、書き始めてすぐに連合赤軍事件が起きた。連日、〝総括〟された「兵士」の死体が発掘されて……その中には私の知っている人間もいて……事実の怖さに夜もロクロク眠れなくなって。食欲もないから一日一食カッパ巻きを食べながら、書いて書いて、およそ四十日間で書き上げた。書き上げた時には栄養不足から、なんとトリ目になっていた。

猛スピードで書き上げた裏には——。書いて一度も読み返していない原稿を、編集者がひったくるように持っていってしまう。思いやりなどかけらも無い仕事ぶり。私をじっと窺っているような気配もあって、もしかしたらこの人は公安関係？　と私は疑った。

過激派の友人を持っているだけで、私服が尾行してくる時代だった。第一版の「あとがき」に編集者への礼が記されてないのは、そんな時代が私にもたらした妄想のせいです。ともあれ、この本を書いといてよかった。今でも編集者が怖いと原稿が早く仕上がる私です。

さて、不埒が災いして、親しい友人が少ない私。でも、何年会わなくても昨日からの話の続きをするように愚痴れる、共感しあえる友人が、私にはいる。パンドラの中野理惠さん然り、編集者の嶋田ゆかりさん然りだ。お二人の有難い情熱に、心から合掌している私です。もう一人、装画を引き受けてくれた川口澄子さん。懐かしげで怪しげなカバーの絵、すごくいい。再び合掌。みなさん、ありがとうございました。

二〇〇一年六月

田中　美津

新装改訂版へのあとがき

或る人いわく、「自分にとって切実なことだけを、どこまでも掘り下げていけばいい」と。ホントにそうね。自分の頭の上の蠅にこだわって、それを少しずつ追っ払いつつ生きていく。「自分の人生はなんだったのか」とある日愕然としたくなければ、そうしていくしかないだろう。

この本を含め、僅かな本を書いただけの私。でもこれだけは言える。いつも自分の頭の蠅を追いながら書いてきた、と。言葉を変えて言えば、「自分の大きさ」で書いてきたってこと。つまり、「自分の小（ちい）ささ」で書いてきたということでもある。

大きい蠅も小さい蠅も、私の蠅だ。そんな自分のぐるりから世界とつながっていきたい。いかなきゃ私じゃない。

私のリブは第一に自分の自由や幸福のために、邪な世界と戦う。私から始まる解放だ。料簡が狭いって？　構うもんか、万事この世はデコとボコ。私が変われば世の中変わる。世の中変われば、私が変わる。

そう一途に信じて早《はや》四十年。見渡せばまだ「堕胎罪」なんてものがある。個として生きるということが極めて難しいこの国じゃ、「私から始まる解放」なんて上等の極み。人は石垣、土台だと古人は言った。あぁ残念無念、日本のフェミは未だ脆弱。

自立や自由といったことまでファッションになってしまってる昨今。そういった毒に犯されたくないと願う人には、この本、まだ語る力を失っていないかも。

二〇一〇年三月

田中　美津

新版あとがき

田中美津

昨年から沖縄の辺野古や高江で座り込みを行うツアーを主宰している。といっても、沖縄のオバァやオジィにくっ付いて、ゲートに出入りする車に向って持参した「正義は沖縄に！」とか「レイプ糾弾！　いのちを返せ！」といったプラカードを掲げ、またシュプレヒコールを上げながらその辺をデモる……といったことをするだけのことですが。そしてその後に開かれる集会で、私たちのグループは必ず自己紹介代わりの替え歌を唄う。

ア、ホレ、スイスイスーダララッタ、スラスラスイスイスイーッ

①　戦場《いくさば》沖縄、大きな犠牲
土地を奪われ基地だらけ、頼りの政府はアメリカ大事
それでいいのか、いいわきゃないさ
わかっている奴ぁ、立ち上がれ

②　ヤバい普天間、代わりの辺野古

いつまで経っても基地だらけ、本土の私ら見て見ぬふりさ
（繰り返し）
③　海の沖縄、世界の宝
海が壊れりゃジュゴンも棲めぬ、人の心も壊れていくよ
それでいいのか、いいわきゃないさ
わかっている奴ぁ、立ち上がれ　　わかってない奴ぁ、考えろ
ア、ホレ、立ち上がれ、ア、ホレ考えろ

スーダラ節のメロディで唄うこれ、作詞はもちろん私です。集会で毎回これを唄うのは、この歌を聞けば、「あ、また来てくれたよぉー、この人たち」とすぐに思い出してもらえるからだ。

今年の五月実施のツアーでは斎場御嶽《セイファーうたき》にも行った。沖縄随一の聖地、斎場御嶽。辺野古や高江といった場所は沖縄の人々が生きてる現実のいわば象徴。そして斎場御嶽は、沖縄の人々の心の深層というか、天地や神々への祈りや畏れといったものにつながる意識の古層の象徴だ。たまたま今回はその二つの象徴を巡ることで沖縄をより深く体感できれば、と思って企画したツアーで。

この御嶽のすぐ近くに久高島がある。一時間もあれば一回りできそうな小さい島。でもそこは神の島と呼ばれている特別な場所で、「沖縄の故郷は久高島だ」と言われてきた。

秋に行う次回のツアーでは、久高島にゼヒ行きたい。そう思って今回ツアーが終わったあと私だけ残って、久高島に下見に行った。ひとり、この人なら素晴らしいガイドになってくれるのではないか

という島人《しまびと》が居てね、彼女に会うことが目的の下見だった。

その人のことは、斎場御嶽についてウェブで検索していて知った。そこで聖地に赴く際の心得を、次のように語っていて……。「心を開くには、まず心を落ち着けること。謙虚になること。心を開くことができないとしたら、その場があなたにとって必要な場所ではないのかもしれませんし、機が熟していないのかもしれません。（略）あなたにふさわしい祈りの場をよそで見つけるのもいいでしょう。あなたが気になる場所、それがあなたにとっての聖地なのですから。他人ではなく、自分の心の声に耳を傾けてください。足を運び、その場に行って手を合わせる。すべてはそこから始まるのです」。

聖地をガイドするに、押し付けがましさをまったく感じさせない彼女の言葉に、私の直感が囁いた。「この人がいい、この人に久高島の案内を頼め」と。

彼女に会ったのは梅雨の晴れ間の凄く暑い日で、しかも二泊三日の自分が主宰のツアーを終えた翌日だったから、初対面の挨拶を交わした時からすでに私はヨレヨレの状態。レンタカーのない久高島では、ふつう観光客は貸し自転車で島内を回る。しかし彼女はもの静かな、しかし毅然とした口調で、「歩いて行きましょう」と。それも時間がないから昼食は抜きで、と。

えぇーっと驚いたが、仕方がない、熱心に案内してくれる彼女に従ってあちこち見て回り、やがて「神の道」とかいう熱く乾いたアスファルトの道を、トホホ、トホホと歩いた。歩いて、歩いて、やっと道端の木陰で休憩することに。ほっ、もう倒れそう。私は、道端に腰を下ろすやすぐに眠り込んでしまった。

一〇分ほどウトウトしただろうか、そろそろ帰る時間かなと期待しつつ目を開けた。とその時、つ

つつーっと彼女がいざり寄って来て、驚いてる私の前にペタリと座り、強い目力で私を見つめながら、何やら言い始めて……。目覚めたばかりでボーっとしてたせいもあろうがしかし、頭がハッキリしてる時でも、はたしてどの程度彼女の言ってることが分かったか。

なんだらかんだら、なんだらかんだらで、だから、「あなたは天に人々を返す仕事をするべき人なのですっ」と、彼女は私をかき口説く。

なんなんだ、この人は！　やや、見れば彼女の黒々とした目は涙ぐんでいるではないか。

どんな人たちを助けなきゃならないのか、また天に返すとはどういう意味で、それはどんなことをすることなのか。もうわからないことだらけの話しよ。そ、そんな摩訶不思議な話はどうでもいい、疲れはすでに限界に達していて、いっくら口説かれたって私のほうはもう、ただただ帰りたい一心だ。

「よくわかりませんが、努力してみます」……と、この場は言わなきゃ収まりが付かない。そう思って、そのように言ってみたら、安堵したのか彼女はふっと静まってくれて、それからすぐに帰ることができた。あぁー良かった、助かった。しかしそんないい加減な口約束、しちゃって大丈夫かなぁ。天罰のようなものは来ないだろうかと、すぐに不安に。今だって思い出すたびに不安だわ。

旅から戻って何人かの人たちにこの話をした。なぜかみんな笑う。そして「ミツさん、選ばれたのよ」と。

そんな事言われなくてもわかっているワイ。自分ではどうすることもできない問題を指摘されると、思わずフン！　と横を向きたくなるが、ハイハイ、私には巫女的資質というか、そういったものが生来あるんですっ。久高島でのことは、タブンそれゆえに起きたことだ。

わかっちゃう人には、わかっちゃう……とは思っても、巫女的資質は我が身の秘密。できればこのままクローズドにしておきたい。が、しかし一方私にはもうあまり先がないという現実が。先がないと人間、今さら他人からどう思われようといいわ、どうでもって気分になるのよ。そう、何事も悪いだけのことなんてないのサ。私、歳をとったら、一層自由で正直な女になっちゃった。

今回、著者校正するにあたって『いのちの女たちへ』をきちんと読んだ。実は、こんなきちんと読み返したのは始めてで、それで気がついた。いゃぁ、これは凄いというか、凄まじい本だな、と。行間から立ち上ってくる、このむんむんとしたエネルギーはいったいなんなのか。遥か昔の説教節とか口説きとかいうものも、こんなむんむんを醸し出していたのだろうか。これもまた、内なる巫女的資質のなせるワザ？

いや、そうとも言えないぞ。この本には誕生秘話がある。むんむんエネルギーの発生は、そのこととも関係しているような気がするわ。

話は一九七二年の連合赤軍事件に遡る。当時日本中を震撼させたあの事件、中でも凄かったのは妙義山中での連日の発掘。同志によって粛清された者たちが一二人も次々と地中から掘り出されて……。ホント、怖かった。思い出すと四〇年以上経った今でも震えがくるもの。それほど恐ろしい思い出なんだけど、この話はここが大事、なんと『いのちの女たちへ』は、あの恐ろしい発掘と、ほぼ同時に書き始めた本なのだ。

それというのも田畑書店というところから若い編集者がやってきて、「ウーマンリブの本を書いて

欲しい」と。いつまでにという約束もない依頼だったので気軽に引き受けたら、その一カ月後くらいに急に「書いてくれ、書いてくれ」と矢の催促。で、仕方なく書き始めたら発掘の開始と、ほとんど一緒になってしまって……。

連合赤軍に加わったメンバーの中に三人くらい顔見知りが。しかし私はシンパでもなんでもなかった。強いて言えば野次馬だわね。新左翼の行きついた果てに誕生した彼ら過激派。それってどんなもんなの……という好奇心から、いわば彼らを眺めていただけ。こんな「国中が家族」みたいなベタベタした国で武装闘争なんてできるはずないジャンと思っていたもの。今にして思えば私はリブを始めるにあたって、男たちの運動が行きついた果てを、見届けたかったのだろう。

私のほうはそんなふう。しかし当時公安から追い詰められてた過激派から見れば、コイツをうまく取り込んで使い走りをさせられないかという、虫のいい思惑につながったようで。ある時突然、一面識もない永田洋子が連絡してきて、「話がしたい」と。それで好奇心から喫茶店で会って、まったくかみ会わない話を二時間くらいした。そうしたら別れ際に、自分たち京浜安保共闘の「山岳ベース」を見せたいと言い出した。恐怖の発掘が始まる前年の秋のことで、その山岳ベースとやらも惨劇が起きた榛名山ではなく、丹沢山中のそれだった。

当時からマジメでミーハー、不埒でもある私。それだから、「仲間だと思われたらマズイなぁ、ヤバいなぁ」と思いながら、またまた好奇心に引きずられて見に行ってしまって。それでも山へ行くのにミニスカートと中ヒールで行って、一目で「ダメだ、こいつは」と思われるようにはしたのよ。また「ご招待ありがとう」のカンパもしなかったし、以後何か頼まれてしてあげたということも皆無。

だがやはり、公安警察からは目をつけられた。後からわかったことだが、永田に誘われて山岳ベースに行ったことは権力にはとうにバレていて、しかし行っただけで何一つ協力しなかったから、罪名のつけようがなかったらしい。それでもこの際連合赤軍の凄惨な末路にできればコイツも引きずり込んで……という権力の策謀、それを私に感知させたのは、妙にタイミングよく本の依頼をしてきた、元は京都の全共闘くずれだという編集者の存在だった。

私は勘がいいというか、人が放つ匂いには猫以上に敏感だ。それだから、書き始めてすぐに気づく。この編集者、何かクサい、と。しかし煩悶しつつ思う、クサくてもいい、と。たとえ訳ありでもチャンスはチャンスだ、この際、何が何でも一冊書き上げてしまおうと、胸の内で決意した。もう、毎日続く発掘に震えつつ書いた。自分もパクられるかもしれないと恐怖しつつ書いた。私にぴったりくっ付いて何やら窺っている編集者に脅かされつつ書いた。以前の「あとがき」にも書いたが、時間もお金もないから連日寿司屋でカッパ寿司を一回食べるだけの体力で書く、書く、書く。なんとか四〇日ほどで書き上げた時には、ビタミン不足から鳥目になっていた。

自分の軽率な好奇心のせいで、できたばかりのリブ運動が踏みにじられてしまうのではないか。そうであるならこの際この命と引き換えても、これだけは書き上げようの一念で、書いた本。これはそういう本なのです。

だからね、行間から立ち上るむんむんはもしかしたら、私の、天を仰いで祈る必死さが籠ってのものなのかもしれないなぁ、と。そして読み返す余裕も与えられずにひったくるように持って行かれた原稿だったのに、いまだにこうして読んでくださる方がいるということは、祈りってたまには届くこ

ともあるんだなぁ、と。それは頭《こうべ》を垂れつつ思う感慨。

というのもこの際自分から言ってしまうが、平凡社刊『フェミニズムの名著50』（江原由美子・金井淑子編）の中に、「日本のフェミニズム」として、平塚らいてう・与謝野晶子・高群逸枝、山川菊栄といったそうそうたる方々のご著作と並んで、なんとこの本も選ばれているの。あぁもう、ありがたいの行ったり来たりだわ。

しかしそれにしても私って女は変わらないなぁ。「化粧が媚なら、素顔も媚よ」とか、「わかってもらいたいと思うは乞食の心」とか、「取り乱していいんだ、○も×も併せ持つ〈ここにいる私〉として生きること抜きには、生きるなんて無いに等しいのだから」という思いは、七三歳になった今でもまったく変わらない。

笑ってしまうのは、これぞとリキ入れて主張したい時には、今でもすぐに唄って踊ってになるところ。かつてのミューズカル「おんなの解放」では「美しき天然」やポールアンカの「恋の汽車ぽっぽ」を替え歌にした。今は辺野古で「スーダラ節」だ。

そう、いまだにマジメでミーハー、不埒でもある私です。いわばそれが私の取り柄。この手の女は寝たきりになったところで、死ぬまでパワフル、屈しない、そこが面白い……そう思ったのは、テレビの秀作ドキュメントを幾つも作っているフリー・ディレクターの吉峯美和さん。彼女は現在私の映画を撮っていて、今回のツアーにもそのクルーが同行。それだから辺野古で唄い踊る私も、久高島で「あなたは人々を天に返す仕事をする人ですっ」と言われて仰天の私も、凄腕カメラマンの南幸男さんがしっかり撮ってくれている。きっと素の、笑えるミッちゃんが随所に出てくる映画になるぞ。

ところで沖縄は素敵なリゾート地であって、闘い続ける辺野古・高江であって、そしてそれ以上の場所である。

平和の敵は人々の無関心だと言われていますが、沖縄の敵もまさにそう。リゾート地としての沖縄は見えても、米軍基地に苦しむ沖縄は見えない人々。また、辺野古・高江は見えても、それ以外の沖縄にはさほど関心のない人たちもいる。毎週国会を取り巻いているようなマジメなリベラルの中にもね。いや、とかくマジメはそんなふうになりがち。

辺野古に行く、そして「日米安保破棄！」「米軍基地撤去！」と叫んで連帯。連帯は快い。正義の側にいる自分。一人ではない、面として存在しているという安心感。だがしかし、それだけでは「……カプセルを呑み込むみたいに呑み込みやすいけど、その分何にも吸収されないまま体の外に出ちゃう気がする」（写真家・新井卓『東京新聞』二〇一六年六月一八日付夕刊）。

私もそんな気がしてならない。それだから、辺野古・高江で座り込むだけでなく、かの地の空や海の碧さ、猛々しい緑、土の匂い、ガマ（鍾乳洞）の暗闇等とも出合って、普通の人々と話をして、歌や食べ物を味わって、そして時に聖地で手を合わせる……といった体験が大事ではないか、と。つまり五感を通してからだを通して、沖縄と出合っていくことが。

そういう出合いだと、語りたいものがたくさん出てくる。で、帰ったら一人が五人に、五人が一〇人に、その沖縄を伝える。沖縄の憤り、勁《つよ》さ、美しさ、躍動、美味、神秘etc.を、伝える。伝えることで、無関心の壁を崩していく。口コミは強力な武器だから。身近な人、好ましい人から聞いたことは、記憶に残るから。

……というわけで、沖縄ツアーを主宰している。もちろん手伝ってくれる人がいてできることだが、今回は出発までのあれこれを、ほとんど私一人でやった。すなわち企画を立て、飛行機とホテルを決め入金し予約して、ホームページで参加者を募り、参加費を集め、どこに集合するかの連絡などなどを、ぜんぶ一人でね。一人がいいのよ、巫女のことばは時にアブナイ力を孕むから。そんな力を本人は望んでいないのに……。

かつてリブ運動のカリスマと言われ続けた。カリスマだなんて二度と言われたくない……という、そんなトラウマ故に、一人がいい。

だが、アブナイ力も使いよう。先日も二人の幼い子を育ててる完璧主義の主婦に、「こんなからだなんだから、がんばらなくてもいいのよ」と言ったら、そんな変哲もないことを言っただけなのに、治療ベッドに横たわる三〇代はその両目から、どっと涙を溢れさせた。巫女は思う。思いっきり泣きなさい、私の肩に頭をのせて。泣けば気持ちが軽くなる。

……天に人を返すとは、あのような時間をいうのだろうか。

さて先日患者にハリを打ってたら、突然左目が見えなくなった、一〇分後には月にかかった雲が晴れるように徐々にまた見えてきたが、これってもしかしたら脳梗塞の前兆? あわてて検査したら、脳の血管は異常なし。でも心臓の弁の具合が少々おかしいとかで、そのことをメールで「パンドラ」の中野理恵さんに伝えたら、「加齢現象は避けれらないこと、ぜひ、お大事になさってください」って。ダメよ、理恵さん、カラ元気かき集めて生きてる者に、加齢現象なんて言ったら。私は倒れそうになりながら歩いた久高島での無理が祟っている……と思っているのだからね。

とはいうもののその理恵さんの、『いのちの女たちへ』を絶版にしたくないという気持というより心意気だわね、その心意気のお陰で今まで出版されてきたのだ、この本は。なんとありがたいことよ。彼女に足を向けては寝られない。「加齢現象」くらいはこの際目をつぶろう。

その理恵さんの口利きで、今回実際の編集は「現代書館」の菊地泰博さんが引き受けてくださった。ああそれなのに私は……体調も良くないのに尺八やサックスのうまい同年配の男友達二人と語らって急遽、グループ「ガンバらなくちゃ」を結成。連日街頭でスタンディングデモをやっていたのだ。二人の演奏に合わせてからだでリズムをとりながらプラカードを掲げて――。来る七月一〇日の参議院選挙でアベ政権が三分の二をを取る勢いだと聞いたら、何かせずにいられなくなって。

しかし、そのために、著者校正もあとがきも遅れに遅れて……。

もう、幾つになっても後先見ずに突っ走る私。だが、そんな性《さが》の女の背中に常に温かな手を、それとなく当てててくださってた菊地さんのやさしさ。それがありがたかったなぁ。

日本のフェミニズムを代表する一冊との評価もありがたいし、理恵さんの長年の熱意も、菊地さんの対応もありがたいことです。ありがたい、ありがたいの連発は、加齢現象のせい？　いやいや違うと、首を左右に振りながら、お読みくださったあなたにも「ありがとう」のひとことを。

二〇一六年七月

◉著者紹介
田中美津（たなか・みつ）
1943年、東京都本郷生まれ。
2024年8月7日多臓器不全により死去。
70年代初頭に巻き起こったウーマンリブ運動の中心的存在。75年にメキシコで開かれた国際婦人年世界会議を機にかの地に渡り、4年半暮らす。
その間未婚で一子を生む。「人はからだ」と悟り、帰国後「東洋鍼灸専門学校」に学ぶ。82年、治療院院「れらはるせ」開設。以来「からだは心で、心はからだ」という視点から、治療の傍ら、朝日カルチャーセンターなどでイメージトレーニング等を教えている。
著書に、『この星は、私の星じゃない』（岩波書店）、『かけがえのない、大したことのない私』（インパクト出版会）、『いのちのイメージトレーニング』（筑摩書房）他、著書多数。著書詳細は316頁を参照。

新版
いのちの女《おんな》たちへ——とり乱《みだ》しウーマン・リブ論《ろん》

2016年８月25日　第一版第一刷発行
2024年11月10日　第一版第二刷発行

著　者……………田中美津
発行人……………中野理惠
発　行……………株式会社パンドラ
東京都中央区新富 2-12-6 片山ビル
電話：03-3555-3987　FAX：03-3555-8709
発　売……………株式会社現代書館
東京都千代田区飯田橋 3-2-5
電話：03-3221-1321　FAX：03-3262-5906
振替：00120-3-83725
表紙絵……………松岡真澄
装　幀……………杉本和秀
組　版……………具羅夢
印　刷……………株式会社平河工業社＋東光印刷所
製　本……………積信堂

 ISBN978-4-7684-7827-1

パンドラ

私は銀幕のアリス
映画草創期の女性監督アリス・ギイの自伝
A・ギイ 著／松岡葉子 訳

メリエス、エジソン、リュミエール等、映画草創期にアリス・ギイという女性が、世界初の長編劇映画を監督していた！ 歴史に埋もれた女性監督の生涯は自立と進取の精神に満ちている。当時の写真が多用されているのも貴重。

3500円＋税

チャンバラクィーン
出雲まろう 著

50年代、黄金時代の日本映画を彩ったチャンバラ・ムービーの数々。そこはクィア・変態のメッカだった！ 美空ひばり、長谷川一夫、高田浩吉、市川雷蔵…華やかなヒーロー・ヒロインの中に、キャンプとドラァグカルチュアを捉える、とんでる一冊！

2000円＋税

素敵なヘルメット
――職域を広げたアメリカ女性たち
M・マーティン 編／荻原みどり 監修／原美奈子 訳

これまで男性だけに限られていた大工、消防士などの職種に従事する女性パイオニアたちの体験集。本書では、日米両国の訓練校を修了後、内装業を営む監修者のユニークな体験も収録。トラック運転手、地下鉄車掌、警察官、精密機械工、板金工、大工など。

1650円＋税

韓国映画躍進の秘策
韓日文化交流の新時代
金鍾文 著／村山匡一郎 編

前・韓国文化院長 金鍾文氏は、在任中に約20000人におよぶ人々に名刺を渡したという、まれにみる活動的な外交官である。この四、五年におけるコリアン・ムービーの隆盛は、彼のそうしたたゆまない努力が陰の力となっている。

2000円＋税

愉悦のとき
白石かずこの映画手帖
白石かずこ 著

天才詩人白石かずこによる待望の映画エッセイ集。映画作家の内奥に詩人ならではの精神の声を響かせる珠玉のエッセイ。エミール・クストリッツァからテオ・アンゲロプロスまで、生の愉悦に充ち溢れる21作品あまりを収録。

2000円＋税

パリは女
セーヌ左岸の肖像
アンドレア・ワイス 著／伊藤明子 訳

ローランサン、コレット、G・スタイン…。1920年代パリ・セーヌ左岸。そこは女たちの「約束の土地」だった。ヘミングウェイ、ジョイスらが酒と女と文学に明け暮れたという通説は鮮やかにくつがえされていく。

3800円＋税

定価は二〇一六年八月一日現在のものです。